『赤の書』より　火神アグニの誕生（本文7頁参照）

東洋的瞑想の心理学　目次

編訳者序説

装幀　鷺草デザイン事務所

編訳者序説
ユングにとっての東洋

湯浅泰雄

本書は、C・G・ユングの書いた東洋思想に関する諸論文の中から、主要なものを選んで訳し、読者の理解を助けるための注をできるだけ詳しくつけたものである。ここでは、ユングが東洋思想と出会った過程とその意味について考え、さらに、彼が東洋から何を、どのように、学んだかという点について、各論文について解説を加えながら考えておくことにしよう。

1　東洋との出会い

私が気づいたかぎりでは、東洋の文献についてユングが最も早く記しているのは、『赤の書』に描かれた画のいくつかにインドの文献の名が出てくることである。『赤の書』は彼がフロイトと別れた前後の個人的体験の記録であるが、その内容はまだ公表されていない。ただ、この中に描かれている画のいくつかが、ヤッフェ編のユング写真集『C・G・ユング――イメージとことば』（誠信書房）に出ている。東洋に関係のある絵は二枚ある。一つは、インド神話の宇宙創造神プラジャーパティが火神アグニを産み出す光景。ひれ伏した小さい人物の上に真紅の巨大な火がたちのぼっている。悪魔的創造力をあらわすものらしく、下に、シャタパタ・ブラフマナ2・2・4と記してある。もう一つの絵は、ブラフマンの使者の大きな蛇が、口から枝分かれした大きな舌を出している図。「なんじは始まりの支配者、なんじは東方の星、なんじはすべての花咲くものの上に咲く花、なんじは森より出でて告知する鹿、なんじは水の上に遠くひびく歌、なんじは始まりと終わりなれば……」と記されている（本書口絵の写真参照）。ヤッフェによると、このころユングは無意識から現れるファンタジーを分析する「自己実験」として、一種の瞑想を行っていたらしい。それは強い情動をともなう体験であったが、どの幻視像もイメージも、予期に反して個人的なものではなかったという。[*1] このころのさまざまの内面的体験が後年の元型理論になったものであろうが、ここにはすでに東洋との出会いが予兆されているようである。フロイトには東洋に対する関心はみられないが、ユングの場合は、このように早い時期から東洋文化に対する積極的な関心がみられる。このことは、彼の理論の特質を理解するにあたって重要な研究課題を提供している。

一九一三年（三十八歳）、ミュンヘンの第四回国際精神分析学会で、ユング派との決裂が明らかになった。フロイトという巨大な父に反抗したユングは、「内面的な不確実感」におそわれ、「方向喪失の状態」におちいった、と自ら語っている。[*2] これ以後約十年、彼は自分の立つべき場を求めて、沈潜の時期に入る。ちょうどヨーロッパが第一次世界大戦に揺さぶられていたころである。このころ彼は、後年の理論の基本となる内向―外向、集合的無意識、元型、アニマ・アニムスなどといった概念をほぼ確立している。一九一六年（四十一歳）に行った「無意識の構造」と題する講演がその始まりである（『自我と無意識の関係』人文書院）。同じ年、彼は、フロイト、アドラーとの対決を主にした『無意識の心理学について』（『無意識の心理』人文書院）を公表している。さらに一九二一年（四十六歳）には、大著『心理学的類型』（部分訳『人間のタイプ』日本教文社、世界の名著『ユング・フロム』中央公論社）を完成し、ユング理論の骨組みはほぼ完成する。

このように、一九一〇年代は、ユングの生涯にとっては、フロイトと別れて彼独自の理論体系を建設する重要な時期にあたっている。その一方、彼はこのころ次第に東洋の精神世界に対する関心を深めつつあった。一九一六年ごろには、マンダラの意味に気づき、患者と自分の見た夢やヴィジョンを採集して、その分析に没頭しはじめる。また、『易経』の英訳を頼りにして、葦の束で筮竹《ぜいちく》をこしらえ、一夏、チューリッヒ湖畔の別荘で易の実験に取り組んだこともあった。ユングのやり方は万事このように、アカデミズムの常識からは外れている。彼は盲目的な手さぐりの形で、東洋の精神世界に近づきつつあったのである。

リヒアルト・ヴィルヘルムとの出会い

一九二〇年、世界大戦の終了とともに、一人のドイツ人宣教師が中国から敗戦の故国に帰ってきた。リヒアルト・ヴィルヘルムである。ヴィルヘルムの経歴については、先に邦訳した『黄金の華の秘密』（人文書院）で紹介したので、ここでは詳しい説明は省略したい。彼は青年時代中国に渡り、当時帝政ドイツの租借地であった山東省青島《チンタオ》のキリスト教会に赴任した。清朝末期から辛亥革命後にまたがる二十余年間、中国で暮らしたヴィルヘルムは、その間、中国文化に傾倒して儒教と道教を深く学び、多くの中国古典を訳している。ユングに向かって、「自分は中国にいる間、ただ一人の中国人も洗礼しなかったが、そのことに大いに満足している」と語ったことがあるそうである。帰国後、フランクフルト大学教授となり、中国研究所を創設した。ドイツ中国学の草分け的存在といってよかろう。一九二〇年、二人は、カイザーリンク伯主催の「叡智の学園」の集会で知り合った。このときのヴィルヘルムの印象を、ユングは次のように語っている。「私が会ったとき、ヴィルヘルムは書き方やしゃべり方と同様に、外面的な態度も完全に中国人のように見えた。東洋的なものの見方と古代中国文化が、身体中にしみこんでいた」[*3]

一九二二年、チューリッヒを訪れたヴィルヘルムは、心理学クラブで易について講演するとともに、ユングの依頼に応じて占いの方法を実演した。このときユングは、あらかじめ自分が調査した事例について、ヴィルヘルムに何の情報も与えずに占ってもらったという。ヴィルヘルムの診断は、驚くほど正確であったばかりか、このとき彼の立てた卦による予測は、二年の内に「文字通り疑問の余地のないほど、はっきりと実現された」とユングは語っている。[*4] 本書に収めた「易と現代」には、そのときの様子が詳しく語られている（本書二二〇頁以下）。以前から易の実験を試みていたユングにとって、これは確信を深めさせる体験であったろう。ユングという人はいつもこのように、論理よりは事実に従ってものを考えてゆく人だったようである。このような瞬間は、――合理主義者にとってはナンセンスかもしれないが――体験に即してその意味を考えようとする人にとっては、時として、重大な発見についての糸口を与えることがある。そこでは、人間の「たましい」Psyche のときえない神秘の一端が垣間見られるからである。

しかしながら、事実はいつもすんなりと論理の枠内に収まるわけではない。ヴィルヘルムと出会った一九二〇年代のはじめごろ、ユングは新しい壁にぶつかりつつあったようである。二人の共著『黄金の華の秘密』第二版に寄せた序文で、彼は次のように回想している。

> 私の友人故リヒアルト・ヴィルヘルムが、『黄金の華の秘密』のテキストを私に送ってきたのは、私の仕事が行きづまっていたときだった。それは一九二八年のことである。私は一九一三年以来、集合的無意識の諸過程について研究を進めていたのであるが、多くの点で、自分ながら問題が多いと思ういくつかの結論に導かれてしまった。それらは、〝アカデミック〟な心理学にとってよく知られている事柄すべてをはるかにこえたものであったばかりでなく、医学的な、また純粋に個人的な心理学の限界をも逸脱していたからである。つまり、既知のカテゴリーや方法がもはや適用できない広大な現象学的領域が問題になっていたのである。それまで十五年間努力して到達した私の成果は、どこにも比較可能な手がかりを見出せないために、宙に浮いたように不安定なものに思われた。私の到達した諸発見が、何ほどかの確実性をもってそのよりどころとできるような人間

経験の領域は、どこにも知られていなかった。私が知り得た唯一の歴史上の類似例は、異端思想家〔グノーシス主義〕の記録の中に散見するにすぎなかった。それも、時代的には遠く隔たったものでしかなかった。……

私をこの窮地から救ってくれたのは、ヴィルヘルムが送ってきたこの本のテキストであった。それは、私がグノーシス主義者たちの中に求めて得られなかった当の部分を含んでいたからである。……その当時、私には、『黄金の華の秘密』が中国的ヨーガに関する経典であるばかりでなく錬金術〔錬丹術〕の書でもあるという事実は、大して重要なことではないように思われた。しかし、その後、ラテン語錬金術書を深く研究するにつれて、私の最初の考えが誤っていたことがわかり、本書の錬金術的性格が本質的意義をもっているということが明らかになってきた。……私は、私の研究にはじめて正しい方向づけを与えてくれたのが、この『黄金の華の秘密』のテキストであった、ということを強調しておきたい。[*5]

このように、ヴィルヘルムとの出会いは、ユングにとって、彼の模索しつつあった心理学の新しい理論的パラダイムに対して、外から強力な支持を与えてくれたものであった。のみならず、彼は、これによって東洋の神秘な世界に大きく眼を開くとともに、西欧の歴史の底深く埋もれていた古い精神世界の遺産である錬金術を発見する機縁を得たのである。ユングによるグノーシス主義と錬金術の再発見は、今日、キリスト教史と科学史を大きく書きかえる原動力の一つになったものである。これ以後、彼は心理学者ユングから思想家ユングに成長するとともに、ヨーロッパの限界をこえた精神世界の旅人となってゆくのである。その意味において、ヴィルヘルムを通じての東洋との出会いは、ユングにとって、フロイトとの決別につぐ彼の人生の第二の壁をのりこえる跳躍板になったものと言ってよいであろう。ただし、この点についてユングの内面にまで立ち入って理解するには、この時期における彼のもう一つの重要な個人的体験である非ヨーロッパ世界への旅についてふれておく必要がある。

ブラック・アフリカへの旅

一九二〇年代は、ユングにとって四十代後半から五十代前半の壮年期にあたる。このころ彼は、二度にわたるアフリカ旅行、アメリカのアリゾナとニューメキシコでのプエブロ・インディアン調査などによって、ヨーロッパの外の精神世界を身をもって体験した。これらの旅行先は東洋とは違った未開民族の世界であるが、西洋人にとっては非ヨーロッパという共通性がある。これらの旅行は、一九二八年に『黄金の華の秘密』を読む以前に行ったものである（一九二〇年チュニス、アルジェリア。一九二四年アメリカ。一九二五年ケニア、ウガンダ）。近代化されていない非ヨーロッパ世界の空気にふれたことは、彼にとって、外なる東洋をその内面から理解するための心理的準備として役立ったらしく思われる。この点で、特に重要と思われるのは、一九二五年のブラック・アフリカへの旅である。

この旅のはじめごろ、ユングは、列車の窓から、崖の上にひとり立つ黒人のしなやかな身体と巨大なサボテンを見て、奇妙な「既視感」sentiment de déjà vu におそわれた。既視感というのは、はじめて見た光景であるにもかかわらず、過去に見た記憶があるという感情に強くおそわれる体験である。アフリカを旅している間中、このような感情は自分につきまとっていた、と彼は言っている（筆者は以前、ある白人の女性から、彼女の既視感体験について詳しくきいたことがある。彼女の場合はかなり強烈な体験だったようで、悲しみとなつかしさと一種の怒りのようなものが入りまじった感情におそわれ、涙がとまらなかったと言っていた。このような体験は、特異な心理的遺伝素質をもった人に認められるもののようである。そのメカニズムはまだよくわからないが、既視感が対象に対する心理的親近感を示していることは間違いない）。ユングにとって黒いアフリカの旅は、知性によって武装された彼のヨーロッパ的人格の底に沈んでいた野性的な原始の生命力を目ざめさせる経験であった。アフリカの大地は彼を陽気にさせた。「私と、すべての悪魔の母であるヨーロッパとの間には、幾千マイルもの距離があった。悪魔はここにいる私まで手を伸ばすことはできなかった——電報も電話も手紙も訪問客もなかった。私の解放された精神力は喜び勇んで原始世界の広がりへと逆流した」。[*6] ユングは、ナイルの上流に近いある村で、酋長たちにさそわれるまま、妖しい月光と燃えるかがり火の光をあびて、長い間、熱狂的に踊った。しかし、その前に夢によって警告を感じていた彼は、原始の世界に「たましい」を奪われる危険を感じ、身をひるがえして踊りを中止させる。「驚いたことに、次のような疑念が私にはっきりしてきた。つまり私のアフリカ探検は、ヨーロッパとヨーロッパの諸問題からの脱出というひそかな目的をもっており、私以前にも、私の行ったときにも、多くの人がしていたように、その土地にそのまま留まってしまう危険さえあったのではないか、という疑念である。この旅行は私にとって未開心理の研究というよりも、むしろアフリカの荒野において心理学者ユングに何が起こったか、という厄介な問題を相手にすることになった。それは、原始状況に対するヨーロッパ人の反応を研究しようとする私の知的な意図にもかかわらず、いつも避けようとしていた問題であった。この研究は、客観的科学的計画というよりも、むしろ徹底的に個人的問題であり、そしてその問題に深入りしようと試みると、私自身の心理学の考えられるすべての弱点にふれることになる、ということが明らかになった」[*7]

　こうしてアフリカの旅を通じて彼は、個人としての自分自身の生き方への問いと、深層心理学という学問への知的な問いをいかにして統合するか、という困難な課題が待っていることに気づいたのである。ナイル河を下る船上から、アブ・シンベル神殿の壁に刻まれた大きな狒々《ひひ》の彫刻を見ながら、彼は思った。狒々たちは天空を仰ぐ礼拝の姿勢をしている。「そのとき私は、人間の魂には始源のときから光への憧憬があり、原初の暗闇から脱出しようとする抑えがたい衝動があったのだということを、理解した。……動物の眼には悲哀があり、この悲哀が動物の魂とかかわっているのか、まだ無意識のままでいる存在からわれわれに語りかけてくる胸を刺すようなメッセージなのか、われわれにはわかっていない。この悲哀はアフリカの気分と、その孤独の経験を反映している。それは母性的神秘であり、原初の暗黒である。したがって朝の太陽の生誕は、圧倒的な意味深い経験として、黒人たちの心を打つ。光の来る瞬間が神である。その瞬間が救いを、解放をもたらす」。しかしながら、太陽を神とよび、夜を悪霊の訪れるときと言うとき、それはすでに一つの合理化なのだ。「実際には、大地を覆う自然の夜とは全く異質の暗黒が圧倒している。それはたましいの根源的な夜であって、何百万年の昔も今も何ら変わるところはない。光への憧憬は意識への憧憬なのである」[*8]

　このときのユングの問題は、——彼がのちに用いた表現でいえば——自然的象徴natural symbolの意味に対する問いであった、と言ってよいであろう。彼のいう「自然的象徴」という概念は、「文化的象徴」cultural symbolの概念と対比して考えるべきものである。文化的象徴というのは、一定の歴史的文化伝統の下で形成された象徴、たとえばキリスト教における十字架とか、仏教のマンダラなどといったものである。[*9] これらの文化的象徴には、それぞれの民族の歴史的文化伝統にもとづくさまざまの意味が含まれており、したがって象徴は、その文化的用語法《コンテキスト》を了解できる者にとっては、一種の隠喩《メタファー》としての役割を果たす。しかし、そのようなさまざまの文化的象徴の基礎には、それらが発生してくる共通の心的母胎として、動物的無意識から脱却した人間のたましいの深層における神秘な驚きの体験が潜在しているのではないであろうか。ユングのいう自然的象徴の考え方は、そういう人類としての共通性をもった人間のたましいの深層から、心理的イメージの問題をとらえようとする試みである。もしわれわれが文化的象徴のレベルにとどまるとしたならば、さまざまの民族の文化や世界観の体系は、結局のところ、互いに相いれないものになるのであろう。今日、比較文化論とか比較思想論といった形で流行している異文化の比較分析は、原理的には、このようなレベルにとどまっている。これに対してユングのとった道は、いわば一種の自然科学者的発想に立って、多様な諸文化の根底にある人類的普遍性をもった経験的基盤を発見することであった。ただしふつうの自然科学者のように、事象をその外側から観察して推理するのではなく、主体の内面的イメージの領域に入りこむことによって、文化の民族的特殊性をこえた、人類的普遍性をもつ内面的イメージ体験の領域を見出すことが彼の課題になったのである。この課題を自覚したとき、東洋は彼の教養にとって、きわめて異質な遠い文化でありながら、反面きわめて近い親しみ深い世界という矛盾した性格を示してくるのである。

ヨーロッパとアジア

一九二八年、ユングは、イメージが浮かんでくるのにまかせてマンダラを描いていた。できあがった形を眺めながら、彼は、どうしてこのマンダラはこうも中国風なのだろう、と自問した。そこへたまたま、ヴィルヘルムから彼にあてた『黄金の華の秘密』（太乙金華宗旨）の独訳原稿が送られてきた。それには、ユングに対して、心理学者として注解を書いてほしいという依頼の手紙がそえられていた。原稿を読んだユングは、深い驚きにうたれる。マンダラのイメージについて彼が模索しつつあった考え方に対して、そこに思いがけない確証が与えられていたからである。「これは私の孤独を破った最初の出来事だった」と彼は述べている。「『黄金の華の秘密』という本を読んだ後に、やっと錬金術の性質の上に光がさしはじめた。……私は、錬金術の原典をもっと詳しく知りたいという望みにかき立てられた。私はミュンヘンの本屋に、錬金術の本で手に入れることができるものは皆知らせるように言った」[*10]。ユングはこの驚きを記念して、自分の描いた中国風のマンダラの下に、「一九二八年、この黄金色の固く守られた城の絵を描いていたとき、フランクフルトのリヒアルト・ヴィルヘルムが、黄色い城、不死の身体の根源についての、一千年前の中国の本を送ってきてくれた」と記した。翌年、この本は、二人の共著の形で公刊された。東洋思想についてユングが論文を書いたのはこれが最初である（この論文は道教の瞑想について解説したものである）。

しかし、翌一九三〇年、ヴィルヘルムは五十七歳で死去する。ミュンヘンの追悼集会で、彼は、二人の出会いを彗星のすれ違いにたとえて、早く世を去った友を惜しんでいる。このころヨーロッパ、特にドイツは、ナチズム前夜の不気味な嵐に揺れ動いていた。ユングはそこにヨーロッパ精神の危機を感じつつ、遠い東洋に眼をそそいでいた。追悼講演の中で、彼は次のように語っている。

> 東洋の現状に目を向けてみましょう。そこには今や、圧倒的な運命が力をふるっています。ヨーロッパの大砲が、アジアの門を爆破してこじあけたのです。そしてヨーロッパの科学と技術、またヨーロッパの現世主義と貪欲とが中国に向かってあふれ出したのです。われわれは東洋を政治的に征服してしまったわけです。ところで、かつてローマ帝国が近東地方を政治的に征服したとき、どんなことが起こったか、皆さんは御存知でしょうか。オリエントのミトラ神はローマの軍神となり、ローマ人が考えもしなかった小アジアの片隅〔パレスチナ〕から、新しい霊的ローマ〔キリスト教〕が現れてきたのです。今日、西洋ではこれと同じようなことが起こっているにもかかわらず、教養あるローマの知識人たちが「クレーストイ」〔キリスト教徒〕の迷信を不思議に思ったと同じように、われわれヨーロッパ人にはものを見る眼がそなわっていないのだ、と考えることはできないものでしょうか。アジアの植民地化に最も早くから力をふるったイギリスとオランダという二つの国が、最も深くインドの神智学に感染しているということは、注目に値する現象です。私は、われわれの無意識が東洋的シンボリズムにみちみちているということを知っております。実際、東洋の精神はわれわれの門前まで来ているのです。……われわれは今日、心理的にみれば、ちょうど千九百年前のグノーシス主義の運動とまさに対応するような、無名の大衆のグノーシス的〔秘教的《オカルト》〕運動に出会っております。……今日と同じように、当時の西洋世界には、混沌たるもの、平凡きわまるおしゃべり、思いあがり、悪趣味、そして内面的な不安が渦巻いていました。……今日と同じように、当時は、あらゆる種類の曲がりくねった精神の迷路が眼前に口を開いており、偽予言者たちがさかんに横行していたのです。[*11]（〔　〕内は訳者の補足）

征服者は、たとえ意識することはなくとも、被征服者の心から痛みを受けとる。物理的手段によって他者を支配した者は、やがて、心理的に他者から征服されるときが来る。古代ローマにおけるオリエント宗教の流入とキリスト教の歴史はその典型的事例の一つなのだ、とユングは言う。一九二〇年代のヨーロッパにおいて、西洋と東洋の関係をこのような観点から眺めた西欧の知識人が果たしてどれくらいいたであろうか。ユングの警告は何の反響もよぶことなく無視された。しかし、それから半世紀以上たった今日、アメリカとヨーロッパの民衆は、オカルティズムとネオ・オリエンタリズムの波に洗われている。ユングは次のように予言していた。

オカルティズムは今日ルネサンスにめぐり合っていますが、われわれの時代には、これと同じ種類のものを求めようとする動きが至るところにみられます。西洋精神の光は、このため今や薄暗くなってきているのです。この場合、私が念頭においているのは、われわれのアカデミズムとその代表者たちではありません。……たとえば私は、ヴィルヘルムとインド学者のハウアーとが今年〔一九三〇〕のドイツ心理療法学会で、ヨーガについて講演するように求められたという事実を、われわれの時代の大変意味深い徴候とみなしております。臨床医というものは、苦しんでいるために非常に感じやすい人間とじかに接していますが、そういう人間が東洋的な治療体系に接することにはどういう意味があるかということを、よく考えていただきたいのです。このようにして東洋の精神は、あらゆる毛穴から侵入し、ヨーロッパの最も傷つきやすい箇所にまで達するのです。それは危険にみちた感染になるでしょうが、しかしまた、たぶん薬でもあるのです。バビロンの〔バベルの塔下で起こった〕言葉の混乱にも似た西洋精神の観念的混乱は、あまりにも無方向になってしまったので、誰もが、もっと素朴な真理を求めています。せめて、頭だけでなく心に訴えるような、また、観照する精神には明断さを与え、休みない不安にいらだつ感情に対しては平安を与えるような、普遍的な理想を切望しているのです。つまり古代ローマ人がおちいったと同じ状況が、今日まさに起こっているのでありまして、われわれは再び、ありとあらゆる異国風の迷信を輸入しては、その中にわれわれの病気を治してくれる薬が見出せるのではないか、と期待している状況なのであります。

力によって未開を支配した文明は、やがて形を変えた未開のたましいによって、背後から、それと気づかぬうちに脅かされる。現代のオカルティズムは、文明によって征服された未開の復讐なのである。それは集合的な無意識の法則に従った歴史的必然であるから、背後の無意識の力を見ようとしない理性は、その意味を全く理解し得ず、古代ローマの知識人のように、「迷信」の流行に首をひねるだけに終わる。伝統的宗教が知性の力によって骨抜きにされるとき、人びとの無意識の要求は新しい彼岸を求めてさまようのである。

ユングの予告は少なくとも五十年早すぎたのだが、もし仮に現代において新しい「霊的ローマ」が出現し得るとするならば、それはいうまでもなく、ヨーロッパ世界に限定されたものではありえない。もう一つ、もしわれわれが一九三〇年代のヨーロッパが歩んだ道を避けたいと望むならば、理性と非理性の激突を避け、両者の統合をもたらす道を求めなくてはならないであろう。現代史における理性と非理性の衝突は、――歴史の長い時間を支配する法則に従ってみれば――近世初頭のヨーロッパにおける科学と宗教、理性と信仰の対立に由来する歴史心理的現象である。第二次世界大戦の開戦前夜、一九三八年にアメリカを訪問したユングは、エール大学で行った講演で次のように語っている。

あの宗教改革の日々以来、プロテスタンティズムは宗派の分裂の温床になり、それと同時に科学と技術の急速な進歩が人間の意識的な心をとらえてしまい、意識は無意識の予測しがたい諸力を忘れ去ってしまいました。第一次大戦の破局と、それに続いて起こった精神の根深い欠陥を示す異常な症状によって、一体、白人種の精神というものは健全なのだろうかという疑いが起こらざるをえなくなったのです。一九一四年に戦争が起こるまでは、われわれは、世界が合理的な方法によってうまく運営されるものと信じきっていました。しかしわれわれは今や、諸国家が古ぼけた神権政治の全体主義的要求を掲げるという、驚くべき光景を目にしています。それは当然、自由な言論の圧殺をともなうものです。今や再びわれわれは、地上にいかにして天国を打ち立てるかという子供じみた理論をふりかざして、人間同士が相手の咽喉《のど》をかき切りあうのを見ております。以前には〔教会制度という〕巨大な精神的構築物の中で何とかうまくつなぎとめられていた、あの冥界の――地獄の、とはあえて申しますまい――諸力が、今や精神的ないし霊的魅力など全くない国家的奴隷制度や国家的牢獄をつくり出し、あるいはつくり出そうと試みていることは、何の困難もなく見てとれます。[*12]……

ユングは、このような現代史の集合心理的状況を肌で感じつつ、現代における東洋と西洋の出会いが、人類の未来にとって何を意味するのかということを思索しつつあったのである。

東洋と西洋の架け橋を求めて

一九三〇年代は、ユングにとって、油ののりきった活動の時期である。一九三三年、エラノス会議が創立され、第一回のテーマとして、「東洋のヨーガと西洋の瞑想」が選ばれた。彼はこれ以後、毎年のようにエラノスの集会で講演し、重要な論文を次々に発表している。また、異なった研究分野の学者たちと交流を深め、ヨーロッパとは異質なさまざまの精神世界の様相を模索していた。このころの彼の主な関心は、錬金術の研究と元型の理論を適用した夢分析にあったが、これと平行して、東洋思想に関する論文を次々に発表している。本書に収めた諸論文は、主にこのころのものである。以下、年譜風に、この時期における彼の著作と社会的活動の跡を大略示しておこう（邦訳のあるものはカッコ内に示した。年次の次のカッコ内の洋数字はユングの年齢）。

ユングの思想は、社会的活動から隠退した七十歳以後、本格的な完成の域に達するのであるが、その思想的円熟期に先立って東洋との出会いがたえず刺激になったことは、右の年譜によっても、ほぼうかがえるであろう。

	一般的著作と活動	東洋関係の著作と活動
一九三〇（55）	ドイツ精神療法医学会副会長	ヴィルヘルム追悼講演（『黄金の華の秘密』人文書院）
一九三二（57）		クンダリニ・ヨーガ講義（Spring, 1975–76）
一九三三（58）	ドイツ精神療法医学会会長。エラノス講演「個性化過程の経験」（『ユングの人間論』思索社）	エラノス会議設立。第一回のテーマは「東洋のヨーガと西洋の瞑想」
一九三四（59）	国際精神療法医学会会長。エラノス講演「集合的無意識の元型」（『元型論』紀伊國屋書店、『ユングの象徴論』思索社）	
一九三五（60）	エラノス講演「個性化過程の夢象徴」（『心理学と錬金術』Ⅰ、人文書院）	エヴァンス＝ヴェンツ『チベットの死者の書』独訳序文（本書所収）
一九三六（61）	エラノス講演「錬金術における救済の観念」（同右、Ⅱ）	「ヨーガと西洋」（『ユングの文明論』思索社）
一九三七（62）	アメリカ訪問。エール大学テリー講演「心理学と宗教」（『人間心理と宗教』日本教文社）。エラノス講演「ゾシモスの幻視」	
一九三八（63）	エラノス講演「母親元型の心理学的側面」（『元型論』『ユングの象徴論』）	イギリスのインド政庁より招待され、カルカッタ大学創立二十五周年記念講演を行い、各地をめぐる。紀行文「インドに教わること」「インドの夢見る世界」（『ユングの文明論』）
一九三九（64）	エラノス講演「再生について」（『ユングの象徴論』）	鈴木大拙『禅仏教入門』独訳序文。エヴァンス＝ヴェンツ『チベットの大いなる解脱の書』注解（共に本書所収）。友人のインド学者ハインリヒ・ツィンマー亡命。

一九四〇（65）エラノス講演「三位一体の心理学的解釈」

一九四一（66）エラノス講演「ミサにおける変容の象徴」

一九四三（68）スイス科学アカデミー名誉会員。

ハインリヒ・ツィンマー死す。「浄土の瞑想」（本書所収）

一九四四（69）バーゼル大学教授。『心理学と錬金術』公刊。

ツィンマーの遺作『インドの聖者』を編集、序文を書く（本書所収）。

一九四五（70）エラノス講演「たましいの心理学」のち改題「民話における精神の現象学」（『ユングの象徴論』）

一九五〇（75）故ヴィルヘルムの『易経』英訳され、序文を寄せる（本書所収）。同時性について論ず。

一九五一（76）『アイオーン』。エラノス講演「同時性について」（『自然現象と心の構造』海鳴社）

2　ユングは東洋から何を学んだか——本書に収めた諸論文について

ユングに対して東洋への眼を開かせた人としては、ヴィルヘルムのほかに、イギリスのチベット学者エヴァンス＝ヴェンツとハイデルベルク大学教授ハインリヒ・ツィンマーの名があげられる。本書に収めた諸論文は、いずれもこの三人の名と結びついている。チベット関係の二論文はヴェンツの著作のために書かれたものであり、「浄土の瞑想」と「インドの聖者」は、ツィンマーをしのぶ文である。「禅の瞑想」も、ツィンマーが独訳した鈴木大拙の著書のために書いたものである。そして最後に書いた易の論文は、ヴィルヘルムを回想するためのものである。

アカデミズムと実践運動

ユングは、他分野の専門家と好んで共同の仕事をした人である。東洋学以外にも、神話学者ケレニー、人類学者ラディン、旧約学者シェルフ、物理学者パウリらと共著を出している。これには、専門家の知識を重んじ、独断におちいることを避ける配慮があったものと思われる。東洋関係の三人に共通しているのは、彼らがいずれも、アカデミズムの枠からはみ出した経歴と考え方をもった学者であるということである。私のみるところでは、ここには、ユングの独特な感受性がよく現れているように思う。彼がヴィルヘルムを高く評価したのは、単にヴィルヘルムの知識を評価しただけではなく、ヴィルヘルムが中国人の実際生活と心理に通じ、またその伝統文化に深く共感した人だったからである。易経の最初の英訳者レッグは単なる文献学者であって、易経の現代的価値など全く認めていなかった。このような安楽椅子の東洋学者は、ユングには気に入らなかったようである。彼の東洋研究は、遠い世界の珍奇な古典に対する趣味的関心ではなく、現代人の心の問題を診断するための手がかりをそこに見出そうとするためのものであった。しかしながらユングは、その一方で、アカデミズムを無視して実践運動に向かう態度に対しても警戒の念を抱いていたようである。

今世紀の前半、英米圏とインドに大きな影響を与えた東洋主義《オリエンタリズム》の運動の一つとして、神智学協会Theosophical Societyの活動があげられる。これは、一八七六年、ブラヴァツキー夫人がロンドンに設立した心霊主義の団体で、ギリシアの新プラトン主義、グノーシス主義、中近世のドイツ神秘主義とともに、インドのウパニシャット哲学とヨーガから強い影響を受けていた。ドイツにも、その流れを汲んだルドルフ・シュタイナーの人智学Anthroposophie運動があった。ユングはこれらの運動についても注意し、その内容はよく知っていたようである。著作の中でも、彼はこれらの運動にしばしば言及しているが、それらの目指す方向に対しては批判的であった。つまり彼は、アカデミズムと実践運動の双方に対して一定の距離を保つ姿勢をとっていた。というよりも、現代の学問の専門的細分化の背後にひろがりつつある精神の危機が、この種の実践運動を生み出してくるという時代の精神状況を感じ、両者に高次の統一をもたらす道を求めてゆくことを、自分に与えられた課題であると考えていたらしく思われる。彼はこう言っている。「私は医者ですから、ごくふつうの人びとを相手にしております。したがって私は、現代の大学が、人びとに光をもたらす使者としての活動をとっくにやめてしまっていることをよく知っています。人びとは科学的専門化や合理主義的な主知主義にはもううんざりしているのです。彼らが求めている真理は、彼らの視野を狭くするのでなく広くするような真理、暗くするのではなく明るくするような真理です。彼らの傍らを水のように流れ去ってしまうのでなく、骨の髄をつらぬくほど魂を打つ真理を、彼らは聞きたがっているのです。ただしこのような真理の追求は、無名ではあるが広汎な大衆を、誤った道へと導く恐れもあるのです」[*13]

本書に収めた諸論文に一貫して流れているのは、このように、単に文献学に古典の思想を研究するのではなく、その中に現代人のたましいのあり方にかかわる問題を——ただし学問的客観性を踏み外すことなく——見出してゆこうとする態度である。彼にとっては、古代人の心と現代人の心は断絶したものではなかったからである。私がユングの東洋研究に魅力を感じたのはその点であり、欧米の一般読者にとって、ユング心理学が東洋理解のための重要な通路として重視されている理由もそこにあるのであろう。

チベットの死者の書と大いなる解脱の書

まずエヴァンス＝ヴェンツとチベット関係の二書について、まとめて述べておきたい。ただし、私はチベット密教については門外漢なので、この二書の由来や歴史的性格については、仏教学者であり、チベット密教にも詳しい川崎信定氏に解説をお願いしたので、詳しくは氏の解説を参照していただきたい。ここでは、ユングの考え方を中心にして述べておこう。

ヴェンツの詳しい経歴はわからないが、彼はアメリカ生まれで、一九〇七年、オックスフォード大学に入り、社会人類学を学んだ。卒業後、インドに渡り、カルカッタで、インド学者ジョン・ウッドラフ卿（筆名アーサー・アヴァロン）からタントラを学んでいる。タントラというのは、密教と後期ヒンドゥー教に共通した祭儀や修行法などに関する教えである。その後彼は、五年以上にわたってセイロンやヒマラヤの各地をめぐり、都市やジャングルや僧院を遍歴して教えを乞うたという。こうして彼が見出したのが、『チベットの死者の書』と『チベットの大いなる解脱の書』の二つである。ヴェンツは、チベット人の専門家の協力を得てこの二書を英訳し、詳しい解説と注解を施している。帰国後、オックスフォードのジーザス・カレッジで東洋の宗教について講じたようであるが、のちアメリカに帰っている。

ユングは一九二七年に『チベットの死者の書』が刊行されたとき、早速読んだらしく、この書は「その出版の年以来、何年もの間、私の変わらぬ同伴者であり、私はこの書から多くの刺激や知識を与えられただけでなく、多くの根本的洞察をも与えられた」と語っている。一九三五年にそのドイツ語版が出たとき、彼はヴェンツの依頼を受けて心理学的注解を書いたのである。英訳も、第三版以後、ユングの序文を収めている。この書は今日では、東洋に興味をもつ欧米人にとって、必読書の一つとしてロングセラーになっている（これは、筆者が先年アメリカに行った折、東洋学の研究者たちからきいた話であるが、有名な神学者パウル・ティリッヒが臨終の床にあったとき、この『チベットの死者の書』を読んでほしい、と言ったというエピソードが伝えられている。ティリッヒは、アメリカでのユング追悼集会で講演しており、ユングの仕事から影響を受けた一人である）。

ついで一九三九年に『チベットの大いなる解脱の書』が刊行されるが、このときユングは、あらかじめヴェンツの依頼によって長文の解説を書いている。この第二論文の前半は、経典の内容の注解に先立って、一般的に東洋と西洋の伝統的思考様式の相違について論じたもので、ユングの東洋宗教観を知るために重要な文章である。[*14]

この二つの経典は、チベット密教の古典というような性質のものではないが、その中に織りこまれている思想は、大乗仏教の基本に従ったものである。われわれにとって興味があるのは、この二書がチベット民衆の生活習俗や儀礼などの実際と深い関係があるという点である。ヴェンツとユングが関心を抱いたのも、おそらくその点であったと思われる。『死者の書』は、死者に対する供養のための経典であるが、その内容は、死者の霊魂が再び現世に再生してくるまでの彼岸の体験についてあらかじめ教えるという独特な体裁をとっており、その間に、密教の教えや輪廻について具体的に説くという形をとっている。この経典は死者供養のためばかりでなく、ふだん瞑想の実修や俗人信徒への説教などにも使われたものと思われる（この経典の本文については、おおえ・まさのり氏の訳がある）。[*15] この書は、死後霊魂がたどる旅を、チカイ・バルド、チェニイド・バルド、シドパ・バルドの三段階に分けているが、ユングはこの三段階を逆方向から読むことを提案している。再生にかかわるシドパ・バルドの描写は、性交と誕生の場面に密接に関連したフロイト的な本能の領域であり、カルマ（輪廻）の嵐に吹きまくられる旅を示すチェニイド・バルトのヴィジョンは、集合的無意識領域の元型的構造と対応する、というのが彼の解釈である。いずれにせよ、怪奇な図像や複雑な儀軌を用いる密教的幻想の世界は、知的傾向を重んじる近代の研究者や知識人からは敬遠されがちなものであるが、仏教の実践的側面からみれば、そこには重要な多くの研究材料が蔵されている。日本でも近年は密教に対する関心が次第に増大しつつあるようだが、深層心理学の視点に立つアプローチは、密教を現代人の理解に近づける上で重要な役割を果たすものではないかと思う。

次に、『チベットの大いなる解脱の書』は三部に分かれ、第一部はチベット密教の確立者ともいうべきパドマサンバヴァ（八世紀）の教えについて述べた部分、第二部は瞑想のヨーガについて述べた部分、そして第三部はパ・ダムパ・サンゲェという師《グル》の教えを収めた短い部分である。ユングが解説しているのはこのうちの第二部、瞑想体験について説明した部分である。正式の題は大変長たらしく、「『平和の神々と怒りの神々に対する瞑想による自己解脱の偉大な教え』から、自己解脱とよばれるところの、心を知り実在を見るヨーガがここに述べられる」という。川崎氏が『心を明顕し、赤裸々に見る自解脱法』（リク・パ・ゴ・トエ・チエル・トン・ラン・ドル）とよんでおられるものである。『平和の神々』うんぬんは、『死者の書』を指しているので、この第二部は『死者の書』と近い関係にある経典のようである。この経典は、瞑想によって達せられる究極の悟り（涅槃《ニルヴァーナ》）の境地としての

「空」を強調している。ユングはこの教えを深層心理の探究という観点から解釈しているのであるが、方法論的にみて、彼のこのような観点は、大乗仏教の中観派と唯識派の関係について、心理学的視点から統合的にとらえる方向を示唆しているように思われる。ただしユングは、現実世界の客観性を全く無視し、これを超越してしまう「空」の哲学の結論には疑問を呈している。

古代インドのヨーガから発する東洋的瞑想の伝統は、あまりにも外向的になりすぎて心の内面的世界を見失ってしまったヨーロッパにとって、重要な教訓を与えている、とユングは言う。しかし彼は、東洋の修行法や考え方をそのままの形で西洋にもちこむ試みに対しては、強く反対する。西洋は、西洋自身の伝統と土壌の中から、ヨーロッパ人に適したヨーガを、自らの努力でつくり出すべきである。東洋文化の直輸入はかえって有害である、と彼は言う。彼は、自分の分析心理学こそ、西洋精神の伝統に適した西洋的ヨーガであると考えているようである。この点、ユングという人は、自分がある意味で強い自我をもったヨーロッパ的人間だということを、人一倍よく自覚していた人らしい。その態度は、アフリカやインドを旅行したときの彼の屈折した心理にもよくうかがえる。彼の敏感な感受性は、異質な文化への深い共感と深い違和感によって、人一倍強く揺さぶられるようである。

自らの生い立った文化伝統をふまえた上で異質な文化に対して眼を開け、という彼の主張は、私たち東洋人が西洋の文化に対する場合にも、考えさせられる点が少なくない。ただし、国際交流が彼の時代よりいちだんと緊密化した今日では、ヨーガや禅に代表される東洋的瞑想の方法は、私の知るかぎりでは、ユングの予想をこえた形で、白人社会の一部に深く根を下ろしつつあるようである。その将来はまだ判断しかねるが、もともと心理療法というものは医学的治療の場面で成立した方法であって、東洋の瞑想法とはその由来と性格を異にする。その点、心理療法をただちに東洋的瞑想の西洋的等価物とみるユングの考え方には、私としては多少疑問がないではない。その点はしばらく置くとして、さしあたりここで重要なことは、深層心理学が東洋の伝統的思想に対する新しい現代的アプローチの道を切り開いた、という事実なのである。これまで述べたところからも明らかなように、ユングは、東洋的瞑想の伝統にふれることによって、彼の理論的立場を確立したと言ってもいいくらいである。このことは逆に、われわれ東洋の文化世界に住む者にとって、重要な意味を投げ返してくるのである。私たち東洋人が気づかなかった東洋思想と現代人の心の問題のつながりを、新しい視点から学問的に明らかにする道を教えてくれたことに対して、私たちはユングに感謝していいであろう。

禅の瞑想

「禅の瞑想」と「浄土の瞑想」の二論文は、その内容からいうと、東アジア、特に日本の仏教に関係が深い。「禅の瞑想」は、鈴木大拙の英文著作『禅仏教入門』がドイツ語に訳されたときに、序文として書かれたものである。鈴木大拙については、あらためて紹介するまでもないであろう。大拙は、この独訳が出る前にロンドンでユングに会い、また一九五三年と一九五四年のエラノス会議にも参加しているが、残念ながら二人の対話の内容は伝えられていない。ただ、大拙の著書『禅への道』（一九四一）の中にユングにふれた部分がある。これは日本へのユング紹介としては最も早いものの一つであろうと思われ、その点で興味がある。参考までにそのまま紹介しておこう。

ユング博士と云ふは、精神分析学又は分析心理学の創始者の一人として現時学界の第一人者である。これはその方面に関係している人々の熟知するところである。博士は始めはフロイト一派に属して居たが、その後これと分れて独自の学的立場を開拓するようになった。無意識の場面を随分に深く掘下げ、又これを形而上学的方面にまで拡大せんとして居る。併しそれは科学の範囲外なので、彼はそこまでは踏み出さぬ。東洋的精神修錬法に大に興味をもって居るので、独逸《ドイツ》のシナ学者で、有名なリヒャード・ウィルヘルム博士が道教の書として知られて居る『金華宗旨』を独訳したとき、それに序文を書いて、自分の分析心理学の立場から、道家の修錬法につきて意見を述べて居る。此《この》『金華宗旨』と云ふ書物は、元来修禅的なものであるが、印度思想をシナ的に適応させたものだと云ってよい。道家的仙術・錬丹法など云ふ方面に、禅的思想を転回させたものである。丁度日本で神道者流が、仏教又は禅思想をとり入れてそれを日本民族化したと、其《その》揆を一にすると云ってよい。『金華宗旨』は独訳から英訳もせられて、欧米では一部の人に愛読せられて居る。そんな関係もあり、又自分も親しく先年倫敦《ロンドン》で会談した因縁もあって、一昨年（一九三九）拙著の一つが独文に訳されたとき、出版者はユング博士を煩はして、また序文を書いて貰《もら》った。*16

ユングの書いた序文に対する大拙の意見は、次のようなものである。

自分の意見を云へば、ユング博士もカイザーリンク伯も、その禅観において必ずしも正鵠を得て居ない。それも無理はない。両人共東洋的見方の伝統的背景のない上に、自分もまだ足りない、もっと書かねばならぬと思ふ数種の拙著を一通り読んだだけでは、禅の実体は中々つかめない。寧《むし》ろ両人とも、あれまでに了解してくれたと云ふところで、有難いと思ってよからう。両人以前の人で、また今も尚生存して居る人で――仮令《たとえ》ば基督教伝道師などの人で、日本又は東洋の宗教や思想を記述して居るが、その禅を観る目の透徹せざること夥《おびただ》しいものがある。それに比べると、ユ博士もカ伯も、一歩を進めて居ると云ってよい。勿論吾等日本人の中でも、禅のわからぬのが大分知って居るやうなことを云って居て、而もわからぬのが多い。

大拙がユングの禅理解に対してどういう不満をもったのか、これだけではわからないが、ユング心理学と禅の基本的立場の違いについて言えば、次のような点が考えられる。禅は何よりも、日常的平明さを究極の悟りと結びつけてとらえようとするところに特徴があり、その点で、深層心理的な内面的イメージの探求に関心をもつインド的ヨーガとは違っている（仏教では、密教がよりインド的な性格をとどめており、唐代仏教や平安仏教にはそういう性格がなお強い）。夢や幻視のようなイメージ体験を重視する点では、ユング心理学はむしろ密教に近くなる。禅は逆にこのような方法をきらい、いわゆる無念無想、あるいは公案による簡素化された方法をとるからである。

もう一つ考えられることは、ユングがこの論文で、変容Wandlung, transformationの問題を重視している点である。「変容」というのは、リビドーの変換あるいは昇華によって内面的な象徴的イメージの体験内容が変化してゆく過程である。いわゆる「個性化」の過程を、リビドー論、ないし心的エネルギー論の見地からとらえた概念と言ってもよいであろう。人格心理学的にみれば、人格形成による円熟の過程を内面的にとらえた見方ともいえる。ユングは、禅における悟りの体験を、長い精神訓練の後に突然あるときおとずれる変容の体験の覚醒であると解している。このような見方は、たしかに、悟りあるいは「見性」とよばれる体験の心理学的側面を明らかにするものと思われる。ただし、思想としての禅は、そういう過程の問題にはあまり重きをおかない。そこに、心理学者と禅者の立場の違いがみられる。

この点に関連して一言つけ加えておくと、禅には昔から「待悟の禅」と「頓悟の禅」という区別がある。前者は修行によって悟りに至る過程を重視し、後者は一挙に悟りの境地に入ることを目指す考え方である。日本仏教では、禅より以前の平安仏教において、これと似た「始覚門」と「本覚門」の対立があった。わかりやすくいえば、始覚門とは、衆生の迷いの立場から出発して仏の悟りに至る過程をとらえようとするいわば現象論的ないし経験主義的な考え方であり、本覚門とは、人間は本来仏性をもつ存在であり、一切の衆生はもともと仏であるとみる本質論的ないし観念論的な考え方である。日本仏教では、平安仏教（特に天台教学）の発展につれて本覚門思想が有力となり、禅においても頓悟を重んじる傾向が強くなる。哲学的にみれば、本覚門の考え方は、悟りの究極についての思弁を徹底させたところから生まれてくる見方であるといえようが、現実問題としては、過程を抜きにした結論はありえない。禅問答のわかりにくさは、そういう過程についての懇切な説明を一切省略し、言葉でなく、いきなり身体で体験させる方法をとるところにある。そこに禅の徹底した実践的性格があるわけだが、こういう態度は反面において、悟りに対する生半可な観念的思弁を強めるという逆効果を生みやすい。というのは、一切の思弁を排することは、逆に、悟りとは何かという疑いに導き、観念的思弁の混迷を生み出すからである。この点では、禅の方から現代の心理学に学ぶ点もあり得るであろう。

私の考えるところでは、「変容」の問題は、修行の体験を基礎におく東洋の哲学の基本にふれるものである。仏教哲学の最初の展開ともいうべき部派（小乗）仏教のアビダルマ論は、修道論とダルマ（主に心理作用）の分類と体系化から始まる。修道論は、迷いから悟りに至る人格の成熟と完成の過程を、記述的にとらえようとする試みであり、現代的にみれば一種の人格心理学である。またダルマの体系は、瞑想の内面的過程において体験される煩悩、つまり深層心理的作用の分類と分析であるともいえる。大乗仏教特有の菩薩道の思想（たとえば十地経などに見える悟りへの諸段階の説明）は、このようなアビダルマの哲学を、内面的イメージの変容の過程に即してとらえ直そうとしたものと解することができる。唯識論の考え方はここから出てくる。したがって大乗仏教の発展の歴史は、深層心理学の観点を導入することによって、われわれ現代人の心の問題と深くふれ合ってくるであろうと思われる。ユングは、まだフロイトと協力していた一九一二年に『リビドーの変容と象徴』を書いているが、ずっと後になって、この本を『変容の象徴』（一九五二）と改題し、大幅に書きあらためて公刊している。この著作は古代の神話伝説や錬金術などの象徴的イメージを材料にしたものであるが、初版と再販の間の年月を考えると、東洋的瞑想についての研究がその思索の栄養源になっているように思われる。「禅の瞑想」は、ちょうどこの中間の一九三九年に書かれたものであり、このころユングが、東洋思想との接触から「変容」の問題について思索をめぐらせていたことを示している。いずれにせよ、以上述べた点に留意しながら読めば、ユングの禅についての解説は、現代のわれわれにとっては、禅の専門家による説明よりもむしろわかりやすいところがある。エックハルトやスエーデンボリを重視する点からみれば、もともと、大拙とユングの気質は近い。

浄土の瞑想

「浄土の瞑想」は、他の論文と違って、独立の論文として書かれたものである。そのはじめに友人ハインリヒ・ツィンマーの死を惜しむ言葉があり、この論文のもとになった講演が行われたのは、ツィンマーがニューヨークで客死した年（一九四三）である。おそらく追悼の意をこめたものと思われる。ツィンマーについての詳しい資料は持ち合わせないが、彼は一八九〇年にバルチック海岸の大学町グライフスワルトで生まれ、この地で教壇に立ったのち、ハイデルベルク大学でインド学を講じた人である。オックスフォード大学でも教えている。ユングとはわりに親しかったらしく、自伝の中にもときどき名前が出てくるし、エラノス会議のメンバーにもなっている。ツィンマーのインド研究は、ヨーガの瞑想体験を重んじ、そういう立場から、インドの哲学史や芸術について論じたものが多く、ユングとは波長が合っていたようである。彼はユダヤ系だったらしく、ナチスの登場によって一九三九年に亡命し、しばらくユングのもとに逗留したが、翌年アメリカに渡った。コロンビア大学でインド哲学とインド美術を講じたが、まもなく五十三歳で亡くなっている（ツィンマーは、亡命するとき、その蔵書をハイデルベルク大学の同僚だった哲学者ヤスパースに託し、ヤスパースは戦時中これを読んで慰めとした、というエピソードがある。戦後、ヤスパースが東洋哲学について多くの論文を書いたのはこの縁である）。

なお、この論文の原題は「東洋的瞑想の心理学のために」と題されているが、本書では、日本人読者にわかりやすいように題をあらため、右の原題は本訳書全体の題に用いさせてもらった。この論文にはすでに浜川祥枝氏によるよい先訳[*17]があるので、本書に収めるべきかどうか迷ったが、われわれにとっては仏教学や日本思想史の立場から解説と注解をつけることが必要であろうと思ったので、新しく「拙訳」したことをおことわりしておきたい。

この論文は、観無量寿経の瞑想法について心理学的解説を加えたものである。日本思想史や中国仏教の研究者にはよく知られていることであるが、この経典は、唐代仏教とその影響を受けた平安仏教（特に天台宗）において、非常に重要視されたものである。たとえば源信（恵心僧都）の『往生要集』などは、この経典の影響の下に極楽浄土のイメージを具体化しようとしたものであると言ってもいい。また、平等院や三十三間堂などに名残をとどめる平安の浄土信仰とその芸術表現も、もとをたどれば、この経典に示された瞑想法とイメージの世界から発していると言っていいであろう。そういう意味で、ユングのこの論文は、日本の古代思想史と芸術史について考える人には、重要な示唆を与えるものと思う。[*18]

浄土信仰の経典として重視されたのは、大無量寿経（略称、大経）と観無量寿経（略称、観経）の二つであるが、平安仏教では後者の方が重んじられていた。その理由の一つは、この経典が瞑想法の経典であるとともに、浄土のイメージを具体的に描写しているために、芸術表現に深い関係があったからである。平安仏教は元来、最澄と空海によって確立された修行の伝統から生まれたものであるとともに、芸術の価値を重んじる。観経の主要部分は「定善観」（瞑想の力によって浄土を見る方法）とよばれているが、平安仏教で重視されたのはこの部分であり、ユングが解説しているのもこの部分である。定善観は、ふつう「定中見仏」とか「観察の念仏」（阿弥陀仏を念じてそのイメージを見ること）とよばれている。これに対してこの経典の終わり近い部分は「散善観」（瞑想によらないで浄土を見る方法）とよばれ、いわゆる九品往生の説が述べられている。この部分を重視する見方は、隋の曇鸞と唐の善導から始まったもので、修行よりも罪の懺悔に重きをおく考え方に立っている。この解釈は、日本では源信がとり入れ、法然に至って大きな流れとなったものである。さらに親鸞は、浄土信仰の基本を観経から大経に移し、中世以降いわゆる「称名の念仏」（阿弥陀仏を念じ、その名を称えること）が主流を占めていったのである。

右の変化は、浄土信仰の主な担い手が、貴族知識人層から民衆層に移ったという時代状況の変化にともなって生まれたものである。修行や芸術は、民衆には縁のない世界だったからである。日本仏教史では、中世以降、このような形の浄土信仰が主流を占めるようになったため、平安仏教の見方は忘れられてしまった。そのこと自体は一つの歴史的事実であるが、浄土信仰というものの元来の性格を考えるには、ユングのような心理学的観点を導入しなくてはならない。また現代人の心の問題とのつながりを考える場合にも、そういう見方が役に立つであろう。ユングはむろん日本仏教史については何も知らないので、散善観の部分は無視している（筆者は昔この論文をはじめて読んだとき、従来の日本仏教史の見方が念頭にあったため、最初はユングの見方を奇異に感じた。けれども、経典をよく読むと、むしろ彼の見方の方がこの経典の元来の内容に即しているということに気がついた。私が平安密教の世界に関心をもつようになったのは、ユングのこの論文にふれたのがきっかけである）。

ユング心理学の立場に立ってみると、観経の瞑想法は、いわゆる能動的想像aktive Imaginationの方法と関係がある。能動的想像というのは、心中に起こってくる夢や観念などのイメージを、抑圧することなく、自然に、自由にはたらかせながら、具体化してゆく方法である。描画や箱庭療法やフィンガー・ペインティングなどは、その手段である。ヨーガや密教の瞑想法は、主題を固定させたものであるから、むろん能動的想像の方法とは性質が違うが、無意識のイメージを活性化するという点では同じである。ユングのいうところでは、西洋の伝統ではこのような精神訓練の技術はほとんど発達しなかった。彼がヨーガに対比し得る唯一の例としてよくあげるのはイグナティウス・ロヨラの『霊操』であるが、それも、東洋で複雑多様な発達をとげた瞑想法の伝統からみると、子供だましのようなものだと言っている。『霊操』は、福音書などからとった一連の主題をイメージ化して黙想するもので、観経の方法とよく似ている。いずれにしても、ユングが能動的想像という方法を彼の心理療法の一つの技法として確立し、重視した背景には、東洋思想とのふれあいが一つのテコになったことはたしかであろう。ユングがこの言葉をはじめて使ったのは、ふつう一九三五年のタヴィストック講演（『分析心理学』みすず書房）からといわれているようであるが、宮脇龍介氏によると、実質的にこれと同じ考え方は、『黄金の華の秘密』（一九二九）ですでに述べられているのである。[*19] ここにも、ユングが、東洋思想とのふれ合いから彼の思索を深めていった過程をみることができる。

インドの聖者

「インドの聖者」は、ハインリヒ・ツィンマーの遺作をユングが自ら編集し、その序文として書いたものである。なかば紀行文的なエッセーで、彼のインド観がよく出ている。彼は一九三八年に、イギリスのインド政庁の招きを受けてインドを訪れているが、この論文にも書かれているように、聖者や宗教家といわれるような人たちには会うのを避けている。自伝によると、彼がそうしたのは、「私自身が到達できるもののほかは何も受け入れたくなかったから」であり、聖者から教えを受けて彼らの真理を自分のものとして受け入れるのは、盗用だと思ったからであるという。[*20] ユングらしい自信と、ある意味の頑固さが感じられる。もともと彼は、インドの文化に高い評価を与えながらも、それは自分とは異質の世界だと強く感じていたようである。彼がインドで関心をもったのは、道徳的善悪の区別は相対的なものにすぎないという考え方であった。この考え方は、キリスト教の伝統と強く対立する。彼は、善悪の彼岸に自然との合一を求める東洋の考え方には、心理学的にみて重要な意味があることを認める。しかし彼は、結局のところ、それをしりぞける。自分にとって、一切の相対性をこえた解脱ということは存在しない、と彼は言いきっている。この点に、東洋の聖者とヨーロッパの知識人の違いが歴然としている。

ツィンマーの遺作は、シュリ・ラーマナ（1879–1950）という現代インドの聖者の教えをドイツ語に訳したもので、「本来的自己への道」der Weg zum Selbst と題されている。この論文の中でも、ユングはしきりに「自我」ego と「自己」Selbst の区別にふれている。本来的自己という概念は、ユング心理学にとって一種の限界概念ともいえるもので、具体的なイメージとしてとらえることはできにくいが、この概念が東洋思想とのふれ合いから生まれてきたことはたしかである。『心理学と宗教』の中で、彼はこう言っている。「私がこの言葉〔Selbst〕を使用するに至ったのは、神々が人間になるという段階〔たとえばキリスト教のような考え方〕さえもはや過去のものとなってから生ずるような諸種の問題と、すでに何百年も昔から取り組んできた東洋哲学の用例に従ったのです。すなわちウパニシャット哲学は、神々の相対性をすでにとっくの昔に見抜いてしまった一つの心理学の存在を前提にしなくては、考えられないものです」。[*21] したがって、アートマン、プルシャ、涅槃あるいは空、道《タオ》などといった東洋の諸哲学の基本観念は、――先に述べた文化的象徴としてのレベルでは異質な意味内容をもっているが――その基礎には、共通した自然的象徴の発生母胎が見出される。インドの思考は常に、そのような内なる超越の次元を問うてきたのである。

自伝の中でユングは、サーンチーの仏跡を訪れたときの感動を次のように語っている。「ひろびろとした平地の眺望、卒塔婆そのもの、廃墟の寺院、そして聖地のもの寂しい静けさが私を魅了した。私は連れから別れて、この場の圧倒的な雰囲気にひたった。……私の内のなにかが無言のうちに感謝していた」。[*22] 彼は、このときの激しい感動――と自ら言っている――から、仏教の新しい側面が見えてきた、と語っている。仏陀の生涯は、この世界全体の隠れた次元に属する「自己《ゼルプスト》」が、ゴータマ・シッダールタという個人の生に侵入して、その権利を主張し、「本来的自己という、実在としての仏陀」Buddha as the reality of the self になったものである、という。キリストもまた「自己」の具現者であるが、彼は運命の導きによって、自らそれと知らずに受難者として現世をこえたのである。イエスが知っていたのは、自分が、律法をこえる愛を説くことによって受難する運命にある、ということであった。これに対して仏陀は、理性的洞察によって人間意識の宇宙論的進化の尊さを理解していた、とユングは言っている。インドはユングにとっての課題ではなかったが、Selbst の概念が彼の心理学の到達し得た〝哲学〟的頂点であったとすれば、インドとの出会いはやはり、消すことのできない重要な痕跡を彼の生涯に与えたというべきであろう。

易と現代

「易と現代」は、ユングが七十をこえて書いたものであり、東洋思想に関する論文ではこれが最後である。この序文は、リヒアルト・ヴィルヘルム訳の『易経』が英訳され、プリンストン大学から公刊された機会に、亡き友への思い出をこめて書いたものである。中村健二氏の英語版からの先訳[*23]があるが、ドイツ語版とはかなり内容が違っている。ここでの彼は、老賢者らしく、時折ユーモアをまじえながら気難しげに語っている。彼は易経を人間に見立て、易のやり方に従って占いを立てる。言いかえれば、「易経氏」に向かって現代における易経の意義を質問する、という形をとっている。そして、自分の占って出た卦（つまり易経氏の答え）に従って、易経の現代的意義について語っている。占いなどナンセンスというむきには、人をバカにした解説とうつるかもしれない。たしかに、学術書にはあるまじきふらちなしわざである。しかし、「私も今は齢《よわい》八十に近く、世の人びとの変わりやすい意見などあまり気にならなくなった。……私には、西洋精神の移り気な学界的偏見よりも、古代の賢者たちの思想の方がずっと大きな価値がある」という彼の言葉には実感がこもっている。

後はこの論文で、易と関連させて同時性（シンクロニシティ、同調性とも訳す）の問題にふれている。これは超心理学《パラサイコロジー》と関連のあるテーマである。同時性というのは、空間内部の複数の地点で、因果的連関なしに、その心理学的意味内容が対応し同調している事象が、同一の瞬間（すなわち同時）に起こるという現象である（この事象には物理的なものも心理的なものも含める）。ユングがこのような考えを抱くに至った背景には、超心理現象に対する関心が見出される。たとえば、透視とかテレパシーといった現象では、感覚的手段によっては相互に認知できない二つ以上の地点で、同時に、その意味内容が同調し、対応した心理＝物理的現象が起こる。ユングは、このような現象は因果律では説明できないと考えて、これを同時性と名づけ、事象の非因果的な意味連関を示す原理とするのである。ユングは生来特異な遺伝的心理素質をもっていたため、この種の超心理現象は若いころからたびたび経験していた。彼の処女作『心霊現象の心理と病理』（法政大学出版局）は、このような素質と環境の産物である。易の論文を書いた翌年、彼はエラノスの集会で同時性について講演している。さらにその翌年発表された「非因果的連関としての同時性」（ユング、パウリ共著『自然現象と心の構造』海鳴社）では、占星術やJ・B・ラインの超心理学研究などについて紹介し、このような現象の媒体として、時空間の因果的制約をこえた次元を想定している。

筆者の考えるところでは、ライン以降の超心理学は、実験的検証という点では超常現象の存在をほぼ立証し得たと思うが、その発生のメカニズムはまだ十分に明らかにされていない。ラインは統計的方法を用いることによって、心理現象と物理現象の相関性を示すことに成功したけれども、そういう現象の発生過程（つまり入力と出力の中間過程）はブラック・ボックスのままである。彼は、この種の超常能力が無意識の作用と関連していることは認めたが、それ以上に進めなかった。現在では、この問題に素粒子論関係の一部の物理学者（たとえばロンドン大学のデヴィッド・ボームら）が強い関心を寄せている。筆者の考えるところでは、この問題は、単に客観的に測定可能な物理的効果の面から追求するだけでなく、深層心理的イメージ体験の分析とともに、無意識作用と関係の深い身体の生理的機能に関する心身医学的研究法を併用して考えてゆくべきであろう。つまり、超常現象をひき起こす特異能力者の心身機能の研究が必要であろうと思う。この方面の研究者のいうところでは、超常能力の発現は、自律神経系の一定の活動パターンなどと相関性があるようである。

いずれにせよ、ユングの同時性の考え方には、将来の研究課題としてなお考えなくてはならない論点があると思うが、現状ではまだ仮説的なものであるというべきかもしれない。というのは、そこには従来の深層心理学の理論的枠組みには取りこみにくい問題が含まれてくるからである。ユングの秘書ヤッフェによると、彼はブロイラーやフロイトと協力していたころ、降霊会や超心理学の実験にもたびたび参加しており、超常現象の存在は認めていたが、それらは無意識の心理学の付録であるとみなしていたようである。[*24] その意味では、同時性の考え方は、これまでのユング理論の限界をこえた新しい展望を模索しようとする試みだともいえる。したがってその評価は、なお将来を待つべきであろう。ここでは、彼が、易の原理をこの概念によって理解しようとしていたという点に注目しておきたい。無意識の心理学は、いわば「たましい」の内的宇宙 inner universe の探求であるのに対して、同時性は、外的宇宙空間にかかわる現象である。彼は、あらためてこの二つの広大な世界——内的宇宙と外的宇宙——を統合する新しい地平に向かって、七十をこえてなおその思索を進めていたのである。大自然の運行の中に人間の生の運命をよみとろうとする易の哲学は、老賢者ユングの晩年の思索に影を投じている。

＊＊＊

本書は、「ユングにとっての東洋」を知るための手引きとして編訳したものである。ユングに親しむにつれて、私にとって次第に問題になってきたのは、これとは逆の「東洋にとってのユング」という新しいテーマである。一般的に言い直せば、深層心理学が東洋の伝統的文化遺産と現代人の心の問題の関係について新しい光を投じたとすれば、われわれ東洋人はそこからどのような課題を見出してゆくべきか、という問いである。この問いはもはやユングをこえて、われわれ自身の課題となってくるであろう。そのような問いに関心をもたれる読者が本書を読んで下さるならば、訳者の仕事は喜びをもってむくわれるであろう。なお、訳文中に挿入した小見出しは、読者の理解に役立つように、訳者が付したものである。

〔注〕

＊1　C. G. Jung: Bild und Wort, Walter, 1978, p. 66ff.
＊2　Jung, Memories, Dreams, Reflections, Vintage Books, p. 170.（『ユング自伝』1、みすず書房、二四四頁）
＊3　ibid., p. 375-6.（『ユング自伝』2、二四〇頁）
＊4　ユング、ヴィルヘルム『黄金の華の秘密』人文書院、一九頁、および本書二一〇頁以下参照。
＊5　同右、七～九頁。
＊6　Jung, op. cit., p. 264.（『ユング自伝』2、九一頁）
＊7　ibid., p. 273（同右、一〇三頁）
＊8　ibid., p. 269ff.（同右、九七頁以下）
＊9　自然的象徴については、『心理学と宗教』（『人間心理と宗教』日本教文社、所収）に詳しい。「文化的象徴」という言葉は、ユングはあまり用いないが、晩年の『人間と象徴』（河出書房新社、九八頁）では、自然的象徴の対比概念とし

て用いている。

＊10　Jung, op. cit., p. 204.（『ユング自伝』2、七頁以下）

＊11　『黄金の華の秘密』二三一～二六頁。

＊12　Jung, CW., vol. 11, par. 83.（『人間心理と宗教』九二頁）

＊13　『黄金の華の秘密』二一〇頁。

＊14　この論文の前半については、次の先訳がある。高橋巌訳「東洋的思惟と西洋的思惟」『現代思想』一九七三年一一月号。

＊15　おおえ・まさのり訳『チベットの死者の書』講談社（ヴェンツの英訳にもとづいたもの）

＊16　鈴木大拙全集、第十三巻、岩波書店、二九二頁以下。
なお、ユングのこの論文は、三〇四頁以下に大拙自身の手で訳されているが、古風な文体であり、注などはすべて省略されているので、新訳を施した。

＊17　「東洋的瞑想の心理」（『人間心理と宗教』日本教文社）

＊18　拙論「浄土の瞑想の心理学」（『現代思想』一九八二年九月、総特集「日本人の心の歴史」所収、青土社）参照。

＊19　『臨床心理学用語事典』（至文堂）の「能動的想像」の項、参照。

＊20　Jung, op. cit., p. 275ff.（『ユング自伝』2、一〇六頁以下）

＊21　Jung, CW. Vol. 11, par. 140.（『人間心理と宗教』一六六頁）

＊22　Jung, op. cit., p. 278ff.（『ユング自伝』2、一一〇頁以下）

＊23　中村健二訳「易と中国精神」（『ユリイカ』一九七四年七月、総特集「オカルティズム」、青土社）

＊24　Aniela Jaffé, Jung and Parapsychology, in "Science and ESP", ed. by Smithies, Kegan and Paul.

補説
エヴァンス＝ヴェンツ訳出のチベット文原典について

川崎信定

はじめに

一九六六年八月、サンフランシスコに着いた私は、その翌日に「チョエニ・バルド（法性の中有）」という怪しげなチベット語を使って滔々と悟りについて弁じたてる女子学生に出会った。そして以後の私のニューヨーク州立大学、コロンビア大学での三年間に、当時全盛をきわめたヒッピーやフラワー・ピープルの中でサイケデリック・エクスペリエンスの指南書として『チベットの死者の書』のエヴァンス＝ヴェンツ氏英訳が、読む本というより礼拝の対象として崇められているのを見てきた。ダウンタウンのヴィレッジの東方学関係の古書店には、『老子道徳経』、『易経』、大拙の禅関係の英訳本に混ざって、きまってヴェンツ氏訳のポケット版が店頭に晒されていた。ニューヨークから車で二時間ほどのスプリングフィールドの畑の中にあるモンゴル人コロニーのゲシェ・ワンギェル師のもとには、毎週日曜日、五十人を超える白人の若者たちが集って、師の説法にそれこそ随喜の表情で聴き入っていた。自由の女神像の傍らからフェリーで渡るスタテン・アイランドにあるチベット・ミュージアムに、コロンビア大のA・ウェイマン教授とともに教授のゼミ仲間とピクニックに行ったことがある。チベットの絵巻物《タンカ》やブロンズの仏像と並んでマダム・ブラヴァツキーとオルコット大佐の神智協会《テオソフィカル・ソサエティ》発行の書物が積まれていて、その中にヴェンツ氏の本も何冊か入っていた。暗さと黴くささとドラキュラ館にいるような怪奇さが充満していた。

このようなアメリカでのチベット仏教との接触は、それまで経典中心に地道（?）な研究を続けてきた私にとっては、いかにも不謹慎で、アメリカ人の際物《エキゾティズム》好みの悪い面を見せつけられたように思えて仕方がなかった。

しかしながら、このような私の先入主はまもなく根本から揺り動かされることになった。一つの驚きは、ヒッピーと思われる若者たちのチベット語習得の早さについてであった。インドのダラムサーラやネパールのカトマンズ、ポカラにたむろしていた彼らの中から積極的にチベット人社会に入りこみ、内側から理解しようとする者が出てきた。まず言葉を習得し、さらにはチベット仏教僧院の行法にもすすんで従い、灌頂を受ける。そしてその後には文献の研究と緻密な精査・整理がついてくる。「ヒッピー恐るべし」である。第二の驚きの契機は本稿の主眼であるエヴァンス＝ヴェンツ氏に関連している。インドまわりで帰国した後、私は駒込の東洋文庫にチベット室研究員として勤務しはじめた。たまたま、ここの蔵書の紺紙銀泥のチベット筆写本『チベットの死者の書』をヴェンツ氏の英訳と照合してみる機会があった。さだめし神憑りの霊感的翻訳という読前の予想に反して、ヴェンツ氏訳は原文にきわめて忠実な翻訳で、丁寧な脚注が施されていた。一九二七年のヴェンツ氏訳初版以来、いくつかの新訳が出版されたが、私は今でもヴェンツ氏訳が一番すぐれていると考えている。もっともこれは、エヴァンス＝ヴェンツ氏自身の功績というよりも、彼に協力したチベット人翻訳者に帰すべきものといえよう。ヴェンツ氏の英訳には英語に堪能な優秀なチベット人の協力が常にあった。すなわち、『チベットの死者の書』、『チベットのヨーガ』、『ミラレパ伝』の場合のカジ・ダワ・サムドプ[*1]であり、『パドマサムバヴァ伝』の場合のサルダル・バハァドル・ラデン・ラ[*2]であり、『自解脱法』の場合のカルマ・スムドゥン・ポール[*3]とロプサン・ミンギュル・ドルジェ[*4]である。

いずれも一八八〇年代から一九三〇年代にかけて生きたこれらのチベット系の協力者たちは、近代帝国主義列強の力関係の中で木の葉の舟のように揺れ動かされたチベットの国の運命そのままに、情報活動のルッポ、台風の眼ともいうべきダージリン、カリンポン地区に生活し、国際化と孤独の両極にあって、小説中の人物のごとき数奇の生涯を送っている。彼ら個々の生い立ちについては、ヴェンツ氏自身による各書における紹介がなにより詳しい記録となっている。本稿では注の形で、知るところを記載した。

この他にもエヴァンス＝ヴェンツ氏への協力者としては、カルカッタの英国王立東洋協会（ベンガル協会）書記のジョン・ファン・マーネン（John Van Manen）博士、カルカッタ高等司法裁判所判事サー・ジョン・ウッドロフ（John Woodroffe alias Sir Arthur Avalon）氏、インド省司書F・W・トーマス（F. W. Thomas）博士、対チベット英国政務代表キャムプベル（W. L. Campbell）少佐等々、イギリス東洋学界の精華をみるような人々の名が掲げられる。このような人々の協力の下にあって、ダージリン、カリンポン、ガントク地方でチベット仏教を研究した、自らを「アメリカ生まれの人類学者」と称する、後に、オクスフォード大学のジーザス・カレッジに籍を置いた故エヴァンス＝ヴェンツ博士自身の経歴については、筆者もきわめて関心をもっているが、今一つ明確さを欠いている。今後の課題の一つとしたい。以下に各書の内容について特に原典との関係において論じてみよう（なお、アメリカ人はイーヴァンス＝ウェンツと発音している）。

(a)『チベットの死者の書』

正式の題名を「『安寧神《シ》と忿怒神《ト》を観想することにより自己を解脱させる深遠なる宗教書』の中より、中有《バルド》の状態での聴聞《トエ》による大解脱《ドル》」と称し、一般に『バルド・トエ・ドル』の呼び名で知られている。エヴァンス＝ヴェンツ氏はこの筆写本を一九一九年にダージリンのバスティ僧院において、チベット密教古派の一派紅帽カーギュッパ派の若い僧から譲り受けたことを記し、この僧の家に何世代も伝え受けられたものであることを付記している。[5] チベット仏教の、特に古派密教には、埋蔵経（テルマ）と呼ばれる膨大な文献があり、長い間にわたって山中の洞穴などに秘匿されていたものが、神託・霊感を受けた超能力の行者（テルトン）によって発掘されたと主張されている。この『チベットの死者の書』もまさにこういったテルマの一つ[6]であり、ヴェンツ氏所有の木版本の記載によると、本書はチベット仏教の祖聖パドマサムバヴァ（蓮華生、彼については次項の『パドマサムバヴァ伝』を参照されたい）によって著され、セルデン河畔のガムポダル山に秘匿されていたが、その後、パドマサムバヴァの第五の転生者にあたる、北方からきたリクジン（持明者）・カルマリンパというテルトンによって発掘されたとされている。[7] リクジン（Skt. vidyādhara）とは超能力の霊感・神通力をそなえた行者であり、その一人カルマリンパは十四世紀中葉の人物[8]と考えられている。

なお、同種の文献は、内容を少しずつ変えながらチベット仏教各派に伝えられており、ニムマパ派に七種、カーギュッパ派に五種、チベット密教数派のゲルクパ派にも六種あるという報告が一九一九年にキャムプベル政務代表からヴェンツ氏に寄せられている。[9] また亡魂供養のために遺族が布施して本書を筆写することも行われ、東洋文庫所蔵の紺紙銀泥の筆写本は、内容はヴェンツ氏訳とほとんど一致するが、この本の場合特にチョエゲモという女性の亡魂供養のためのものとみられ、彼女の名が挿入されている。

一般に『チベットの死者の書（バルド・トエ・ドル）』と呼ばれているものは、ヴェンツ氏の英訳で一二五ページ（pp. 85–209）足らず[10]、東洋文庫蔵本で一三七葉の比較的小部のものであるが、これは『安寧《シ》神と忿怒《ト》神を観想することにより自己《ラン》を解脱《ドル》させる深遠《サブ》なる宗教《チョエ》書』の一部を構成しているにすぎない。本書全体としては、近年インドで出版された木版本の影印版のように、カルマリンパの発掘したものに加えて注釈や行法儀軌の付随した三十点、三冊からなる大部な全集を構成している。[11] またニムマパ派の『埋蔵書全集』の中には多量のバルド関連文献が存する。ヴェンツ氏は、本書が十七点の独立した作品からなることを記し、同氏の英訳箇所に相当するものはこの中の第一・二・三・四・五・六・八の作品であるとしている。[12]

次にこの『チベットの死者の書』の実用上の意義はといえば、本書はチベットで死に赴く病人・死者に対してその枕辺で僧の読誦する、日本の「枕経《まくらぎょう》」的性格を有し、かつその後、七日・七日と七週間にわたって亡魂供養のため唱えられるお斎《とき》の経としても用いられる。そして内容とするところは、死の瞬間から次の生までの間に魂魄のたどる旅路、七週四十九日間のいわゆる中有《ちゅうう》（中陰 Tib. bar do: Skt. antarābhava）の有様を描写して亡魂に正しい解脱の方向を指示するものである。これには、お授《さず》けの儀式、いわゆる灌頂《かんじょう》（Tib. dbaṅ）の行法も決められており、そのための儀軌も存する。そして死の枕辺で授けられるばかりでなく、修行に励むもの・信心厚いものには生前にもこの灌頂は授けられる。密教タントラには、行者が死――魂の離身→再生を修練として経る――宗教的死の体験を持つ――ことによって不死性を獲得し、輪廻をついには離脱できることが説かれる。この点に『チベットの死者の書』にも、死に赴くものの枕辺で唱えられる実用のお授け書である以上に、密教タントラとしての宗教的価値を見出すことができる。[*13] ヒッピーたちが求めたのもこの宗教的死の体験をサイケデリックに得ることであった。

なお付言するならば、チベットの民間には、魂魄が肉体の死後に脱け出て彷徨の末に新しい身体に宿ることを説く伝承が古くから存する。もっとも、これはチベットに限られることではない。アジア全域に流布された脱魂伝奇説話として有名なものに、インドの『ヴェーターラ・パンチャヴィンシャティカー（屍鬼二十五話）』がある。[*14] 黒月の第十四日目の深夜の墓地に、人骨の粉で大マンダラを描き、四隅の瓶には人血が湛えられ、人間の脂肪が灯明油として用いられる。壇の中央に屍体をおいて行う護摩供儀はヴェーターラ（起屍鬼・毘陀羅）に捧げられるものであるが、この儀式には、仏教におけるタントリズムとの共通性、ないしは共通の基盤の存在を容易に想像させるものがある。そしてこのヴェーターラ説話は、十四世紀をさかのぼる古い時代に、多分に仏教的潤色を施されてチベットに、さらには蒙古へと広く流布され、深く民間に根づいた伝承となっている。[*15]

さらに「ヴェーターラ説話」以外にも、六道輪廻・地獄落ちや死後の審判を語る伝承が、チベット仏教ではマニパと称する説教師によって物語られた。彼らマニパは、自分たちが「ゲェロ」――すなわち死んで死後の世界を垣間見た後そこから生還した奇跡者であると称して、民衆への説法教化を行った。『バルド・トエ・ドル』を含む埋蔵経典が、このようなチベットの民間伝承を基盤としてチベットに広く流布していった事実も、考慮に入れておくべき重要な点と考える。

(b)『パドマサムバヴァ伝』

パドマサムバヴァ（蓮華生）は、ペマ・ジュンネエ、グル・リンポチェまたはウギェン・グルとも呼ばれる。五代チベット王チソンデェツェンの代に、土着のボン教の神々がシャーンタラクシタの仏教伝導に抵抗した時、ウギェンの地（スワット渓谷地方）から招聘された。彼は鬼神・悪鬼を調伏し、サムイェ寺の地鎮（七七五年）の儀を執り行う他に、数々の神通・奇跡を現じた。彼の伝記は、埋蔵経典テルマの一つである『ペマ・カータン』に詳しいが、我国の弘法大使伝と似て、数々の神変・奇瑞にみちており、歴史上の人物の伝記とはいいがたい。パドマサムバヴァ自身が埋蔵したもの、あるいは彼の妃イエシェツォゲエルが、未来の所化のために埋蔵したものを、彼の転生者が予兆を感得して発掘したというのが埋蔵経（テルマ）の権威づけとして用いられていることは、先の『バルド・トエ・ドル』に見たとおりである。またパドマサムバヴァの化身であるケサル王とボン教の王との戦いを主題とした『ケサル物語』も埋蔵経の一つであるが、チベットの国民的叙事詩として、放浪の吟遊聖《ひじり》たちによって語りつがれた。[*16]『ペマ・カータン』は、シュラーギントヴァイトが一八九九年に独訳[*17]して以来、トゥィサンの裏塘版の仏訳など、[*18]早くからヨーロッパに知られるに至っている。

さて、エヴァンス=ヴェンツ氏がラデン・ラ氏の協力を得て訳出したものは、この『ペマ・カータン』（韻文）そのものではなく、これの散文版ともいえる『タン・イク・セル・テン（解脱を明示する教誡・黄金の首飾）』[*19]の抄訳であり、原点は一一七章三九七葉からなるブータンのプムタン版である。その奥書には妃イエシェツォゲエルのつくって隠したものをテルトンのサンゲェリンパ（一三四〇〜?）によってプリー・プクモチェの洞窟から発見されたと記されている。[*20] グリュンウェーデルの部分的独訳[*21]がある。原本は三九五葉からなる二本が東洋文庫にも所蔵されている。（358B 2629' 358B 2630）

(c)『心を明顕し、赤裸々に見る自解脱法（リク・パ・ゴ・トエ・チエル・トン・ラン・ドル）』

この書も、(a)の『バルド・トエ・ドル』と同じく、『安寧神と忿怒神を観想することにより自己を解脱させる深遠なる宗教書』に含まれる一書であり、ヴェンツ氏の十七分類の中の第十作品に相当する。[*22] (a)と同じく、パドマサムバヴァ自身の作とされ、埋蔵されていたものをリクジン・カルマリンパによって発見されたとされる埋蔵経典（テルマ）である。[*23]

ヴェンツ氏の使用した木版本は一五葉裏表に三九五頌の韻文で書かれ、奥書にはラサのタンギェリン僧院の版本であることが記されているという。

内容とするところは、内心を専一に観想するもので、大乗仏教一般の止観の観法に共通するものといえるが、「心意識」を表す言葉として「明知（Tib. rig pa: Skt. vidyā）」が用いられており、しかもこれを「裸のままのものとしてみる（gcer mthoṅ）」、「自ら解脱する（raṅ grol）」としている点、「光明《オエセル》（hod gsal）」の四種の観法が説かれる他にも「光明」がきわめて重要視されている点に、チベット古派密教（ニムマパ）の「ゾクチェン（大究竟）」の特徴がよくあらわれている。[*24]

(d)『パ・ダムパ・サンゲェの遺誡』

ダワ・サムドプ自身の筆蹟による写本の原題は『パ・ダム・サンゲェの教誡・ティンリの人々に与える百頌（pha dam saṅs rgyas kyi shal gdams diṅ ri ba brgya pa）』となっており、ロプサン・ミンギュル・ドルジェ師が木版本を確認したところでは「根本百頌（……brgya rtsa ma）」となっている。[*25] 実際には七十二頌の英訳しか収録されておらず、その理由をヴェンツ氏はダワ・サムドプ師の写本の冒頭の一ないし数ページが紛失したためと脚注に記し、木版本には一〇二頌あることを認めている。[*26] しかし、後に記すように、この書が元来八十頌ほどのものであったことも考えられる。

パ・ダムパ・サンギェについて、イタリアのチベット学の泰斗G・ツッチ教授は次のごとく記す。

> 彼は南インドの苦行者で、チベットにチョ（gcod断）とシチェ（shi byed鎮）という独自の二流を導入した。『般若波羅蜜多経』の一章から感得するところあって、墓地や屍体の散乱する場所における（これについてはディヴィッド・ニール女史[*27]のすぐれた描写が存するが）複雑な瞑想のプロセスを経て悉地成就をとげた。すなわち、自身の心意識そのものから神々の姿を影現させ、後に再び元に帰入させる。こうして、神々を含めてのすべての現れはすべてわれわれの統御しがたき心の働きの仕業であることを理解する。そして究極的には、一切は無実体であり、直接経験によってのみ最高の知の真理が具現されるものであることを悟ることにある。ダムパはチベットだけでなく中国にも渡り、十二年間を過ごしたといわれている。一〇九七年、弟子たちと共にティンリの僧院に定住し、二十一年後の一一一七年に没した。ここは現在でもこの派の本拠地となっている。彼の教義の主たる解釈者の一人として彼のムドラー（印母・密教修行の同伴の女人）であるマチク・ラプキドンマがいる。[*28]

彼を祖としてチベット密教のシチェ派およびその支派のチョ流が成立している。ダムパ・サンゲェは臨終に際して病床を訪れた八十人の弟子たちそれぞれに教誡を口述され、またティンリの土地の人々に対して「ティンリ八十頌（Din ri brgyad cu pa）」なる口述の垂訓を行った後、清浄空戯界ともいうべき天界に赴いたと伝えられる。[*29] したがって、『宗義書』などに伝える「八十頌」と、ダワ・サムドプ師の筆写された「百頌」と数の上の差異が存するが、原本未見の現在では即断を避けたい。

エヴァンス＝ヴェンツ氏がチベット人ラマの僧の協力を得て、これらの書の英訳出版を行った後、特に近年の二十年間に、チベット仏教の研究は格段の進歩を遂げた。一九五九年チベット動乱の後でインドに亡命したダライ・ラマ十四世の下からは、世界各地の大学・研究所にチベット人インフォーマントが派遣され、活きたチベット文化との接触が容易となった。同時にインド・ネパールにおいては、チベット人コミュニティにおいてチベット仏教寺院の建物復興・伝統の保持が積極的に行われている。チベット仏教各派の貴重な文献の影印刊行もさかんで、八百点を超える木版本が復刊[*30]されており、この中には一点で数百巻にのぼる膨大な全集も多数存する。これらの中には、かつては書名のみが知られて、寺院の奥深くに秘蔵されておよそ開封不可能と考えられていたものも多い。研究面においても敦煌チベット文献の精査などから、チベット古派密教に及ぼした中国禅の影響が文献的に明らかにされてきている。またここ数年にはシッキム、ブータン、ラダク地方への旅行も容易となり、さらにはチベット首都のラサへの航空機による旅行も可能となっている。今後の研究の飛躍的発展が考えられる現状である。

故ヴェンツ氏自身がこの現況をみるとき、まさに隔世の思いがされることと思われるが、それだけに、ラマ僧と差し向かいで孜々として英訳を作成された同氏の当時の研究の積み上げを、丹念に見直し跡づけて、今後の研究方向の確認をはかることも必要な時期と考えるのである。

〔注〕

＊1　カジ・ダワ・サムドプ Kazi Dawa-Samdup（1868–1922）は、一八六八年六月シッキムのチベット人系の地主の家に生まれ、青年期をブータンのブクサデュアルで英領インド政府の対チベット通訳として過ごしている。同地でカルマパ派の隠者ロポン・ツァンパ・ノルブに会い、同師のもとで受戒し、秘密伝授、灌頂を受けている。しかし長子の

ため家督相続を父から懇請されて、還俗・結婚し、三子を設ける。一九〇六年シッキム国王の命によりガントクの王立学校の校長を勤め、一九二〇年カルカッタ大学のチベット語講師として招聘されるまでこの職にある。彼はH. B. Hannahをはじめ多くの西欧のチベット学者にチベット語・チベット仏教教理を教え、ヴェンツ氏も彼の弟子となっている。一九〇二年刊行のサラット・チャンドラ・ダース氏の『蔵英辞典』編纂に、彼の弟子の一人として参画した。この間、英蔵辞典編纂のための努力を続け、長年の語彙収拾の結果、ついにEnglish-Tibetan Dictionary（Calcutta University, 1919）を刊行するに至るまでの苦労は同書の序文に詳しい。灼熱のカルカッタの気候に健康を害して、一九二二年に没する。Sir Arthur Avalon編のTantric Texts中の一冊にSri-Cakra-saṃvara-tantraの梵文テキストと英訳を出版している。なおカジはペルシャ語kāḍi（原義「裁判官」）に由来し、ネパール、シッキムでは内務大臣に与えられる称号である。

＊2　サルダル・バハドル・ラデン・ラ Sardar Bahadur Laden La（1876–1936）　ダージリンのチベット家系に生まれ、近代教育を受けて同地の警察官となる。一九〇三～四年ヤングハズバンド大佐の西蔵遠征隊に参加したため、時のチベット政府は彼を捕えようと、彼の首に一万ルピーの懸賞金をかけたといわれる。一九〇六年英国とチベット政府の条約締結の舞台裏で活躍し、その後チベット政府が近代科学教育振興のためイギリスに派遣した四人のチベット青年の後見役として、彼自身もダライ・ラマの親書をたずさえて渡英している。一九一四年、中国、チベット間のシムラでの条約締結にチベット側代表と行を共にし、一九二一年にはチベットとの友好関係樹立のため派遣されたサー・チャールズ・ベルのラサ訪問に随行し、彼を補佐する。また一九二二年から二か年間、ラサの警察組織の整備、チベット陸軍の組織化のためチベットに派遣される。さらに一九三〇年、ネパール、チベット両国間の不和解決のため英領インド政府からラサに派遣され、調停成立の功により、司令官の位を授けられる。

彼は熱心な在俗信者として、ダージリン、グーム、ロプチュなどのヒマラヤ山麓地方のラマ教寺院の復興再建にあたり、ダージリンの貧民孤児教育、高等学校教育、ボーイスカウト編成、エベレスト登山隊派遣に尽力している。

ヴェンツ氏は一九一九年当時のチベット、ブータン、シッキムに関するイギリスの政務代表W・L・キャムプベル少佐の紹介で、ダージリン警察署長のラデン・ラ氏と会い、さらに彼の紹介でガントク在住のダワ・サムドプ師と会って弟子入りしている。

ダワ・サムドプ師の名がチベット言語研究やタントラ研究の上に残るものであるとしたら、ラデン・ラの名はむしろチベット外交史、ヒマラヤ登攀史に留められるものであろう（A. Lamb: The Macmahon Line, 2vols. London, 1966）。

なお sardār bahādur「司令官」は英領インドにおける軍隊での位階の一つである。

＊3　カルマ・スムドゥン・ポール Lama Karma Sumdhon Paul は、一八九一年グームのチベット系の家に生まれている。グーム僧院の創設者蒙古人ラマ僧シェラブ・ギャムツォ（河口慧海師の『チベット旅行記』に慧海はサラット・チャンドラ・ダース居士の紹介で彼に会い、チベット語の伝授を受けたことを記す。またダースの『蔵英辞典』の表記に彼の名が実際上の編者としてチベット文字で記されている）に師事した後、ダージリンの官立高等学校に学ぶ。卒業後、ダージリンの副地方長官の役所に奉職する。一九〇五～六年パンチェン・タシ・ラマの訪印に通訳として随行し、その後七か月をラサのタシルンポ僧院でパンチェンに陪臣している。一九〇八年から一か年ラサに滞在して、諸寺院を巡礼、歴訪し、ダージリンに帰着してのち、グーム英語中学校の教頭を勤める。一九二四年、カジ・ダワ・サムドプ師の後任としてカルカッタ大学のチベット研究室に迎えられ、以後一九三三年に退任するまでここに留まる。一九三五年、ダージリンの官立高等学校長に就任する。『自解脱』の英訳は一九三五年九月から約一か月間になされた。

＊4　ロプサン・ミンギュル・ドルジェ Lama Lobzang Mingyur Dorje も一八七五年チベット人父母のもとにグームに生まれ、グーム僧院のシェラブ・ギャムツォ師に十歳から二十五年間師事している。ダース氏の『蔵英辞典』Sarat Chandra Das, Rai Bahadur, C. I. E. A Tibetan-English Dictionary with Sanskrit synonyms, (Calcutta, 1902) の編纂に参画し、五か年これに従事する。辞典完成後ダージリンに戻り同地の官立高等学校の校長を三十年間にわたって勤め、一九三五年、スムドゥンの後任としてカルカッタ大学講師となる。

＊5　W. Y. Evans-Wentz: *The Tibetan Book of the Dead*, (Oxford, 1927) p. 68.

＊6　テルマの性格については、金子英一「ニンマ派の埋蔵経典について」、京都大学人文科学研究所研究報告『疑経研究』（一九七六年）所収、pp. 369–386. 参照。

＊7　Evans-Wentz, *op. cit.* p. 73.

＊8　カルマリンパについては、G. Tucci: *Tibetan Painted Scrolls*, (Rome, 1959) vol, II, p. 549, Evans-Wentz, *ibid* p. 76; Khetsun Sangpo: *Biographical Dictionary of Tibet and Tibetan Buddhism* (Dharamsala, 1973) vol, III, p. 523.

＊9　Evans-Wentz: *ibid* p. 72.

＊10　Francesca Fremantle and Chögyam Trungpa tr.: *The Tibetan Book of the Dead* (Shambhala, 1975) pp. 120.　おおえ・まさのり訳編『チベットの死者の書』講談社、二八〇頁。

＊11　*The Tibetan Book of the Dead* (Tibetan Text), (Varanasi, 1969), Karma-gling-pa: *Zi khro dgoṅs pa raṅ grol gyi chos skor; A collection of Zi khro texts revealed by gter-ston Karma-gliṅ-pa with liturgical works by Ñi-zla-'od-zer and Rgya-ra-ba Nam-mkha'-chos-kyi-rgya-mtsho*, 3vols. 1975.

＊12　Evans-Wentz: *ibid* p. 72.

＊13　川崎信定「〈チベットの死者の書〉死後の生存と意識の遍歴」、『エピステーメー』所収（一九七六年七月、朝日出版社）pp. 112–125; 同『原典訳チベットの死者の書』、筑摩書房、二一四頁。同「『チベットの死者の書』を考える」、『仏教文化』第一〇巻一二号（東京大学仏教青年会、一九八〇年一二月）pp. 47–63. 参照。

＊14　ソーマデーヴァ、上村勝彦訳『屍鬼二十五話――インド伝奇集』東洋文庫323、平凡社

＊15　A. W. Macdonald: *Matériaux pour l'étude de la littérature populaire tibétaine*, 2vols. (Paris, 1967, 1972)

＊16　R. A. Stein: *Recherches sur l'épopée et le barde au tibet* (Paris, 1959)

＊17　A. Grünwedel: *Padmasambhava und Verwandtes* (Leipzig u. Berlin, 1912)

＊18　Gustave-Charles Touissaint: *Le Dict de Padma* (Paris, 1933)

＊19　この本の性格については、A. I. Vostrikov: *Tibetan Historical Literature* tr. by H. C. Gupta, (Calcutta, 1970), pp. 32–49; G. Tucci, *op. cit.* vol. I, p. 110; F. W. Thomas: *Tibetan Literary Texts*, London, 1935), vol. I, pp. 264–292.

＊20　Evans-Wentz: *The Tibetan Book of the Great Liberation*, (London, 1954,) p. 85.

＊21　A. Grünwedel: "Drei Leptscha Texte mit Auszugen aus dem Padma-thaṅ-yig und Glossar" T'oung *Pao* 7, 1896, pp. 526–561.

＊22　Evans-Wentz, *the Great Liberation*, p. 85.

＊23　*Ibid* p. 85.

＊24　ゾクチェンの教義は次の本からうかがうことができる。ラマ・ケツン・サンポ、中沢新一『虹の階梯――チベット密教の瞑想修行』、平河出版社

＊25　Evans-Wentz, *ibid* p. 241.

＊26　*Ibid* p. 241.

＊27　A. David-Neel: *Mystiques et Magiciens du Tibet*, (Paris, 1927), p. 214.

＊28　G. Tucci, *op. cit.* vol. I, p. 92.

＊29　西岡祖秀「トゥカン『一切宗義』シチェ派の章」、『西蔵仏教宗義研究』第二巻（一九七八年、東洋文庫）p. 48. 本書にはパ・ダムパ・サンゲェについても綿密な研究が記載されている。

＊30　インド各地における最近のチベット文献の影印版刊行の状況については、アメリカ国会図書館発行の「チベット文献新書カタログ」が詳細で精密な最新報告をなしている。

チベットの死者の書の心理学[1]（一九三五）

テキストの内容の概観

まず、このテキストについて、少し説明しておこう。『チベットの死者の書』バルド・テドル Bardo Thödol は、死んでゆく人びとに教えをさとすための書物である。それは「エジプトの死者の書」[2]と同じように、バルド〔中陰〕[3]における生存のとき――つまり死者の霊魂がたどる四十九日の中間的状態、言いかえれば死と再生のあいだの期間――において、死者に手引きを与える書物である。テキストは三つの部分から成っている。チカイ・バルド Tschikhai-Bardo とよばれる第一部は、死の瞬間に魂が経験する出来事について説明している。第二部はチェニイド・バルド Tschönyid-Bardo とよばれ、死に続いて起こる一種の夢の状態、いわゆるカルマ〔業《ごう》、因縁〕によって生まれる幻覚をあつかっている。シドパ・バルド Sidpa-Bardo とよばれる第三部は、再び現世に生まれるときの本能的衝動と、誕生に先立つ出来事についてあつかっている。ここで特に注意すべきことは、死が現実に訪れる最初のとき〔チカイ・バルド〕に、崇高な洞察と光明、さらに救済〔解脱、解放〕を得る大きな可能性が与えられる、ということである。その後やがて「幻覚」の状態〔チェニイド・バルド〕が始まる――これは、最後には再び肉体の生を受けるようになる中間的過程なのであるが――そのとき、輝く光は次第に弱くなるとともに多様になり、幻影は次第に恐ろしさを加える。このたましいの下降状態は、救いの手をさしのべる真理から意識が離れてゆく過程を示すとともに、肉体的再生へと再び次第に近づいてゆく過程を示している。この経典の教えは、次々に起こる惑いと混乱の各段階を通ってゆく死者に対して、その時々にもなお残されている救いの可能性に気づかせるとともに、彼が見る幻影の性質について説明してやる目的をもっている。バルドのテキストは、遺体の傍らで、ラマ僧が朗読する。

私は、この書に心理学的注解を加えることによって、この著作がくりひろげる壮大な精神世界とそこに見出される問題について、西洋の読者が少しでも近づけるようにしたい。私は、それよりほかに、バルド・テドルの最初の二人の翻訳者、故人となられたラマ僧カジ・ダワ・サムドプ師とエヴァンス＝ヴェンツ博士に感謝するすべを知らない。私は、目を見開いてこの書を読み、その教えを偏見なく心に刻みつける者なら、誰でもそこから実り豊かな収穫を得るであろう、と確信している。

イメージとしての神々の実在——心理学と形而上学

バルド・テドルは、編者のエヴァンス＝ヴェンツ博士によって『チベットの死者の書』という適切な名を与えられたものであるが、この書が一九二七年にはじめて出版されたときは、英語圏の国々に少なからぬセンセーションをまき起こしたものである。この書は、大乗仏教の専門家たちの注意をひいたばかりでなく、その教えの深い人間味と、たましいの神秘に対する深い洞察によって、人生についての知恵を深めることを求めた一般読者にも、強く訴えたのであった。その出版の年以来、何年も、バルド・テドルは私の変わらぬ同伴者であった。私はこの書から多くの刺激や知識を与えられたばかりでなく、多くの根本的洞察をも教えられた。『エジプトの死者の書』の場合は、あまりに多くのことが語られるか、ほとんど何も語られない、といった趣があるが、バルド・テドルはこれと違って、人間が理解できる哲学を、人間に向かって語りかけている。それは、神々や原始人に向かって語っているわけではない。その哲学は、仏教の心理学的批判主義の精華を含んでいる。また、そのような著作として、他に例がないほどすぐれていると言ってもいいであろう。この書によれば、「怒りにみちた」神々ばかりでなく、「平和な」神々の姿さえも、輪廻《りんね》する人間のたましいが生み出した投影にすぎない。神々の姿が心のイメージの投影にすぎない、ということは、知的教養ある現代のヨーロッパ人からみると、全く当たり前の合理的な考え方に思われるであろう。それは彼らに、物事をありきたりのものにしようとする、彼らの知的単純化の傾向を思い出させるからである。しかしヨーロッパ人は、これらの神々の姿は単なる投影であるにもかかわらず、同時に実在するものであると説かれるとき、もはやその説明を認めるわけにはゆかなくなるであろう。ところがバルド・テドルでは、そういうことが可能なのである。それは、教養のないヨーロッパ人だけでなく、教養あるヨーロッパ人に対しても与えることができるような、最も本質的な形而上的諸前提を含んでいるのである。バルド・テドルには、あらゆる形而上的主張は必ず二律背反的性格をもつという考え方が、暗黙の了解として、至るところに認められる〔これは龍樹の中観の論理学の影響である〕。それとともに、意識の諸段階が質的差異をもつこと、およびその差異によって制約された形而上的〔霊的〕諸実在がある、という考え方が認められる〔これは世親らの唯識論の影響である〕。西洋式のしみったれた「あれかこれか」ではなく、壮大な「あれもこれも」が、このたぐいまれな書物の背景なのである。それは西洋の哲学者の性に合わないかもしれない。西洋は何よりも、明晰さと一義性を愛する。したがって、一方の哲学者が「神は存在する」という積極的立場を支持すれば、他の哲学者は全く同じように熱情をこめて、「神は存在しない」という否定的な立場を主張するのである。こういった敵対する兄弟たちは、さて次のような文章をどうあつかうことであろうか。「なんじ自身の知性の空虚〔なくなること〕を仏性と認め、それをなんじ自身の〔真の〕意識であると知ることによって、なんじは仏陀の神聖なる心の状態のうちにとどまる」[*4]

私は、このような教えは西洋の哲学や神学に歓迎されないだろうと思っている。バルド・テドルの内容はすぐれて経験心理学的であるが、われわれ西洋の哲学と神学はどうかといえば、いまだに中世の前心理学的形而上学の段階にとどまっている。そこではただ、申し立てが聞かれ、説明され、弁論され、批判され、討論されるだけである。ところが、そういう申し立てをする法廷そのもの〔つまり知性〕はどうかといえば、それは一般的合意によって、審理の範囲には入らないものとして、討議の対象から除外されているのである。

しかし、形而上的な主張というものは、元来その人間の魂の申し立てなのであり、したがって当然、それは心理的である。しかしながら、啓蒙主義の時代以来、〔中世的精神に対する〕怨恨感情から生まれ、「合理的」説明に固執する西洋精神にとって、この明らかな真理は、あまりに明白すぎて無意味であるとみなされる。そうでなければ、それは逆に、形而上的性格をもつべき究極の「真理」〔神ないし絶対者〕に対する否定であって、許しがたいこととみなされてしまう〔なぜなら、神学者にとって、神は単なる主観的心理現象ではないからである〕。科学的合理的な西洋精神にとって、「心理的」という言葉はいつも、「単に心理的なものにすぎない」といわれているかのような感じを与える。「魂」Seele, soulというものは、西洋精神には、ともかく何かささいなもの、価値のないもの、個人的なもの、主観的なもの、等々とみなされる。そこで哲学的な西洋精神は、「魂」の代わりに「精神」Geist, mindという言葉を使うことを好む。そのときには、実際はきわめて主観的な哲学者の申し立てが「精神」、それも「普遍的精神」とか「絶対精神」によってなされるかのようにみせかけるのである[*5]〔ヘーゲルらのドイツ観念論を指すのであろう〕。この多少滑稽な思い上がりは、思うに、人間のたましいの悲しむべき小ささに対する一つの補償作用の例である。アナトール・フランス[*6]は、彼の『ペンギンの島』の中で、カトリーヌ・ド・アレキサンドリにこう語らせている。彼女は、愛する神に向かって、「彼らに本当の魂を与えて下さいませ。でも少しだけ……」と祈る。彼はこれによって、西洋世界全体にあてはまる真理を、ほぼ語りつくしたようだ。

魂は、それが生来もっている神聖な創造力によって、形而上的な主張を申し立てる。そして、形而上的な諸存在の間の差異を「定める」〔たとえば、神・天使・悪魔など〕。したがって魂は、すべての形而上的存在の条件であるばかりでなく、魂が存在そのものでもあるのである。

魂の内なる神性

バルド・テドルは、この偉大な心理学的真理から出発する。この書が目指しているのは、埋葬の儀礼ではなくして、死者たちを教え導くことである。バルドの生、つまり死から次の生に生まれるまで四十九日間続く存在の状態において、さまざまの変転する現象を経験する死者の魂を導くのが、この書の目的である。さしあたり、霊魂の永遠不滅という、東洋の伝統が自明のこととしている前提を度外視すれば、われわれはテドル〔聴くことによる解脱の意味〕の読者になって、難なく死者の状態に身をおき、私が右にざっと説明した最初の節の教えを注意して観察することができよう。次のような言葉が、高圧的でなく、丁寧な調子で告げられる。

おお、高貴なる生まれの〔なんじ何某〕よ。聞け。今、なんじは、純粋な実在が発する清浄なる光の放射を経験する。それを認識せよ。おお、高貴なる生まれの者よ、今やなんじの知性は、その真実の性質においては空であって、何らかの性質あるいは色彩をもったものにまで形づくられてはいない。したがってそれは当然、空なのである。そしてそれこそ真に実在するもの、すべての善なるものである。なんじ自身の知性は今や空であるが、しかし無の空虚ではなく、妨げられることなく光り輝き、魅惑的であり、また浄福である知そのものと見よ。それが真の意識であり、すべての善なる仏陀なのである。[*7]

ここで認識されているのは、完全な悟りを示す仏陀の「法身《ほっしん》」Dharma-kāya の状態[*8]である。われわれの言葉で言い直せば、すべての形而上的な主張が生まれてくる究極の基盤は、目に見えない、つかまえることのできないたましいの表現としての意識[*9]なのである。「空」は、すべての説明とすべての「措定」とをこえた状態である。したがって魂の中には、さまざまの現象がなお潜在し、いっぱいみちみちているのである。「なんじ自らの意識は」とテキストは続けている。「光り輝き、空であり、また大いなる光源と分かたれることなく、生まれることもなく死ぬこともない永遠の光――無量光の仏陀〔阿弥陀仏〕Buddha Amitabhaなのである」[*10]

人間の魂は、実は、ささいなものであるどころか、光り輝く神性そのものなのである。現代の西洋人は、こういう言い方を避難すべきものとまでは考えないにしても、すこぶる疑わしいと考えるか、そうでなければ逆に、何の考えもなしにそれを受け入れて、神智学的な自我膨張を招くか、のどちらかになっている。いずれにせよわれわれ現代人は、こういった事柄に対してはひねくれた態度をとるのである。しかしわれわれが、いつも外界の事物を利用することしか考えない根本的に間違った態度を自制することができるなら、われわれはたぶん、これらの教えからわれわれにとって重要な教訓を引き出すことができ、さらに少なくとも、バルド・テドルの偉大さを評価することもできるであろう。バルド・テドルは、死者に向かって、神々さえもわれわれ自身の魂が生み出した仮象であり光である、という究極最高の真実をはなむけとする。東洋人にとっては、そう言われたからといって、キリスト教徒の場合のように、太陽が没してしまうわけではない。キリスト教徒なら、このように言われたら神が奪い去られることになるだろう。しかし東洋では、むしろ人間の魂そのものが神性の光なのであり、神性とは魂の本質なのである。このような逆説に対して、東洋は、清貧の聖者アンゲルス・シレジウス[*11]以上によく耐えることができる（ちなみにシレジウスは、彼の時代をはるかにぬきん出た存在であって、その思想は、心理学にとって今日も重大な価値をもっている）。

死者に対してまず、魂というもののすぐれた価値を明らかにしてやるのは、意味深いことである。なぜなら、このことは何よりも、日常の生活の中では、われわれ人間には明らかでないからである。この世の生活では、われわれは、互いに押しのけ合い、対抗し合っている無数の事物の中にとりこまれているから、こういうすべての「所与の事実」に押しつぶされて、そういう事実が一体誰によって与えられたのか、ということまで考えたりはしない。死とは、これらの「所与の事実」の世界から解放されて自由になることなのだ。そして教えの目的は、この解放にあたって助言を与えるところにある。もし私たちが死にゆく者の立場に身をおいてみるなら、われわれはこの教えから少なからぬ利益を得ることであろう。というのは、先に最初のパラグラフで述べたように、すべての「所与の」事実をわれわれに「与えている者」が、私たち自身の内に住んでいるということを学んでいるからである。このことは、自我意識のあらゆる明証性にもかかわらず、極大の事物においても極小の事物においても、決して意識には知られない真理である。しかも、この真理を知ることは、しばしば必要であり、むしろ私たちの生にとっては不可欠なことである。もちろん、このような知は、生というものの目的を理解しようとしてきた思慮深い人たち、たとえばグノーシス的気質をもち、マンダ教徒[*12]の救世主のような「生命《いのち》の認識」Manda d'Hayyē とよばれるキリストを信じているような人たちに適している。この世界を、実際に、一つの何者かから「与えられた事実」として見ることは、必ずしも多くの人たちにできることではないであろう。この世界が言葉の本来の意味において、魂の本性から「与えられた」ものであると見るには、たぶん、大きな犠牲をともなう立場の転回〔回心〕が必要になるであろう。この場合、われわれがどのようにして立場を転回するかということを考えるよりも、すべての事柄が、どのような形で私の身の上に起こるかを見る方が、はるかに直接的だし、ドラマティックであるとともに印象的であり、したがってまた信服させる力がある。たしかに人間にそなわった動物的本能からすれば、自分自身が所与の環境的事実のつくり手であると感じることは無理である。こういう立場の転回が、いつも、秘密の通過儀礼の目的とされてきたのはそのためである。この種の通過儀礼では、ふつう回心の全体的特徴を象徴的にあらわす死の比喩が中心になっている〔つまり、儀礼の中で、たましいの死と再生を象徴的に経験させることによって、回心したことを認識させるのである〕。テドルの教えも、死にゆく者に対して、かつての通過儀礼の経験と彼の師匠《グル》の教えを思い出すように説いている。つまり、生者が経験する通過儀礼が、彼岸の生に対して覚悟することを意味すると同じように、この教えは、結局のところ、中陰《バルド》の生におもむく死者の通過儀礼にほかならないからである。このことは、古代エジプトの密儀やエレウシスの密儀[*13]から始まる古代文明のすべての宗教的秘密儀礼に共通している。もっとも、生者が経験する通過儀礼では、この「彼岸」は現実の死後の世界ではなく、一種の意志の転回、つまり心理的彼岸ともいうべきものである。キリスト教的に表現すれば、世間と罪のくびきから「解放」された立場に身をおくことである。解脱とは、たましいの本性についての無知と無意識に包まれていた古い状態から離れ、解放されて、悟りと自由の状態に至ることである。それは、すべての「所与の諸事実」に対する勝利と超越の状態に至ることなのである。

心の通過儀礼としての無意識の分析——シドパ・バルド

このようにバルド・テドルは、エヴァンス＝ヴェンツ博士も感じているように、誕生のとき以来失われてしまった「たましいの神性」を回復しようとする通過儀礼の過程なのである。ところで、東洋の宗教的文献にみられる一つの特徴は、その教えが必ず、究極最高の諸原理を含んだ中心教理からまず説きおこされる、ということである。西洋ではふつう、こういう最高原理は、教えの最後に結論として述べられる形をとる。たとえば、ルキウスが生の終わりに至ってはじめて太陽神ヘリオスとして崇められるという、アプレイウスの物語などはその一例である。[*14]このためバルド・テドルでは、順次に示される通過儀礼の局面は、大から小へと次第に衰えてゆく漸層法 climax a majoriad minus のシリーズのような構成をとっており、最後は、母胎における in utero 再生で終わる。ところで、現在なお生きており、西洋文明圏で実用に供されている「唯一の通過儀礼的方法」は、精神科医が用いる「無意識の分析」である。治療上の目的から意識の背景や根底へと入ってゆく作業は、さしあたり、ソクラテスのいう意味での合理的な産婆術といったものである。それは、萌芽状態にある意識下の、まだ生まれていない心理的内容を意識へともたらす作業である。もともとこの治療法は、よく知られているように、主として性的なファンタジーをとりあつかうフロイトの精神分析学から始まった。フロイトのあつかった領域は、このテキストでは、シドパ・バルドとよばれる最後の段階〔最も低い本能の領域〕にあたる。そこでは、最高のチカイ・バルドと中間のチェニイド・バルドの教えを受け入れる能力のない死者が、性的なファンタジーにとらえられ、そのため、性交を行っている男女の姿にひきつけられてしまう。彼はこのようにして子宮にとらえられ、再び地上の世界に生まれ変わるのである。それとともに、当然予想されるように、エディプス・コンプレックスもはたらきはじめる。もし彼のカルマ〔業《ごう》。輪廻の力〕が死者を男として再生させるように決定すれば、彼は、彼に生の希望を与えたin spe彼の母親を熱愛し、母親を支配している父親に不快を感じ、憎むであろう。逆に、未来の娘は、彼女に生の希望を与えた父親をすばらしい魅力ある存在と感じ、母親を忌まわしく思うであろう。ヨーロッパ人は、彼の無意識の内容が分析によって意識化される過程で、このきわめてフロイト的な領域を順次に経験するわけである。この分析の過程は、東洋とは逆の過程をとっている。つまり彼の旅は、子宮にまで至るusque ad uterum幼児期の性的ファンタジーの世界へ帰るわけである。精神分析学はすでに、心的外傷の基本的原因は誕生時の経験にあると考えている。いやそれどころか、子宮内にあるときの胎児記憶を調べる必要があると主張する考え方さえある。しかし残念ながら、西洋の知性はここで限界に達してしまう。残念、と私が言ったのは、フロイトの精神分析学に対しては、いわゆる胎児記憶からさらにさかのぼってその源泉をさぐることが望まれるからである。もしこの大胆な企てがうまくゆけば、フロイトの精神分析学は、シドパ・バルド〔本能の領域〕をこえて、いわば背後から、それに先立つチェニイド・バルド〔心霊的領域〕の究極的主題に至り得たかもしれない。[*15]しかしながら、現在の生物学上の考え方を前提したのでは、そのような冒険的試みはとても成功しないことは明らかだ。そのためには、現代の自然科学的前提とは全く違った別の考え方が必要である。たましいの旅を首尾一貫してその根源へさかのぼってゆけば、そしてその場合、体験主体の痕跡でも発見されるとするならば、たしかに、誕生以前の過去の生命の源泉、つまり真のバルドの生を〔科学的には証明しがたくとも〕想定せざるをえないであろう。しかし精神分析学は、子宮内体験の痕跡については単に推測する以上のことはできなかったし、いわゆる「誕生時の心的外傷」も、全く何も説明しえない自明の理にとどまっている。それは、生とは、あまり芳しくない予後の診断をともなう一種の病にほかならない、という考え方に近づく。何しろ生というものは、いつも必ず、死によって終わってしまうからである。

このようにフロイトの精神分析は、基本的にシドパ・バルドの領域の諸経験をこえていない。つまり、不安やその他の情動的興奮をひき起こす性的ファンタジーや、これと似た、意識に「受け入れがたい」諸傾向を発見する段階にとどまっているのである。フロイト理論はしかしながら、いわば下から、つまり動物的本能の領域から、密教的《タントラ》ラマ教がシドパ・バルドとよんだ魂の領域を探求しようとした、西洋で最初の試みであった。形而上学に対するもっともな不信感がフロイトをとらえ、「隠れた《オカルト》」領域へ入りこむことをためらわせた。また、シドパの状態は——われわれがシドパ・バルドの心理学を受け入れるとすれば——、死者が子宮の入口に新しい誕生の場所を見つけるまで追いまわすカルマの激しい嵐が吹きまくっている領域である。言いかえれば、シドパの状態は、どうしても後戻りできない場面なのである。なぜならそこでは、下方の動物的本能と肉体的誕生へと向かう力が集中しているため、それに先立つチェニイドの状態へ戻る道を閉ざされているからである。要するに、生物学的前提だけで無意識の領域に進入する者は、本能の領域にはまりこんでしまうために、それをのりこえることはできず、ただくり返し肉体的な生の次元へと引き戻されてしまうだけなのである。したがってフロイト理論は、無意識というものに対して全く否定的な評価を下すほかはないのである。つまり、無意識は「……にすぎない」ということになるわけである。魂についてのフロイトの見方は典型的に西洋的なものであり、ただそれを、他の人びとよりもあからさまに、歯に衣着せず、容赦なく、無情に表明しているまでである。だから根本的には、彼らの考え方にはあまり大した違いはない。このような立場では、「心」というものが何を意味しているかという点について、せいぜいこういう説明があるいは納得のゆく答えを与えるかもしれない、という希望をもつくらいのことしかできない。マックス・シェーラー[*16]が残念ながら認めたように、人間の「心」というもののもつ力は、まことにおぼつかない状態なのである。

西洋の合理的精神は、精神分析学の助けをかりて、神経症的シドパの状態ともいうべき心の領域に入りこんだ。しかしそれは、心理的なものはすべて主観的で個人的なものにすぎない、という無批判な前提に立っているため、その領域で、避けがたい手詰まり状態におちいっているのである。このことはたぶん、一つの事実としてここで確認しておいてよいであろう。とは言うものの、この進入は一つの収穫ではある。それは少なくとも、われわれの意識的存在の背後へと一歩を進めることになったからである。このことがわかれば、われわれがテドルをどういうふうに読めばよいかというヒントが与えられるだろう。言いかえれば、この書は終わりから逆に読むべきなのである。もしわれわれが、西洋の新しい経験科学の助けをかりて、シドパ・バルドの心理学的特性をいくらかでも理解することができたとすれば、われわれの次の課題は、シドパに先立つチェニイド・バルドについて考えてゆくことである。

集合的無意識の領域――チェニイド・バルド

チェニイドの状態は、カルマが生み出す幻覚、つまり前世の体験の心的な残滓〔もしくは功徳〕から生じる幻覚の状態である。カルマについての東洋の見方は、一種の心的遺伝説ともいうべきものであり、それは再生の仮説、つまり根本的な言い方をすれば魂の超時間性〔霊魂不滅〕にもとづいた考え方である。われわれ西洋近代の学問的知識も、われわれの理性も、この考え方には歩調を合わせることができない。ここには、あまりにも多くの「もし」や「しかし」がありすぎるのである。何よりもまずわれわれは、個人の魂が死後も存続できる可能性について、ほとんど何も知らない。それどころか、この点について何か学問的に証明するにはどうすればよいか、ということさえ、全くわからない。さらにわれわれは、認識論的な理由から、このような証明は神の存在証明と同じように、知性には不可能であるということをよく知っている。したがってカルマの概念は、慎重に、それを広い意味での心的遺伝性一般とみなすときに、受け入れることができるものになる。心理的遺伝という現象はたしかに存在する。たとえば疾病傾向、性格的特徴、特殊な能力などといった心的性質の遺伝である〔自然科学はそれらを物質的と思われるもの、たとえば細胞の核構造などに還元するであろうが、それによって、これらの複雑な現象の心理的性質をなくすことができるわけではない〕。[*17] 生理学的に、つまり身体的側面にその特徴があらわれる遺伝的特性が現実にみられるのと同じように、これらの心的性質は、主として心理的側面にその効果があらわれる生の本質的現象である。ところで、これらの心的遺伝要因の中には、家族の血統にも種族にもよらない特殊な種類のものが見出される。それはたましいの普遍的な性向ともいえるもので、心がその内容を一定の形式に従って秩序づけるときの構造形式〔としてのプラトンの形相因子《エイドーラ》〕と考えられるものである。これらの構造形式は、悟性の思考にとって基本的な前提条件として、いつでもどこでも見出される論理の形式と類似した一種のカテゴリーとみなしてもいいであろう。ただし、われわれのいう「構造形式」の場合は、悟性的思考のカテゴリーではなく、想像力〔構想力〕のカテゴリーが問題なのである。ファンタジーが生み出す形は、広い意味ではいつも視覚的なものなので、そういった形式は、アプリオリに「像」Bilder, imageという性質を示す。それも類型的な像という特性を帯びるのである。そこで私は、こういう類型的な像を古代の哲学者〔アウグスティヌス〕にならって元型Archetypen, Archtypeとよぶのである。比較宗教学や比較神話学は元型の豊かな宝庫であり、夢と精神病の心理学も同じである。このような類型的イメージとそれらが示そうとしている観念の間には、驚くべき平行現象が見出される。したがってこの場合、あらゆる時代のあらゆる場所において、たましいが示す注目すべき類似性について考えるのが当然だろうと思われる。しかし比較神話学では、この平行現象はしばしば、はなはだ大胆な神話的主題の伝播説を仮定するきっかけになっている。実際には、元型的なファンタジーの諸類型は、直接的伝播の痕跡がほとんどなくても、いつでも、またどこでも、自然発生的に再生産されている。たましいの根源的な構成要素が示す驚くべき均一性は、まさに、目に見える身体の構造の均一性に劣らないのである。元型とはいわば、前合理的な「たましい」の器官のようなものである。それらはさしあたり、永遠に受けつがれてきた特有の基本的構造形式であって、一定の限定されたイメージの内容は、個人のもつ経験が、ほかならぬこれらの形式の中にとらえられるときに、その個人の生活史において、はじめて生じるのである。もしこれらの元型が、至るところで、同じ形式においてあらかじめ先在していないとすれば、たとえばバルド・テドルがほとんどいつも前提しているような事柄は、どのように説明することができるだろうか。たとえばテドルは、死者たちは自分が死んでいるのを自覚していないということを前提しているが、このような主張は、しばしば、ヨーロッパやアメリカの月並みで無教養な心霊学の本などにもよく見受けられる考え方である。ところがこのような主張は、すでにスエーデンボリ*18の著作の中にも見出される。もっとも、彼の著作の内容は、この種の出来事についてありふれた霊媒たちがふりまく情報ほどにも、一般には知られていないが。スエーデンボリとバルド・テドルのつながりなどは、全く考えられない。死者たちが、その死後も彼らの現世での生活態度をそのまま続け、したがって彼らはしばしば、自分が肉体を失った亡霊であることを知らない、ということは、一つの根源的で普遍的にひろがっている観念である。それは、誰かが幽霊を見るようなときには、直接に目に見える形でとらえることのできるものになる元型的な観念なのである。幽霊というものが、世界のどこにでもある一定の共通した特徴をもっているということも、注目すべき事実である。私はもちろん、心霊主義の仮説が証明不可能なことは心得ているし、その仮説をとりあげたいとも思ってはいない。私はただ、多様に分化しながらも、どこにでも遍在している遺伝された心的構造というものが存在し、それが、すべての体験に一定の方向と形式を与える——というよりも強制している、という仮説を認めるだけで十分である。というのは、身体の諸器官が無秩序で受動的な所与の集まりでなく、動的な機能の複合体として、きっかりした一定の必然性をもってそれらの存在を示しているのと同様に、元型は一種のこころの器官として、心的生活活動を強く限定する衝動の複合体になっているからである。私が、元型を無意識の支配的特徴とよんだのは、そのためである。無意識的な魂の層は、これらの普遍的にひろがった動的諸形式から成り立っているのであるが、それを私は、集合的無意識と名づけたのである。

私の知るかぎりでは、個体の出生前の〔あるいは前子宮的な〕記憶が遺伝することはないが、しかし、元型的な基本構造の遺伝はたしかに認められる。ただしこの基本構造は、さしあたりどんな個人的経験も含んではいないから、無内容な構造形式なのである。その構造形式は、先に述べたように、個人的な経験を通じてそれらが具体化したときに、はじめて意識にのぼるのである。右に見てきたように、シドパの心理学の本質は、生と出生への意欲にある〔シドパ・バルドは「再生を求めるバルド」を意味する〕。したがってこの状態では、死者は、意識の世界へ戻って再生することをはっきりと拒否しないかぎり、彼の個人的主観をこえた心的存在の領域を経験することはできない。テドルの教えるところによると、死者は、人間界から来るくすんだ光を追い求めようとしなければ、三つのバルドの状態にあっても、宇宙の中心にあるメールの山〔須弥山《しゅみせん》〕の四方をめぐる山々をこえて、仏陀の永遠な「法身《ダルマカーヤ》」の状態にまで、達することができるのである。われわれの言葉におきかえれば、再生を選ぶということは、要するに、正しい理性の命ずるところに絶望的な抵抗を試み、正しい理性によって神聖なものとされた自我の本性の至上権を放棄することにほかならないからであろう。実際上これは、たましいのもつ客観的な力に対して全く降伏することであり、シドパ・バルドにおける死者の審判ともいうべき一種の比喩的な死なのである。それは、意識的、合理的、また道徳的な責任ある生き方の終わり、そしてテドルがカルマによる幻影と名づけたものへ、自分の意志によって従うことを意味している。「カルマの幻影」は、きわめて非合理な性質をもつ確信とか世界像といったものを意味しており、その世界像は決して理性的な判断に一致することもなく、またそこから生まれてきたものでもなく、もっぱら抑制のない想像力によって生み出されるものである。それは全くの夢もしくはファンタジーにほかならず、善意ある人なら誰しも、それを押しとどめようとするであろう。実際にまた、そのようなファンタジーと狂者の妄想との間には、どんな違いがあるのかということも、さしあたってはわからないのである。ごくわずかの「意識水準の低下」abaissment du niveau mentalだけで、こういう幻覚の世界がひき起こされることも少なくはない。そのときの恐怖と暗黒の状態は、シドパ・バルドの最初の数節に描写されている。このバルドの内容はしかし、諸元型、つまりカルマによって生み出されたもろもろのイメージを、それらの何より恐ろしい形態において、あらわにしているのである。つまりチェニイドの状態は、意図的にひき起こされた精神異常の状態に相当する。

人はしばしば、ヨーガの危険、とりわけ芳しからぬ評判のあるクンダリニ＝ヨーガ[*19]の危険について、よく聞いたり、読んだりしている。意図的にひき起こされる精神異常の状態は、遺伝的素因をもつ人たちの場合には、ときによっては、そのまま本当の精神病に移行してゆくこともある。この危険は、真剣に考慮しておくべきことである。ここで問題になっているのは、何とかしなければならないと思いながら、どうにもならないような危険な事態である。それは一種の運命の介入であり、それによってわれわれは、人間の実存の深奥に行きあたり、常識では夢にも考えられないほどの苦悩の源泉を開示することができる。こういう苦しみは、チェニイドの状態における地獄の責め苦に対応している。テキストはそれを、次のように描写している。

死の神がなんじの首に縄を巻きつけ、なんじを引きずり倒す。彼はなんじの頭を切り落とし、なんじの心臓を取り出し、なんじのはらわたをえぐり出し、なんじの脳味噌をなめつくし、なんじの血を飲み、なんじの肉を食い、そしてなんじの骨をしゃぶる。しかしながらなんじは死ぬことができない。たとえなんじの肉体が紛々に切り刻まれても、肉体はまた元に戻る。このような刻みのくり返しは、激しい痛みと苦しみとをひき起こす。[*20]

この責め苦の状態では、心のおちいる危険の性質を適切に描き出している。バルドの身体はいわゆる微細身[*21] subtle body であって、これは、死後の生の状態において、ある形で目に見えるように魂を包んでいるものであるが、このバルドの身体の全体が分解されてしまうわけである。だから心理学的見地からみれば、これは心的な分解なのである。それは、有害な形態をとるときには精神分裂病（つまり心の構造が分解した状態。以後、統合失調症とする）になる。統合失調症は精神病の中では一番ありふれたものであるが、その本質は、著しい「意識水準の低下」にある。それは、意識の力による正常な抑制作用を失わせ、それによって、無意識の支配的諸要素の活動を、何の妨げもなしによび起こすようになるのである。

このように、シドパの状態からチェニイドの状態へ移行することは、意識的状態における志向や意図を破壊し、転倒させてしまう危険を意味している。それは、意識している自我の安定性を犠牲にすることであり、幻想的なイメージが無秩序に出現する極度に不確実な状態に身をまかせることである。フロイトが、自我とは「不安の本来の座」であるというキャッチフレーズをつくったとき、彼はこれによって、非常に真実な、また深い直観を示したのである。自己を犠牲にすることへの不安は、あらゆる自我の内部に、そして自我の背後にひそんでいる。というのは、無意識の力の作用がフルに現れ出ようとするのを辛うじて抑えつけた状態が、この不安だからである。本来の自己自身になること（個性化 Individuation）のためには、必ず、この危険な状態を通過しなければならない。なぜなら、あの恐ろしいものも、やはり、全体としての本来の自己の一部を成しているものだからである。この恐ろしいものは、魂の構成要素の、人間以下あるいは人間以上の部分であって、自我というものは、やっとのことでそれらの力からある程度解放されて、多少幻想的な自由を手に入れるに至ったにすぎないのである。この自由の獲得は、ある意味で必要な、また英雄的な企てでもあったのだが、しかしそれは最終的なものではない。なぜならそれは、単に主体 Subjekt をやっと創造したというまでのことであって、この主体を充実させるためには、さらに客体 Objekt に直面しなければならないからである。さしあたりこのような客体は、主体を充実させるために、投影によってふくらまされた「世界」であるようにみえる。人はその世界に、打ちかつべき障害を求め、困難に出会い、そこに敵を求め、発見し、あるいはそこに愛すべきもの、貴重なものを見出す。あらゆる悪や善は主体の彼方に、つまり目に見える客体の中にあるものであって、それらを克服し、罰し、根絶したり、あるいは享受したりすることができる、ということを知るのは愉快なことだ。しかしながら、自然というものは、この楽園のような主体の無知の状態が、いつまでも続くことを許すわけではない。世界と世界についての体験は、いわば象徴的な性質をもったものであって、それらは本来、主体それ自身の奥深くひそんでいる何かあるもの、つまり主体それ自身の超主体的な実在性を外に映し出したものなのである。このような見方を認めざるをえない人びとは、常にいるものであり、また実際いたのである。この深い予感は、ラマ教の教えるところに従えば、チェニイドの状態を意味しており、したがってチェニイド・バルドはまた、「実在を経験しているバルド」という題がつけられている。

終結のヴィジョン——チカイ・バルド

このチェニイドの状態で経験される「実在」というのは、テキストがチェニイド・バルドの説明の最後の節で説明しているように、思念の実在である。つまり、「思念の諸形式」が実在として立ち現れ、ファンタジーは現実の姿をとり、そしてカルマ、すなわち無意識の構成要素によってひき起こされた恐ろしい夢が始まるのである。われわれはここでテキストを後ろから読んでいるわけであるが、ここでまず、すべての恐怖の縮図として現れてくるのが、一切のものを破壊する死の神である。それに続くのは、二十八の力強く不気味な女神たちと、五十八の「血を飲んでいる神々」である。この神々の姿は、恐怖にみちた性質と奇怪さをもち、何か錯乱した混沌のようなものをあらわす悪霊的光景を示しているにもかかわらず、そこにはすでに、ある一定の秩序が見えてきている。それは、東西南北の四方に向かって配列され、独自の神秘的な色によって区別される神々の集団である。これらの神々は、マンダラ状の円形に配列されていて、四つの色で分けられた十字形を成していることが、次第に明らかになってくる。四つの色は、次に示すように、知恵の四つの形態に関係がある。

一、白＝鏡のように透明な知恵〔大円鏡智〕の光の道。
二、黄＝平等の知恵〔平等性智〕の光の道。
三、赤＝識別する知恵〔妙観察智〕の光の道。
四、緑＝あらゆるものをつくり出す知恵〔成所作智〕の光の道。

死者は、より高いレベルの洞察に達すると、実在する思念の諸形式がすべて彼自身から発していること、そして彼の前に現れる四つの知恵の光の道は、彼自身のたましいの「能力の放射」にほかならないことを知る。われわれはここで、ラマ教の心理学の中心部分に至ったわけであるが、[22] このマンダラについては、私が故リヒアルト・ヴィルヘルムと共同で編集した『黄金の華の秘密』という本の中で、すでに論じておいた。[23]

チェニイド・バルドの領域を逆にたどって上昇してゆくと、四つの偉大な存在のヴィジョンに至る——一、緑色の不空成就如来《アモーガシッディ》、二、赤色の阿弥陀如来《アミターバ》、三、黄色の宝生如来《ラトナサンバヴァ》、四、白色の金剛薩埵《ヴァジュラサットヴァ》である。[24] そして最後は、マンダラの仏陀の究極の身体である「法界」Dharma-Dhātu〔法身の世界〕の輝く青い光で終わる。この青い光は、マンダラの中央にいる大日如来〔毘盧遮那《ヴァイロチャナ》〕の心から発しているのである。〔法界体性智〕

この終結のヴィジョンとともに、カルマとその幻覚は消える。意識は、すべての形式から、またすべての対象へのとらわれから解放され、時間を超越した法身の原初の状態に還る。このようにして、テキストを逆に読んでゆくことによって、死の瞬間に最初に現れるチカイ・バルドの状態にまで到達するのである。

注意深い読者にバルド・テドルの心理学の考え方をある程度伝えるには、以上に述べたことで十分であろうと思う。この書物は、キリスト教の終末論的待望の考え方と対照的に、逆方向の通過儀礼の道について説明し、身体的生成過程の中へと下降する準備をさせているのである。ヨーロッパ人の、全く主知主義的で合理主義的な、現世に埋没した態度にとっては、テドルの順序をまず逆転し、それを、東洋的な通過儀礼の体験を説明したものと

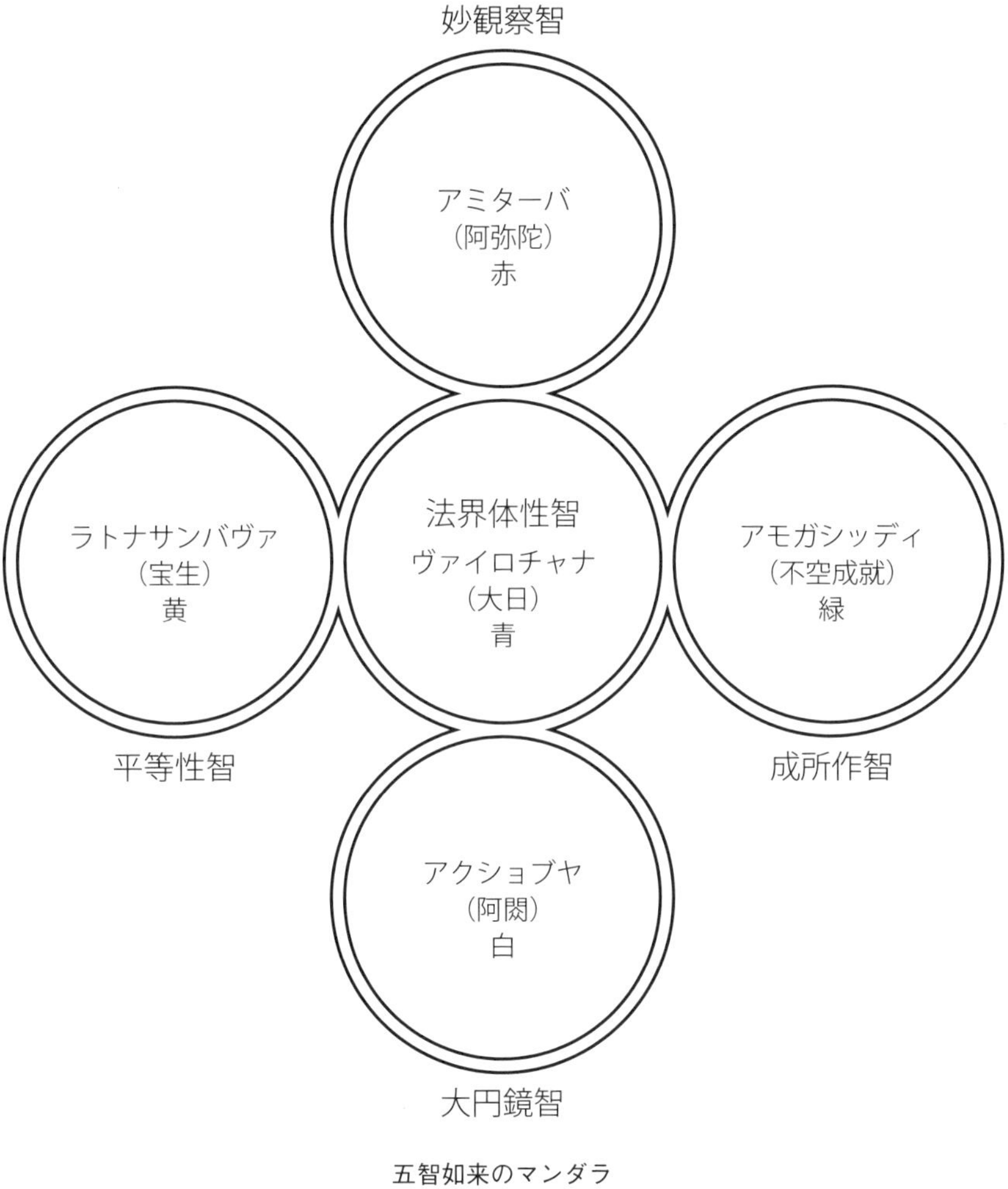
妙観察智
アミターバ
（阿弥陀）
赤
ラトナサンバヴァ
（宝生）
黄
法界体性智
ヴァイロチャナ
（大日）
青
アモガシッディ
（不空成就）
緑
平等性智
成所作智
アクショブヤ
（阿閦）
白
大円鏡智

五智如来のマンダラ

みなすのが得策である。その際、もしそうしたければ、中間のチェニイド・バルドの神々の姿を、キリスト教で用いる多くの象徴によっておきかえてみることもできる。いずれにせよ、私が説明した順序でみた出来事のシリーズは、いわゆる通過儀礼の下で経験されるヨーロッパ的な無意識の現象学、つまり無意識の分析を進めてゆくときの過程と密接な平行関係を示している。分析の間に生じる無意識の変容の過程は、意図的に行われる宗教的通過儀礼と自然な平行関係を示しているが、宗教的儀礼は次のような点で、自然に生じる変容の過程とは区別される。それらは、たとえばイグナティウス・ロヨラの『霊操』[*25]とか、仏教やタントリズムのヨーガ的瞑想の場合にみられるように、自然発生的な発展過程を先取りし、自然に生まれてくる象徴的イメージの代わりに、意図的に選ばれ、伝統によって定められた象徴を配置するのである。

魂の要求としての死の彼方への問い

私がここで提案したテキストの配列順序の逆転は、読者の理解を助けるためにしたことで、むろん、バルド・テドルの意図していることではない。われわれがこの書を心理学の立場から用いることも、せいぜい、ラマ教に許される程度の副次的目的にかなうくらいのことにすぎない。この風変わりな書物の本来の目的は、二十世紀の教養あるヨーロッパ人にとっては、すこぶる異様な感じを与える目的、つまり「中陰」の領域を旅している死者たちに説明してやるための努力にあるのである。現代の白人種の世界では、肉体を離れた霊魂に対して何らかの配慮をしてくれる場所は、カトリック教会ぐらいしかない。現世中心的なプロテスタント陣営の中では、ごくわずかな心霊主義者の「救済会」rescue circlesがあるだけである。この結社の目的は、自己の死を自覚していない死者たちに対して、彼らが死の世界にいることを教えてやるところにある。[*26]しかし一般的にいって、西洋では、ごくわずかな秘密の出版物を除けば、まがりなりにもバルド・テドルと比較できるような書物は何もない。しかも、そういう秘密の出版物は、一般の大衆や学問の世界では、眼にふれるチャンスもないのである。伝えられるところによれば、われわれのテドルも、秘密な書物に数えられていたらしい（エヴァンス＝ヴェンツの英語原版への序論を参照）。テドルはこのような書物であって、死の彼方にまで呪術的な「魂への配慮」を押しひろげる特異な仕事を説明しているのである。この死者儀礼は、言うまでもなく、合理的見地からみれば霊魂の超時間性〔不滅〕に対する信念にもとづいているものだが、非合理な心情的見地からみれば、死者たちのために何かしてやりたいという、生者の心理的要求にもとづいているのである。これは、血縁者や友人の死に直面したとき、どんなに高い教養のある人をもとらえてしまう、全くどうにもできないたましいの要求なのだ。啓蒙主義の洗礼を受けていようがいまいが、われわれが今でもあらゆる種類の死者儀礼をもっている理由もそこにある。レーニンは、エジプトの王《ファラオ》のように、死体に防腐処理を施して豪奢な霊廟に安置される運命になったが、彼の後継者たちはむろん、肉体の復活を信じていたわけではない。カトリック教会の鎮魂ミサは別として、われわれ西洋人が行う死者への配慮は、まだきわめて未発達で低い段階にある。しかしそれは、われわれが霊魂の不死について十分納得することができないからではなく、われわれが、われわれの内にある魂の要求を排除し、逆に合理化しようとしてきたからなのである。われわれは、われわれがそういう不死への願望をもたないかのように知的に振る舞い、死後の生を信じることができないからこそ、絶対に何もしようとはしないのである。ところが、もっと素朴な感情をもっている人たちは、自分自身の内にある要求に気がついて――たとえばイタリアにみられるように――気味が悪いほど美しい墓碑を建てようとする。カトリック教会の鎮魂ミサはもっと高い段階のもので、明らかに死者の魂に幸福を与えるために行われるものである。それは単に、生者の感傷的気分を満足させることを意味するだけではない。これに対してバルドの教えには、死者のためを思う最高度の精神的なぜいたくさが見出される。その教えは、非常に詳しく、死者の霊魂の変化の状態によく適合しているので、まじめな読者なら誰しも、このラマ教古来のやり方は、結局、われわれが見通せない第四の次元の光景をとらえ、重大な生の秘密のヴェールを吹き払ったのではないか、と自問せざるをえないくらいである。

たとえ真実は幻滅に終わろうとも、人はおそらく、バルドの生のヴィジョンに、いくらかの現実性を認めたいと感じざるをえないだろう。いずれにせよ、われわれの宗教的想像力が、死後の生の状態についてはなはだ誇張されたイメージをつくり出し、それを恐怖にみちた夢の状態や病的変質の状態として描いていることは、たましいにとっては、意外に生得的なことなのである。[*27] 最高のヴィジョンは、中陰の終わりの段階ではなく、逆にそのはじめの段階、つまり死の瞬間に現れる。その後に生じる状態は、妄想と混濁へ至るゆるやかな下降であり、最後は、新しい肉体的生へ沈没するに至るのである。つまり、精神のクライマックスは、本来、人生の終わりに到達されるものなのである。人間の生はしたがって、到達可能な最高の完成へ至るための乗り物なのである。その人間の生の中にのみ、カルマは生み出される。死者は、生成と消滅のあらゆる妄想から解放されて、光にみちみちた虚空に、何らの対象もなしに永久にとどまることもできれば、再生の車輪の中に入りこむこともできるのである。つまりバルドの生は、永遠の幸福も永遠の罰も生み出さず、ただ、人間を、彼の生命の最終の目標に近づけるために、新しい一つの生へと下降させるだけである。しかしながらこの終末論的目標は、生きている人間がその現世的存在としての努力と集中力によって、究極の最高の成果として生み出したものである。この直観は悠然としている。いやそれ以上に、勇ましく、英雄的である。

バルドの生がもつ悪性の退化という性質は、霊界との交信について述べた西洋の心霊学の文献によっても、よく証明されている。この種の文献は、全く馬鹿げた陳腐なことを飽きもせずくり返しているという印象を与える。ただしわれわれは学問的見地から、そのような霊界報告を、霊媒やそのサークルの参加者たちの無意識から流出した心理現象としてとらえるとともに、死者の書にみられる彼岸の世界の光景についても、同じ説明のしかたをためらわず適用する。この書物の全体が、無意識の元型的諸内容からつくられていることは、全く明らかなことなのである。その背後には、物質的実体があるわけでもなく、形而上的な実体があるわけでもなく、単にたましいの経験という実存性が与えられているだけである。この点に関するかぎり、われわれ西洋の理性の考え方は正しい〔観念論哲学における、主観の形式の先験的存在性という考え方〕。主観的にせよ、客観的にせよ、何かあるものが「与えられ」ている場合には、それはたしかにあるのである。そしてバルド・テドルも、それ以上のことは言わない。というのは、マンダラに見出される五つの禅定仏[*28] Dhyani Buddha は、たましいにおける所与の事実だからである。そして死者は、ほかならぬこのことを認識しなくてはならないのである。もし彼が生きている間にこのことを知らなかったなら、彼はいずれ、彼自身の魂と、たましいに与えられるすべての事実のつくり手とは同一であるということを、認識しなくてはならないのである。神々と霊の世界は、つまり、私の内なる集合的無意識に「すぎない」のである。この命題を逆にいえば、「無意識とは、私が外に経験する神々と霊の世界である」という意味になる。そうするために必要なことは、知的な曲芸などではなく、全体としての人間の生そのもののあり方である。それも、個体の生ではなく、ことによると、人間性の十全性 Vollständigkeit, completeness が増大してゆくための、多くの生を必要とするのである。ここで私は、わざと「完全性」Vollkommenheit, perfection という言い方を避けたが、それは、「完全」という考え方は、ここで述べた考え方とは全く違ったものであるからである。[*29]

バルド・テドルは秘教的な書物であったし、今もなお、われわれがそれについてどんなに注解を加えてみても、このことに変わりはない。なぜなら、それを理解するには、ある種の精神的能力を必要とするからである。その能力は、誰も所有していないような特殊な能力ではなくて、ある特有な生き方と人生経験とを通じて、はじめて習得できるような能力である。その内容と目的について、そのような「無用」な書物が現代に存在するということは、まことに喜ばしい。このような書物は、われわれ現代の「文明世界」が求めているような種類の効用や目的や役割などに対して、もはや重要な価値を認めないようになった人びとのために書かれたものなのである。

〔注〕

＊1（訳注）「チベットの死者の書」The Tibetan Book of the Deadは、一九二七年に、イギリスのチベット学者エヴァンス＝ヴェンツの編集した英訳に、イギリスのインド学者ジョン・ウッドラフ卿の序文を付して刊行された。この書は一九三五年にドイツ語に訳されたが、このとき、ユングの解説がつけられた。原題は「バルド・テドルへの心理学的注解」Psychologischer Kommentar zum Bardo Thödolである。ユングのこの論文は英訳され、新しい英語版（一九五七、第三版）にも収められた。この現行版には、さらにチベット僧ゴヴィンダの序言がついている。

＊2（訳注）古代エジプトでは、死者の身体に、来世でも審判を無事に通過できるように、絵入りの呪文を書いた布を巻いて葬った。これをふつう「死者の書」とよんでいる。

＊3（訳注）バルドBardoはサンスクリット語アンタラー・バヴァantarā-bhavaの訳で、中国・日本では「中陰」とか「中有」と訳している。意識ある生きものが、死の瞬間から次の生を受けるまでの中間期間をいう。この期間を四十九日であるとする説から、七日ごとに死者の冥福を祈り、四十九日を満中陰とする風習が生まれた。俗に、この期間は亡魂が迷っているという。

＊4（訳注）The Tibetan Book of the Dead, compiled and edited by W. Y. Evans-Wentz, Oxford, p. 96. 引用文の中で、「知性」Sinn, intellectと訳されたShes-rigは、認識し、知る能力、を意味する。サンスクリット語ではjñanaにあたる。また、「意識」Bewusstsein, consciousnessと訳されたRig-paは、元来はShesrigと同義の言葉であるが、ここでは、霊的に純化された状態における知を意味する。

＊5（訳注）ユングが用いている術語と訳について説明しておくと、彼はGeist, Seele, Psycheという三つの言葉を使い分けている。英訳はmind, psychic, Psycheである。Geistは、哲学用語としては「精神」と邦訳されるが、日常のドイツ語の用法では、日本語の「心」の意味に近いので、英訳はmindをとっている。以下では「心」と訳し、哲学的意味が強い場合にのみ「精神」とした。Seeleにあたる英語はsoulであるが、英訳者はこれを避けている。英訳者によると、ドイツ語のSeeleは古語に由来し、神秘的意味合いが強く、エックハルトやゲーテでは、究極的実在を指す女性名詞であるという。Seeleには内面的人格とか、人格の本質といった意味が強い。英語のsoulはこれに対して、はかない幻

のような意味の語感がある。そこで英訳者は、Seeleを主に形容詞的に用いてpsychic(心の)としている。本書では「魂」と訳している。またPsycheはユングの造語で、意識と無意識の全体を示す言葉である。本書ではこれは、原則として「たましい」と訳した。ただし、そのときの文脈によって適宜に訳している。

＊6(訳注)アナトール・フランスAnatole France(1844-1924) 現代フランスの小説家、批評家。しんらつな社会批評で知られる。『ペンギンの島』l'île des pingouins, 1908. のほか『白き石の上にて』Sur la Pierre Blanche, 1905.、『神々は渇く』Les Dieux ont Soif, 1912. など。一九二一年、ノーベル文学賞受賞。ここでは、このカトリーヌの言葉は、知的合理主義に拘泥する立場を批判したものと受けとられている。

＊7(訳注)op. cit., p. 95-96. 文中の「知性」と「意識」の意味については、右の注＊4を参照。

＊8(訳注)大乗仏教の仏身観では、ふつう、仏の身体を「法身《ほっしん》」「報身《ほうじん》」「応身」の三段階に分ける場合が多い(いわゆる三身説)。応身は、シャカのような、肉体をもつ仏の身体。報身は、修行をつんだ果報として得る霊的な身体。法身は、永遠の真理をあらわす究極の身体である。

＊9(訳注)ドイツ語版では「魂の目に見える、つかまえることのできる現れとしての意識」となっているが、英訳の方がよくわかる。いずれにせよ、顕在的な意識の基盤には、見えない魂の領域が潜在している、という意味である。

＊10(訳注)op. cit., p. 96.

＊11(訳注)アンゲルス・シレジウスAngels Silesius(1624-77) ドイツの神秘的宗教詩人。フランシスコ会修道士。ユングは、シレジウスの次のような言葉を重視している。「私は知っている。私なしには、神は一瞬たりとも生きていることはできない。もし私が無に帰するとすれば、彼もまた霊であることをやめなくてはならない」

＊12(訳注)マンダ教徒Mandäer メソポタミア南部に住んでいたグノーシス主義の一派。グノーシス主義は、古代キリスト教から異端視された信仰で、瞑想における霊的認識(グノーシス)を重んじた。湯浅泰雄『ユングとキリスト教』(人文書院)の第二章参照。

＊13(訳注)エレウシスは古代ギリシアの地名。この土地で、一年おきに、デーメーテールの女神を祭る死と再生の秘密の祭りが行われた。

＊14（訳注）アプレイウス Apuleius は、二世紀ごろ活躍したアフリカ出身の哲学者。ここにあげられたルキウスの物語というのは、『変身物語』Metamorphoses（別名「黄金のろば」）のことで、ルキウスという人物がさまざまの世相をつぶさに味わって旅する物語である。

＊15（訳注）フロイト派では、ショックを与える心的外傷の経験の始まりを幼児期体験に求める。この考え方を徹底すれば、誕生時体験や胎児記憶にまでさかのぼることになるが、視野を個体の存在に限定しているので、それ以上にはさかのぼれない。ユングは、個体的無意識の根底に、それをこえた集合的無意識の領域を考えており、これをシドパ・バルドに先立つチェニイド・バルドの領域にあたるものと解している。

＊16（訳注）マックス・シェーラー Max Scheler（1874–1928）ドイツの哲学者。ケルン大学、フランクフルト（マイン）大学教授。主著『倫理学における形式主義と実質的価値倫理学』『宇宙における人間の地位』

＊17（訳注）英語版によって補う。英語版にはときどきこのようなドイツ語版にない文章が入っている。これは、ユングが英訳原稿を校閲した際に加筆したものと思われる。

＊18（訳注）スエーデンボリ Emanuel Swedenborg（1688–1772）スウェーデンの哲学者、神秘家。神秘的経験を得て、心霊的研究に従った。カントが『視霊者の夢』という著作で批判を加えたことは有名である。日本では、鈴木大拙の翻訳や紹介によって知られている。

＊19（訳注）クンダリニ＝ヨーガ Kundalini-Yoga　ヒンズー教のシヴァ派の系統に属するといわれるヨーガの一つで、神秘体験を強調する。イギリスのインド学者ジョン・ウッドラフ（筆名アーサー・アヴァロン）の『聖蛇の力』Serpent Power, 1918や、神智学者リードビーターらの紹介によって、ヨーロッパにひろく紹介された。ユングはアヴァロンの著作に親しんでおり、一九三二年に、ユング研究所で、クンダリニ＝ヨーガについて講義している。Jung, Psychological Commentary on Kundalini Yoga, Spring 1975–76, Spring Publications, N.Y.

＊20（訳注）op. cit., p. 166. この文は第二部のシドパ・バルドの説明の中にあるものであるが、第一部のチェニイドにみえる説明（p. 131ff）を要約してくり返したもの。

＊21（訳注）**微細身** subtle body　サンスクリット語のスークシュマ・シャリーラ sukshma-sharira の訳。ヨーガでは、人間は

三つの身体（シャリーラ）の組織をもつという。第一はスツーラ・シャリーラ sthūla-sharira, dense body（粗大身）で、これは生理的肉体を指す。第二が微細身、そして第三の最高の身体はカーラナ・シャリーラ karana-sharira, causal body（原因身）とよばれる。

＊22　無意識の秩序原理については、本書所収「浄土の瞑想」を参照せよ。

＊23（訳注）『黄金の華の秘密』das Geheimnis der goldenon Blüte は道教の瞑想法の経典「太乙金華宗旨」を中国学者リヒアルト・ヴィルヘルムが訳し、ユングが注解を付して公刊したもの。邦訳『黄金の華の秘密』（人文書院）参照。

＊24（訳注）ここに説明されているイメージは、チベット密教の修行者が用いる据えマンダラの構図によるものである。ふつう、第四の白の部分は阿閦《あしゅく》如来（アクショブヤ）とされているが、このテキストでは金剛薩埵とされている。なお、マンダラの心理学的意味については、ユング『心理学と錬金術』（人文書院）の第三章（一三八頁以下）を参照。

＊25（訳注）イグナティウス・ロヨラ Ignatius Loyola（1491–1556）スペインの宗教家。イエズス会の創立者。『霊操』（心霊修行）Exercitia Spiritualia は、黙想の訓練法についての著作で、聖書からとられたいろいろな光景をイメージとして思い浮かべる方法を説いている。邦訳は、聖イグナチオ・デ・ロヨラ『霊操』（エンデルレ書店）。

＊26　この心霊主義運動の内容については、ダウディング卿の著作、『多くの住居』『屋根つきの墓地の門』『神の魔術』が情報を与えてくれる。Lord Dowding, Many Mansions, 1943; Lychgate, 1945; God's Magic, 1946.

＊27　これと似た見方は、オルダス・ハックスレーの『時は止まらねばならぬ』Aldous Huxley, Time must Have a Stop, 1945. にみられる。

＊28（訳注）先に図示したマンダラの五仏は、まとめて「禅定仏」とよばれている。「禅定」Dhyana とは、瞑想の深まった心理状態である。修行僧は、このマンダラの諸仏に思念を集中し、瞑想の訓練をすることによって、無意識領域に入りこんで仏たちのイメージを体験する境地に至ることができるのである。

＊29（訳注）ユングのいう「十全性」は、光と影の両方を統合した状態である。彼は、神々や仏たちの光明にみちた領域と恐ろしい神々のイメージをともなう暗い領域とを、全体として統合し超克したところに、たましいの最高の境地があると考えている。これに対して、彼のいう「完全性」は、そういう悪魔的な影の領域を論理的に否定し、排除

したところに成り立つ考え方である。たとえば、正統キリスト教の三位一体論は、悪魔的なものを一切排除し、地獄に押しこめることによって、純粋で清浄な神のイメージをみようとしている。ユングはそこに、心理的現実よりも論理的分析を重視する西洋精神のもたらす一つの危険をみている。

チベットの大いなる解脱の書[*1](一九三九)

1　東洋と西洋の思考様式の違い

現代における哲学と心理学

エヴァンス＝ヴェンツ博士は、東洋の〝心理学〟についての重要な説明を含んだテキストに、注解をつけてほしいと私に依頼された。私が〝心理学〟という言葉に引用符号をつけたのは、ここで心理学という表現を用いることができるかどうかが、まさに問題になるからである。東洋の伝統文化は、われわれ近代の西洋人が心理学とよんでいるようなものをこれまで生み出したことはなく、形而上学だけを生み出してきた。このことにまず注意しておくのは、おそらく無駄ではあるまい。現代心理学の母ともいうべき批判哲学[*2]は、中世のヨーロッパにとっては縁のないものだったが、それは東洋の伝統にとっても全く同じように縁のない考え方である。東洋で用いられる「心」Geist, mindという言葉は、いつも形而上学的意味を含んでいる。われわれ西洋人の「心」についての見方は、中世以降次第にそういう意味合いを失ってしまい、この言葉は今では、単に「心理的機能」を示すだけになっている。つまりわれわれは、「たましい」Psycheとは一体何なのかということを知っているわけでもなく、また知ろうともしないでいるのだが、しかも「心」という現象をとりあつかうことができる、という次第なのだ。われわれ近代人は、心が形而上的実体であると考えることもないし、個人の心と普遍的精神 All-Geist（Universal Mind）との間に何らかの結びつきがあるなどと考えることもない。つまりわれわれの心理学は、一切の形而上的意味をもたない純然たる現象についての科学なのである。また、この二世紀における西洋哲学の発展は、心をその固有の領域〔主観の形式〕の中だけに孤立させてしまい、それを宇宙との根源的な結びつきから引き離してしまうに至った。人間の「霊魂《アニマ》」は、もはやアニマ・ムンディ、すなわち「世界―霊魂」Welt-Seeleと同じ本質をもつ小さな「閃光《スキンティラ》」ではなくなったのである。＊3

今日の心理学はこうして、形而上的意味をもつあらゆる要求や主張を、単に心の現象に還元してとりあつかい、そういう要求は、心とその構造について説明しているだけにすぎないとみなす。そこで心理学は、結局、そういう要求をある種の無意識的傾向から生まれた主張であるとみなすのである。したがって心理学は、そういった形而上的主張を無条件に正しいものとはみなさないし、また、心理学に形而上的真理を表現する能力があるとも考えない。われわれは、そういう態度が正しいか誤っているかを確かめるための、知的な手段をもっていないからである。たとえばわれわれは、普遍的精神の存在を主張する形而上的要求が妥当なものかどうかという点については、何ら検証する手段がないということを知るだけなのである。悟性が仮に普遍的精神の存在をどんなに主張していたとしても、われわれは、それは単に一つの主張にすぎないとみなすのである。つまりわれわれは、そのような主張によって普遍的精神の実在が証明されるなどとは思わないのである。このような言い分それ自体にはむろん問題はない。けれども、心理学がそういう結論を下すことが正しいという確実な理論的根拠もまた、全くないのである。言いかえれば、われわれの心は普遍的精神の目に見えるあらわれにほかならないということも、〔検証の手段がない以上〕同じようにあり得ることかもしれないのである。ただしわれわれは、そうであるかないかをどうして認識できるのか、誰も知りもしないし、まして知ることもできない、と考える。そこで心理学は、人間の心というものは、その限界の外にあるものについて証明したり、何か主張したりすることはできない、という立場をとることになるのである。

こうしてわれわれが、われわれの心の能力には限界があると認めるときには、われわれの日常的常識の立場に立つことになるわけである。私の考えるところでは、心というものが生み出した事物や諸存在が生きて動いていたあの不思議な世界に別れを告げたときに、われわれは何かあるものを失ってしまったのである。それは未開人の世界である。その世界では、生命のない物体でさえも生きており、不思議な癒す力をもっており、その力を通じて物体がわれわれに関係をもち、また逆にわれわれが物体に関係をもっていたのである。われわれは遅かれ早かれ、物体のもつそういう能力がわれわれ自身の側に属するものであり、それらの意味はわれわれの側から投影したものである、ということを理解しなければならなかった。つまり近代認識論は、人類の少年時代を抜け出した最後のステップにすぎなかったわけで、心のつくり出した諸形象が形而上的な天国や地獄に住んでいる光景を実体化していた世界から、最終的に抜け出したということを意味するまでである。

近代西洋における宗教と科学的唯物論の対立

この認識論的批判は受け入れなくてはならないが、それにもかかわらず、われわれ西洋人は、信仰のはたらきは神を認識する能力を人間に与えている、という信念を捨てるまでには至らなかった。こうして西洋は一つの新しい病、つまり科学と宗教の争いをつくり出したのである。科学についての批判哲学的思考は、やがて、裏返しの形而上学ともいうべき唯物論を生むに至った。言いかえれば、「物質」とは、われわれが直接にふれることができ、また認識することのできる実在である、という考え方が生まれてきたのである。けれどもよく考えてみれば、「物質」というものは、無反省な頭脳によって実体化された一種の形而上的観念にほかならないのである。言いかえれば、「物質」とは一つの仮説なのである。人が「物質」と言うとき、彼は実は、未知なる何ものかを示す象徴《シンボル》をつくり出しているまでなのだ。その言葉は、「霊」とよんでも「神」とよんでもいいような、未知のXを示す象徴にすぎないのである。一方、宗教的な信念は、その批判以前的な世界観を放棄しようとはしない。キリストの言葉に反して、信仰深い人たちは、子供のようになる代わりに、子供のままであろうとする〔つまり子供のころの感受性を保つのではなくて、幼児的思考形式をとりつづける〕。ある有名な現代の神学者は、彼の自叙伝の中で、イエスは「幼いころからの」彼の良い友だちであった、と告白している。イエスは、彼の先祖の宗教〔ユダヤ教〕の教えとはいくらか異なった説教をした一人の人間の、完璧な典型である。しかしながら、あの『キリストのまねび』[*4]のやり方は、イエスがその生涯のはじめのころに耐えなければならなかった心と魂の重荷を引き受けようとしているとは思えない。もしそのような重荷に耐えることがなかったとしたら、イエスは決して救済者になることはなかったであろう。

科学と宗教の争いは、実のところ、双方の誤解が生み出したものである。科学的唯物論は、単に、新しい仮説をもたらしただけにすぎない。これは知性が犯した犯罪なのだ。それは存在の最高原理に、これまでとは違った名前を与えた。そしてそれによって、何か新しいものを創造したと信じ、また古いものを破壊したと信じたのである。しかしながら、たとえ存在の最高原理に対して「神」、「物質」、「エネルギー」、その他何とでもお好みの名前をつけたっていいが、そんなことをしたところで、何も新しいものが創造されるわけではない。つまりは、シンボルをとりかえたにすぎないのである。唯物論者は、唯物論というその名にもかかわらずmalgre lui実は形而上学者なのである。一方、信仰をもっている人たちは、単に感情的な理由から、原始的な精神状態にとどまろうとする。彼らは、心によって生み出され、実体化されたさまざまの形象に対する幼児的関係を捨てようとしない。彼らは、力強く責任感があり、また思いやり深い父母が見守ってくれる世界で、安心と信頼の中で楽しく暮らしたいと思うだけである。信仰はたぶん、知性の犠牲sacrificium intellectusを含んでいるだろう〔もっともこれは、犠牲としてささげるに足るだけの知性があるとしての話だが〕。しかし信仰〔信念〕は、決して自分の感情を犠牲にささげようとはしないものだ。このようにして信仰をもつ人びとは、子供のようになる代わりに、子供のままでありつづける。彼らは決して新しい生命を得ることはない。なぜなら、彼らは古い生命を失ってはいないからだ。そればかりではない。信仰は科学と矛盾しており、したがって現代科学の精神的冒険にかかわることを拒むから、そこにはただ、砂漠になった信仰だけが残るのである。

誠実に考えようとする思想家なら、誰しも、どんな形而上的命題も不確実なものであるということ、特にどんな信仰箇条も不確実なものだということを承認せざるをえない。思想家は、形而上的主張の妥当性は、すべて保証できない性質のものだということを認めざるをえない。自分の履いた長靴のひもを引っ張って自分の身体を上へ引き上げようとするような、人間の悟性的思考能力には、正しい根拠は何もないということを認めざるをえない。言いかえれば、人間の心が超越的なるものを検証できるかどうかは、はなはだ疑わしいのである。

唯物論は一種の形而上的反動である。それは、認識とは人間の意識の能力の作用にすぎないのであって、もし人間のもつ限界を越えて認識を押し進めるならば、その結論は主観的投影になってしまうという思いがけない洞察〔すなわちカントの形而上学批判〕に端を発する形而上的反動なのである。しかし月並みな哲学的教養しかない人たちは、唯物論に含まれた新しい形而上的実体化を見破ることができなかった。彼らは、「物質」という言葉が最高原理に対する別な命名にすぎないということに気づかなかったのである。その意味において、唯物論者の形而上学否定的態度も、依然として「形而上的」だったのだ。これに対して信仰の態度は、人びとが、哲学的批判というものをなかなか受け入れたがらない傾向をもつということを示している。それはまた、幼児のころの安らかな世界を捨てることへの恐怖、確かめようのないさまざまの力に支配されている異様な未知の世界にとびこむことがどんなに恐ろしいか、ということを示している。唯物論の場合も信仰の場合も、もともと、本質的には何も変わるわけではない。人間とその周囲の関係は、全く変わることはないのである。われわれにとってまず必要なことは、人間は心というものに内在する諸傾向の内に閉じこめられた存在なのであって、その限界を越えることはできない、という事実を知ることである。たとえ狂気になったからといっても、人間は心の限界を越えられはしないのである。人間はまた、彼の世界の外見や、彼のみる神々の現象形態が、彼自身の心の状態に非常に左右されているものだということに、気づかなくてはならない。

心の潜在的構造としての無意識

すでに述べたように、心〔特に無意識〕の構造は、まず、われわれが形而上的な事柄について何かを主張することの原因になっている。われわれはまた、知性というものがそれ自身で存在するもの ens per se ではなく、また独立した心的能力でもなくして、心的機能の一つであり、それは全体としての「たましい」Psyche〔意識と無意識の全体〕の状態に依存しているということを理解することができた。哲学的説明というものは、ある時代のある場所で、生きたある一人の人格が生み出した産物である。それは、純粋に論理的な、したがって非人格的な手続きによって生まれた結果ではない。そのかぎりで、それは全く主観的なものである。その説明が客観的な妥当性をもっているかどうかということは、彼と同じような考え方をする人が多いか少ないかに依存している。批判哲学による認識批判の結果、人間というものを彼の心の構造の内部に閉じこめたことは、筋の通った形で、心理学的批判主義を導き出した〔ここでいう心理学的批判主義とは、経験により実証のみに任務を限定する近代心理学のことである。それは、一切の哲学的主張を排除する点で、一種の批判主義的態度を前提している〕。しかし、このような形の批判主義は、哲学者たちには好ましく思われなかった。なぜなら、彼らは、哲学者の知を、科学的実証知とは違った完全な、また先入観にとらわれない思想の手段とみなそうとしたからである。それにもかかわらず、彼ら哲学者の知性は——外界からの影響はさておいても——彼らの個人的な心理に左右され、またあらゆる面で彼らの主観的な諸条件によって制約された、一つのはたらきにすぎない。こういう見解は今では全く当たり前すぎることだが、それと同じくらいに、人間の「心」はその普遍的性格を全く失ってしまったわけである。こうして「心」は、どちらにしても個人的な問題になってしまった。「心」がかつて理性的霊魂anima rationalisとしてもっていた、形而上的で宇宙的な姿の痕跡すらとどめなくなってしまったのである。心は今では、主観的なもの、あるいは恣意的なものとさえみなされている。こうして、以前には実体化されていた普遍的諸理念は、実は心的な諸原理にすぎないということが明らかになってきた。そしてそのことによって、いわゆる外界の現実についてのわれわれの全体的な経験が、どの程度に心理的なものであるかということが、おぼろげながらわかってくる。実のところは、どんな思考も、どんな感情も、またどんな知覚も、心理的なイメージから成り立っているのである。したがって外の世界は、われわれがそれについてのイメージを生み出すことができるかぎりにおいて、はじめて存在しているのである。それればかりではない。われわれは、われわれが「たましい」の構造の中にとらえられ、制約されているということについて、疑いえない強い印象を受けているので、「たましい」の内なる領域〔内なる世界〕には、われわれの知りえないものが存在しているということを認める準備ができるまでになっている。そこで、この、われわれの知らない事物の領域を、私たちは「無意識」と名づけるのである。

心がかつてもっていた普遍的な、また形而上的なひろがりの外見は、このようにして、個人の意識という小さな円にまで狭まった。そしてこの意識は〔既存の信仰箇条にみられるように〕そのほとんど限界がないほどの主観性や、自制のない投影や、幻想へと向かう幼稚で古代的な性向によって、今も〔無意識のままに〕深い影響を受けているのである。これに対して科学的に考える多くの人たちは、そういう抑制のない主観主義を恐れるばかりに、彼らの宗教的知識や哲学的性向を犠牲にしてきた。こうしてわれわれの血とともに脈打ち、またわれわれの息とともに呼吸していた世界を失った補償として、われわれ西洋は、事実Tatsachenの獲得に熱中しはじめた。今や、個人の力では到底見通すことのできない事実の山また山である。われわれは、この雑然たる事実の集積が、いつかは意味のある一つの全体像を形成するであろうという、敬虔な希望を心に抱いている。しかし、誰一人として確信があるわけではない。どんな人間の頭脳でも、この大量生産された知識の巨大な全体を包むことなど、できるわけがないからである。事実の山は、われわれを埋めつくしてしまう。思弁によってあえてそれらを包みこもうとする者は、どこかで良心のやましさを感じないではいられない。彼はたちまち事実の山につまずくであろうから、彼がやましく感じるのも当然のことだが。

東洋宗教における心のとらえ方

西洋の心理学は、心を「たましい」の心的機能として認めている。それは個人の心性Mentalitätである。哲学の領域では、今日でも、非人格的な普遍的精神All-Geistらしい観念をみかけるが、現代では、それは人間が生まれつきもっている〝霊魂〟Seele, soulの抜け殻のようにみえる。現代西洋の考え方をこのように説明することは、少々極端な言い方と思われるかもしれないが、しかし私には、それほど真実から遠ざかっているとも思えない。ともかく、東洋的心性östliche Mentalitätと直面して比較しようとするときには、われわれにはそう見えるのである。西洋世界では、われわれは、心というものが認識のための不可欠の条件であり、したがってまた、世界の存在が認知されるための不可欠の条件をなしていることを知った。しかし東洋の伝統では、心とは宇宙的なものであり、存在一般の本質としてあるのである。東洋では、科学は客観的事実に対する単なる熱中にもとづいているわけではないし、また宗教は単なる主観的信条にのみもとづいているわけではない。したがって宗教と科学の間には、どんな対立も存在しないのである。そこにあるのはただ、宗教的な認識religiöse Erkenntnisと、認識するところの宗教erkennende Religionなのである。[*5] われわれ西洋の伝統では、人間というものは限りなく小さなものであって、神の恩寵がすべてである。これに対して東洋では、人間は本来神なのであり、そして〔そのことの認識によって〕自らを救済するのである。チベット仏教の神々は、幻覚として多様に分化したものの領域に属しており、また神々は心によってつくり出された投影なのであるが、しかもそれらはやはり現実に存在しているのである。しかしながら、われわれ西洋においては、幻覚は単なる幻覚にとどまり、それは全く存在しないものなのである。われわれの世界では、考えられた観念というものは、正当な現実性をもっていない。このことは一つの逆説なのだが、しかも真実である。つまりわれわれは、観念というものを、あたかも無であるかのようにとりあつかうのである。こういう見方はたぶん正しいものだろうが、われわれは、考えられた観念自体は、その言葉によって表現された当の確実な諸事実によってのみ存在している、と思っている。つまりわれわれは、現実には存在しない観念といううつろいやすい空想的産物を用いて、今や原子爆弾のような最も破壊的な事実さえつくり出すことができるようになったけれども、観念それ自体が実在するということが、いつかまじめに受けとられるであろうと考えることは、全く馬鹿げたことのように思われているのである。

「心的実在性」というのは、「たましい」あるいは「心」と同じように、論議の余地のある概念である。ある人びとは、「たましい」や「心」といった用語によって、意識とその内容を考える。他の人びとは、そこに「暗い」あるいは「意識下の」諸表象を認める。またある人びとは、本能を心的な領域に含め、他の人びとは本能を「心」とは別なものとする。多くの人びとは、「たましい」は脳細胞における生化学的進化の結果であるとみなしている。また少数の人びとは、大脳皮質の細胞をはたらかせるものが「たましい」だと考えている。またある人びとは、「生命」と「心」を同一視する。そして、ごく少数の目立たない人たちだけが、心的現象を存在それ自体のカテゴリーとみなし、そこから必然的な結論を導き出しているのである。すべての存在の不可欠の条件であり、存在のカテゴリーそのものである「心」が、中途半端な、存在するかどうかわからないようなものとしてとりあつかわれているのは、実際のところ矛盾である。心的イメージとして現れないかぎり何ものも知られえないわけであるから、心的存在は、実は、われわれが直接に知っている、存在の唯一のカテゴリーなのである。実際のところは、心的存在のみが直接に検証できるものなのである。もし世界が心的イメージという形式を受け入れてくれないとすれば、世界は実際上、非‐実在となってしまう。西洋世界は、わずかの例外——たとえばショーペンハウアーの哲学——を除いて、右に述べたことを、まだ完全には認識していないのである。そのショーペンハウアーにしてからが、仏教とウパニシャット哲学から影響を受けていたのである。

東洋の内向性と西洋の外向性

東洋的な思考についてごく表面的に知っただけでも、東洋と西洋の間には根本的な違いがある、ということに気づくには十分である。東洋は心的現実性の上に立っている。すなわち、実在の主要な、また唯一の条件としての「たましい」を基礎としている。東洋的な認識は、哲学的な推理の結果というよりも、むしろ心理学的な、あるいは気質的な事実であるかのようにみえる。それは典型的な内向的視点を示しており、同じように典型的に外向的な西洋の視点とはよい対照をなしている。[*6] 内向性と外向性は、ふつうの状態では、意識的にとられる態度ではなくて、気質的な、あるいは生まれつきの、と言ってもいい態度のとり方である。例外的な場合には、本来の気質に反した内向的、あるいは外向的態度を自発的にとることもできるけれども、それはごく特殊な条件の下でしか可能でない。内向性は、もしそう言ってよければ、東洋の伝統的スタイルなのであって、一定の習慣になった集合的態度である。それはちょうど、外向性が西洋のスタイルであるのと同じことである。内向性は、西洋では、何か異常なもの、病的なもの、さもなければ許しがたいものと感じられている。フロイトはそれを、自己性愛的で自己陶酔的な精神態度と同一視している。つまり彼は、孤独な内向的態度を全体への連帯感情に対する違反として非難する現代ドイツのナチズムの哲学と同じように、内向性に対して否定的な立場をとっているのである。[*7] これに対して東洋では、われわれ西洋が大事にしてきた外向性は、空しい貪欲として低い価値しか与えられない。外界に対する欲望は、〝輪廻《サンサーラ》〟の中にある存在、つまり結局は苦しみの集まりとしての世界に帰着するところの、〝因縁《ニダーナ》〟のつらなりを生み出す本質的要因として、軽視されている。[*8] 内向的な人間と外向的な人間が相対したときに、お互いが相手の価値をいかに軽視するかということを実際に経験した人なら、東洋的な見方と西洋的な見方の間にある情緒的な対立を理解することができるであろう。ヨーロッパの哲学史についてよく知っている人なら、プラトンから始まったあの激しい論争、つまり「普遍」をめぐる唯名論と実念論の対立が、そのよい例となるであろう。[*9] 私はここで、内向性と外向性の間に見出されるさまざまの対立点に詳しく立ち入るつもりはないが、この問題に含まれた宗教的な側面には、どうしてもふれておかなくてはならない。キリスト教的西洋は、人間を全く神の恩寵に依存する存在とみている。あるいは、少なくとも、排他的で神聖な権威を与えられた救済のための地上の機関である教会に依存すべき存在である、とみなしている。東洋はこれに対して、人間がより高い発展に至るための唯一の原因は人間自身である、と主張する。なぜなら東洋は、自己救済を信じるからである。

宗教的なものの見方は、常に、一定の心理的態度の本質的特徴と、それにともなう独特な先入観を表現し、はっきり形に示しているものである。そしてこのことは、自分自身の宗教的伝統を忘れてしまった人たち、ないしはそれについて何も聞いたことのない人たちの場合にも、あてはまることなのである。何やかやといっても、西洋は、心理学に関してさえ、徹頭徹尾キリスト教的なのである。テルトゥリアヌス[*10]の言った「魂は本来キリスト教的である」anima naturaliter christiana. という言葉は——彼が考えたような宗教的な意味においてではなく——心理学的な意味において、西洋にあてはまるのである。たとえば、恩寵はどこか他のところから、いずれにせよ人間の外部からやってくるものである。これ以外の見方は、どんなものでも、全くの異端となってしまうのである。こういうふうに考えれば、人間の魂が劣等感に悩まされるのはなぜなのか、ということもよく理解できる。西洋では、「たましい」と神の観念の間に何らかの関連をつけようとすれば、ただちに〝心理主義〟として告発されるか、あるいは病的な〝神秘主義〟であると非難されてしまうのである。ところが東洋では、「たましい」が自分の外に神を見るこういう「低い」精神段階を、思いやりをもって許す。そこでは、人間は「業《カルマ》」について全く無知であるために、罪におちいったり、あるいは絶対な神々への信仰からあれこれと想像したりしているのであるが、もし彼がもっと深く見るようになれば、神々とは彼自身のまだ迷っている心が織り成した幻想のヴェールにすぎないということが、わかってくるのである。したがって「たましい」は、何よりも重要なものなのである。それはすべてのものにしみわたっている息吹であり、仏性である。言いかえれば、仏陀の心、一者、法身Dharma-kāyaなのである。すべての存在はそこから流れ出で、そしてすべての現象形態は再びその中にとけこんでゆく。これは、東洋的人間の存在のあらゆるひだにしみとおっている基本的な心理的見方ともいうべきものであって、どんな信仰をもっている人の場合にも、そのすべての思考、感情、行為を規定しているものである。

西洋的人間は同じように、どんな信仰上の分派に属していようとも、やはりキリスト教的である。彼にとって、人間は内的にはとるに足りないものであり、ほとんど無に等しい。のみならず、キェルケゴールが言ったように、「神の前では、人間は常に誤っている」のである。彼は、恐れ、悔い改め、約束、服従、自己卑下、良き行いとそれに対する賞讃を通じて、偉大なる力に何とか調子を合わせようと努める。その偉大なる力とは、彼自身ではなくして「全く他なるもの」totaliter aliterつまり絶対に完全な、しかも自己の〝外に〟あるものであり、それが唯一の実在なのである。[*11] この公式に少し変化を加えて、神の代わりに何か他の力、たとえば現世とか金銭といったものをはめこむならば、西洋的人間の完璧な像が得られるだろう――勤勉で、いつも不安で、敬虔で、へり下り、冒険心にとみ、欲深く、現世の価値あるものを情熱的に追求する。たとえば財産、知識、技術の熟練、公共の福祉、政治権力、征服、等々。では、われわれの時代に一番よくひろまっている運動は、この中のどれであろうか。それは、他人の金銭や財産をひったくる企て、そしてわれわれの所有権を断じて守ろうとする企てである。その場合、心は、本当の動機を隠すために、あるいはもっと多くの獲物をたたかいとるために、都合の良い〝主義《イズム》〟をつくり出すことに一生懸命になるのである。私は、もし東洋的人間が仏陀の理想を忘れ去るときにはどんなことが起こるだろうか、といった問題については、意見を述べることをさしひかえておきたい。私は、私のもっている西洋的先入観に、そういう不公平な特権を与えたくはないからである。しかし私は、東洋的人間と西洋的人間にとって、互いに相手の立場を模倣することが可能であるかどうか、そしてそれは望ましいことなのかどうか、という問いを提出せずにはいられない。両者の違いはあまりにも大きいので、この点について道理にかなった答えがあろうはずもなく、まして、それが望ましいことであるはずもないからだ。火と水を混ぜ合わせることはできない。東洋的な生き方は西洋的な生き方を無意味なものとみるし、逆もまた同様である。善良なキリスト者である人は、自分自身を自力で救うことはできないし、仏教徒でありながら絶対の神を敬うことも許されはしない。もし何らかの解決があるとすれば、それは非合理なものでしかないのだから、それよりはむしろ対立をそのまま受け入れた方がまだましというものである。

現代における東西の出会いにいかに対処すべきか

運命の避けられない定めによって、今や西洋は、東洋的精神性というものの特性を知るようになってきている。この事実を軽視したり、あるいは、東西の間にパックリと口を開けている深淵に、あてにならないニセの橋を架けたりするのは無用のことである。東洋の精神訓練の技術を覚えこみ、それを全くキリスト教的な方法で模倣する――「キリストのまねび」imitatio Chrisri!――といった不自然なことをするよりも、われわれの無意識の内部に、東洋の精神訓練の原則と似た内向的傾向が果たして実在しているのかどうか、ということをよく理解することの方が、はるかに重要なのである。そのようにしてはじめて、われわれは、われわれ自身のよって立つ地盤を、われわれ自身の方法でもって築くことができるであろう。われわれがこういった事物を東洋から直接的な形で取りこむときには、われわれは単に、われわれの西洋的な獲得能力を満足させてきたにすぎない。その結果、「あらゆる良きものは外にある」、つまり良きものはどうしても自己の外部から取ってくる必要があり、それをわれわれの乾いた魂の内に注ぎこまなくてはならない、という考え方が、またしても再確認されるというわけである。[*12] われわれが本当に東洋から何かを学んだと言い得るのは、「たましい」はそれ自身の中に十分に豊かなものを蔵しているものであって、外からは何も取り入れたりする必要はない、ということを自覚するときである。そして、神聖な恩寵があろうがなかろうが、われわれは、われわれ自身の中から自分の力を発揮させてゆくことができるということを自覚するときに、私たちは、東洋から真に学んだと言えるであろう。ただしわれわれは、こういう野心的な企てを試みる前に、まずわれわれの精神的な思い上がりや、冒瀆的な自己主張的態度をもたずにとりかかることを学ばなければならない。なぜなら、東洋的な態度というものは、キリスト教的な諸価値の特性を傷つけるものであって、この事実に目をつぶることは望ましくないからである。もしわれわれの新しいやり方が本物であるなら、言いかえれば、われわれ自身の伝統に根を下ろしたものであるとしたならば、キリスト教的な諸価値を心して大切にしながら、また、これらの価値と東洋の内向的態度との間に起こる葛藤を自覚しながら、このやり方を自分のものとしてゆかなければならない。われわれは、外からではなく、是非とも内から、東洋的な諸価値へと至る必要があるのであって、われわれはそれらをわれわれ自身の内に、すなわち無意識の内部に探らなければならないのである。その場合、われわれは、われわれ西洋人の無意識に対する恐れがどんなに大きいか、そしてそれに対する抵抗がどんなに激しいものであるか、ということを見出すであろう。この抵抗のために、われわれ西洋は、東洋にとっては明白と思われる当のもの、すなわち内向的な心のもつ自己救済の能力を疑っているのである。

東洋における心のとらえ方

心のこのような能力は、無意識の最も重要な構成要素を成しているにもかかわらず、西洋にはほとんど知られていないものである。多くの人びとは、無意識の実在をあっさり否定するか、さもなければ、無意識は単に本能から成っていると言ったり、かつて意識の一部分であった内容が、抑圧され、忘れられてしまったものから成っているにすぎないと言う。[*13] われわれ西洋人が使う「精神」Geistとか「心」mindという概念は、多かれ少なかれ「意識」と一致しているけれども、こういう概念に対応する東洋的な表現は、意識よりもむしろ「無意識」に近いと考えても、まず間違いない。われわれにとって、意識は自我というものなしには考えられない。意識とは、自我に関係づけられている諸内容に等しい。もし自我が存在しないとすれば、何かを意識できるような人は誰もいない、ということになる。自我はしたがって、何かが意識される過程にとっては欠くことのできないものなのである。ところが東洋的精神にとっては、自我なしに意識というものを思い浮かべることは、何ら困難なことではない。そこで意識は、自我の状態を越えることができるものとみなされ、しかもこの「高次の」状態においては、自我は完全に消えてしまうのである。このように自我を離れた心の状態というものは、われわれにとっては気づくことのできないものかもしれない。というのは、そこには、その心の状態を観察する証人はいないからである。けれども私は、意識を越えた心の諸状態が存在することを信じて疑わない。ただしその心的状態が意識を越えてゆく程度に応じて、それだけ、その状態について意識することも弱まってゆくのである。「私」というものは、主観すなわち自我に関係づけられていないような意識的な心の状態というものを考えることはできない。自我の潜在力《ポテンシャル》が低下すること――たとえばその身体的感覚が奪い去られること――は可能であるが、しかし何かについての自覚がなおあるかぎり、そこには自覚する人が存在していなければならない。〔ところが無意識とは、自我が気づいていないところの心的条件である。だから〕無意識というものはただ、その存在がたまたまわれわれに気づかれるものにすぎないのである。精神病者の場合、われわれは、患者の意識から解き放たれた、人格の無意識な断片の示す症状について観察することができる。しかしその無意識の内容が、意識中心としての自我から類推されるような、無意識内にある何らかの中心に関係づけられているであろうと考えるべきどんな根拠もないのである。実際問題としてはむしろ、そのような中心はありそうもない、と考えた方がよい理由はいくらもある。

東洋がそれほど容易に自我を取りのけ得るという事実は、われわれ西洋のいう「心」とは同一視できないような「心」というものが存在していることを、示唆しているように思われる。たしかに自我は、東洋の思考においては、われわれの場合と同じような役割を演じてはいない。東洋の心は、あまり自我中心的ではないように見えるし、その自我の内容も、いわばゆるやかに主観に関係づけられており、弱められた自我を前提にした心の状態の方がより重要であるらしく思われる。だからハタ・ヨーガ[*14]Hatha Yogaは、自我の抑制のない衝動を制御することによって、自我を消滅させてゆく手段として、とりわけ役に立つようにみえるのである。ヨーガの高い諸段階は、三昧samādhiに入ることを目指しているという点において、自我が実際上消滅している心の状態を追及しているということは疑いえない。われわれ西洋が使っている意味での意識は、東洋でははっきりと劣等な状態、つまり「無知」(無明)avidyāの状態にランクされており、逆に、われわれが「意識の暗い背景」とよぶものが高次の意識とみられているのである。[*15]そうだとすれば、われわれのいう「集合的無意識」の概念は、「覚知」buddhiつまり悟りを開いた心の状態をヨーロッパ流にとらえたものだということになるであろう。

これらすべてのことを考えに入れると、東洋的な「昇華」のしかたは、結局のところ、心の重力の中心を、身体と、「たましい」の表面化された過程である心とを媒介する位置を占めている自我意識から引き下し、取り戻すことである、ということになる。「たましい」の下位の部分である半ば身体的な諸層は、禁欲《アスケシス》すなわち「修行」によって抑制され、コントロールされる。しかしそれらは、西洋的な昇華の場合ふつう行われているように、全く否定されたり、強い意志の努力によって抑圧されたりするわけではない。むしろ、「たましい」の下位の諸層は、ヨーガの辛抱強い訓練によって、それらが「高い」意識の成熟を妨げないように適応させられ、形づくられてゆくのである。この独特な過程は、自我とその欲望が、より重要なものにとって代わられ、抑制されてゆくことによって推進されるらしいが、東洋はふつう、ここに見出される自我より重要なものを、「主観的要因」のうちに数えている。[*16]私はそれを、意識の「暗い背景」、つまり無意識だと考えているのである。内向的態度は、一般に、統覚のア・プリオリな所与(経験に先立つ形式と作用)を強調する。よく知られているように、統覚という事実は二つの位相から成り立っている。一つは、客体についての知覚であり、もう一つは、その知覚をあらかじめ存在しているパターンないし概念形式へ同化する作用である。この同化作用によって、はじめて客体が「認知」されるのである。「たましい」というものは、どんな性質ももたない非実体ではない。それは、一定の条件から構成されているある特定のシステムなのであり、それに独特なしかたで反応するものである。新しい表象はすべて、外からの知覚であれ内からの自発的な思考であれ、記憶の蓄積から出てくる連想をよび起こす。それらは、意識の中へとただちにとびこんできて、「印象」という複雑なイメージを生み出す――その印象はすでに一種の解釈を示しているのである。このときの印象の性質は、無意識のもつ性向に依存しているものであって、私は、無意識のこの〔先験的な〕構造形式を「主観的要因」と名づけるのである。それは「主観的」とよぶにふさわしいものである。なぜかというと、いわゆる第一印象の場合には、客観性などというものはほとんどありえないからである。ふつう、主観的要因によって起こる直接的反応を修正し、対象に適合させるためには、検討、分析、比較、といった骨の折れる手続きが必要なのである。

主観的要因としての心の構造

外向的態度を重んじる立場では、主観的要因を「単に主観的なものにすぎない」とみなす傾向が強いのであるが、主観的要因が強くはたらくということは、必ずしも個人的な主観主義を意味するわけではない。「たましい」とその構造は、それだけで十分に現実的なものなのである。それらは、先に言ったように、物質的客体でさえも心的なイメージに変換するのである。それらは、音をきくときは音波を認識するのではなくて音の響きを、また光を見るときは波長ではなく色合いを知覚するのである。日常私たちが見て理解しているように、そのままに存在はあるのである。世界には数えきれないほどの事物が存在しているが、それらは、全く多種多様なしかたで、見られ、感じられ、そして理解され得るものなのである。全くの個人的先入観は別として、「たましい」というものは結局のところ、統覚に内在する法則、もしくはパターンを基礎とした独自なやり方で、外の諸事実を同化するのである。こういう構造形式は、時代により、また場所によってさまざまな名前がつけられてはいるけれども、本来は変わるものではない。原始人のレベルでは、人びとは呪術師を恐れる。現代人のレベルでは、人びとは細菌を気にする。彼ら原始人は誰もが幽霊を信じているのに対して、われわれ現代人は誰もがビタミンの効力を信頼している。かつて人間は悪霊にとりつかれていたが、今はそれに劣らず諸観念にとりつかれている、という具合なのである。

主観的要因というものは、つきつめていえば、「たましい」の機能の永遠不変な構造形式によって形づくられているものである。主観的要因を信頼する人は、したがって、心的法則の実在性をよりどころにしているのである。だから、彼が誤っているなどとは到底言えない。彼はそういう方法によって、彼の意識を深層に向かって拡大し、生の基礎にある諸法則にふれ、心的でない世界つまり外なる世界からひどく妨げられないならば、自然な形で「たましい」から生じてくる真理を手に入れるのである。ともかくこのような真理は、外なるものの探求から得ることのできるあらゆる知識の総量に匹敵するほどのものであろう。西洋ではわれわれは、真理というものは外的な事実によって検証できる場合にのみ、確実なものになると信じている。つまりわれわれは、自然のできるだけ厳密な観察と探求に信頼をおいているのである。だからわれわれの真理は、外界の状況と合致していなければならず、さもないと単に「主観的なもの」にすぎなくなってしまうのである。東洋は外界の事象にみられる「原質《プラクリティ》」〔サンキャ哲学でいう物質的原理〕のたわむれと「幻影《マーヤ》」の多様な幻想的形態から目をそらすのと同じように、西洋は逆に、無意識とその無意味なファンタジーを嫌うのである。東洋はしかしながら、その内向的態度にもかかわらず、外なる世界にもかなりうまくかかわり合うすべを心得ている。西洋もまた、その外向的態度にもかかわらず、やはり「たましい」とその要求とにかかわることができる。西洋は、教会とよばれる制度を所有しているが、それは、その儀式や教義を通して、知られざる人間の「たましい」を表現するのである。また自然科学や近代的技術にしても、決して西洋だけの発明ではない。東洋的な科学技術は、多少古風、もしくは原始的でさえある。しかしながら他方、われわれ西洋が精神的洞察と心理学的技術に関して東洋に提示できるものは、ヨーガと比べれば、西洋の自然科学と比較した場合の東洋の古い占星術や医術と同じくらい、時代遅れのものにみえるにちがいない。キリスト教の教会がもっている有効性に異論をさしはさむつもりはないが、〔西洋の生んだほとんど唯一の内観的技術である〕イグナティウス・ロヨラの『霊操』Exerzitien の未熟さをヨーガの精密な技術と比べれば、私の言いたいこともわかってもらえるであろう。ここには一つの違い、それも非常に大きな違いがある。西洋の未発達なレベルから直接に東洋のヨーガに変身することは、アジア人が突然に生半可なヨーロッパ人に変身しようとすることと同じように、望ましいことではない。私は、現代の西洋文明のもたらす幸福には深い疑問を抱いているし、西洋が東洋の精神態度を受容することについても、同じような疑問をもっている。それにもかかわらず、この対立する二つの世界はすでに出会っている。現代の東洋は全く変わってしまった。それは、徹底的に、どうしようもないくらい、西洋からかき乱されてしまっている。ヨーロッパの戦争のやり方の最も効果的な方法まで、東洋はみごとに模倣しているのである。*17 一方、われわれ西洋のおちいっている困難は、もっともっと心理学的なものであるようにみえる。今やわれわれをとらえている大きい害毒はイデオロギーである――それは待望久しい反《アンチ》キリスト〔悪魔〕なのだ。ナチズムは、西暦六二二年〔イスラム暦元年、マホメットのメジナへの「聖遷《ヘジラ》」の年〕以来起こってきたいろいろな運動〔十字軍など〕と同じような宗教的運動に似ている。また共産主義は、地上に天国を建設するのだと主張している。現代のわれわれは、不作、洪水、伝染病、あるいはトルコ軍の侵入といった害からは十分に守られているが、心の流行病に対してはほとんど抵抗力がないという悲しむべき精神的劣等性をそなえているのである。

無意識に内在する補償作用と超越的機能

西洋は、その宗教的態度においてもやはり外向的である。今日のキリスト教会は、現世と肉欲に対して敵がい心を抱いているとか、全く無関心な態度をとっている、と侮蔑的に言われているが、これはあまり理由のない言いがかりであって、実は逆なのだ。善良なキリスト者とは、陽気で気立てのいい市民、事業欲のあるビジネスマン、有能な兵士、つまりあらゆる職務において最もすぐれた人たちなのである。現世の富は、しばしば、キリスト教的行為に対する特別な報酬であると考えられている。[*18]『主の祈り』に出てくる「日ごとの食物を与えて下さい」という言葉——これはパンを意味する——につけられた「日ごとの」ἐπιούσιος (daily) という形容詞には、「来るべき日のための」for the coming days という意味もある。だから古代教父たちは、このギリシア語を「霊的」つまり「実体をこえた」supersubstantialis と訳している。[*19] つまり、この祈りは「たましい」の栄養を与えて下さいという意味を含んでいたのだが、近代の訳では、そういう意味はとっくの昔に取り除かれている。というのは、明らかに、現実のパンの方がはるかに大切であるからである。そこまで外向的になってしまったら、「たましい」というものが元来、人間の教えによっても、また神の恩寵によっても、外部からはもたらされない何ものかをその中に保有しているということが信じられなくなってしまうのも、全く当たり前のことである。こういう外向的見地からいえば、人間が自らの内部に自分自身を救う何らかの救済能力をもっていると主張することは、はなはだしく神をけがす考え方なのである。われわれの宗教は、心の自己救済能力といった考え方など、全く支持しようとしない。しかし心理学のきわめて現代的な形態——私のいう「分析的」ないし「複合的」心理学——は、無意識の内部で一定の過程が進行し、それは、その内部にある象徴の力によって意識の態度の偏向と混乱を補償するであろう、という点に関心を払うのである。[*20] こういう無意識の補償作用が分析技法によって意識化されるとき、その補償作用は、ある新しい意識レベルとよんでもいいような、意識の状態の高い変容をひき起こすのである。そうは言っても、この分析技法それ自体が、無意識の補償作用の現実の過程を、無から生み出すわけではない。補償作用それ自体は、全く意識されない「たましい」にそれこそ「神の恩寵」によって元来与えられているものなのである——それを何とよぶかは、ここではどうでもいいことである。ただし無意識の過程自体は、技術的手段なしには、ほとんど意識にまで達することがない。一定の方法によってそれが意識の表面へもたらされるときに、意識の表面にあらわれた思考や感情の一般的な筋道とは反対の、注目すべきコントラストを示すような無意識の内容が明らかになるのである。もしそうでなかったら、そういう無意識の内容が意識の態度に対して補償的効果をもつこともないだろう。もっとも、最初に現れてくる補償作用は、ふつう葛藤の状態である。つまり意識は、一見受け入れがたい異様な傾向、思考、感情の出現に対して抵抗する。統合失調症は、こういう全く異様で受け入れがたい内容が意識に侵入してくる状態を、最もよく示す例である。統合失調症にはもちろん、正常者にみられない病理的なゆがみや誇張がともなっているけれども、正常者の資料について少しでも知識のある人なら、両者の基本的パターンは同じだということに容易に気がつくであろう。ついでにつけ加えて言えば、そこに現れてくるのは、神話その他古代の思考形態に見出されるのと同じイメージである。

ふつうの条件下では、あらゆる葛藤は、満足できる解決に至るまで、心を刺激し、活動させる。この場合、ふつうは――つまり西洋では――内から来るものはすべて劣等なものだとか、どこか誤ったものだという先入観があるので、意識の立場は無意識と必ず衝突するものだと勝手に決めている〔たとえばフロイト〕。しかしながら、われわれが今ここでとりあげるチベット密教の事例では、一見相いれない内容も決して排除すべきでなく、衝突は受け入れて、それに耐えるべきものだということが暗に前提されている。みたところどんな解決もありえないようにみえるのであるが、この事例も、辛抱して深く感じとるようにしなければならないのである。こうして生じた行きづまりの状態が、無意識の諸要素を「布置」しなおす――言いかえれば、意識的な未決定状態の持続が、やがて無意識の中にある新しい補償的反応をひき起こすようになるのである。この反応〔ふつう夢において示されるものであるが〕は、ほうっておいても、意識的な現実化へもたらされるのである。意識的な心は、このようにして「たましい」の新たな様相〔すなわち無意識の補償作用〕と対決させられ、思いもかけないやり方で別の問題が提起されたり、あるいは、すでに提起されていた問題が思いがけないしかたで修正されたりする。こういう成りゆきは、根本にある葛藤が満足できる形で解決するまで、絶えることなく続くのである。その全体の過程が「超越的機能」die transzendente Funktion とよばれる。[*21] それは過程であるとともに方法でもある。無意識から補償作用が生まれてくるのは一種の自然発生的な過程であり、それを意識的に自覚することは一種の方法であるからである。この機能が「超越的」とよばれるのは、それが、相反するものの相互対決を通して、ある心的状態から別の状態へと移行することを可能にするからである。

心の母型としての無意識

右の説明は、超越的機能についてごく簡単に説明したものであって、詳しいことは、私の別の著作を参照してほしい。ただ私としては、簡単な形ででも、こういった心理学的観察と方法について、ここで読者に注意を促しておく必要があったのである。というのは、右に述べたような問題が、われわれのテキストがとりあげているような意味での「心」の領域へ接近する道筋を、指し示しているからである。ここでいう「心」とは、イメージを生み出す心のことであり、それは、統覚に固有の性格を与える構造形式のすべての母型《マトリックス》なのである。これらの諸形式は、無意識の「心」に固有のもの、つまり無意識の構造的な諸要素なのである。ある一定の神話的モチーフ〔主題〕が、程度の差こそあれ、至るところで、その伝達手段としての人間の移動がありそうにも思えない場所にさえ現れている理由は、これによってのみ説明することができる。夢、空想、そして精神病は、どうみても当人たちが全く知らない神話的モチーフと一致するようなイメージを、彼らの中に生み出すのである。[*22] 彼らは、――よく知られた慣用句によってであれ、あるいは聖書の象徴的な言いまわしによってであれ――間接的な形ででも、それまで全く知らなかったモチーフについてのイメージを経験するのである。無意識の心理学も統合失調症の精神病理学も疑いもなく、太古的な素材がそこに存在していることを指摘している。ともかく、無意識の構造がどんなものであろうとも、次の事実だけはたしかなことである。無意識というものは、太古的な特性をもつ無数のモチーフあるいは構造形式を有しており、それらは神話学上の基本的諸観念およびこれと似た思考形式と、原則的に一致しているものである。

無意識とは母型的な心なのであるから、それには創造的という性質がともなっている。つまり無意識とはさまざまの思考形式が生まれてくる場所であり、われわれのテキストはそれを、普遍的な心であると考えているのである。われわれは、無意識に対してはどんな特定の形式も与えることができないから、普遍的な心は形をもたない「無色界」[*23] arupaloka でありながら、しかもすべての形あるものの源泉となる場所であるとみる東洋の考え方は、心理学的にみても正しいものと思われる。無意識の示す形態や構造は、いかなる特定の時代にも属さないもの、つまり見たところ永遠なものであるので、それが意識に認知される際には、無時間的な時代を越えた独特な感じを与えるのである。われわれは、未開人の心理学のうちに、似たような証言を見出すことができる。たとえばオーストラリア原住民の言葉 aljira は、「夢」を意味すると同時に、祖先たちがかつて生き、そして今もなお生きている「霊魂の国」とその「時」とを意味している。[*24] つまりこの言葉は、彼らが言うように、「時間がまだなかった時」なのである。この例は、無意識に固有の特性——その夢の諸表現、根本的な思考形態、そしてその無時間性——がすべて現れた、無意識の明白な具体化であり、また投影であるように思われる。

内向的態度というものは、アクセントを外なる世界（意識の世界）から引き戻し、主観的要因（意識の背後）におくものであるから、したがって必然的に、無意識の特徴を示すさまざまな現れをよび出すことになる。無意識の特性を示す現れとは、「先祖から受けついできた」あるいは「歴史的な」感じがしみこんだ太古的な思考形式のことで、さらにその上に、無定形、無時間的、そして一体性、といった感じがつけ加わったものである。一体性という独特な感情は、あらゆる形の神秘主義に共通した経験であり、おそらくは意識水準の低下 abaissement du niveau mental とともに強められてくる諸内容の一般的な混沌から生まれてくるものである。夢の中のイメージのほとんど限界のない混沌とした状態、あるいは精神病者の幻想に特に著しくみられる混沌とした状態は、それらが無意識に起源をもつということを示している。意識における諸形式には明らかな区別や差異がみられるのに対して、無意識の諸内容はきわめて漠然としており、またそのために容易に混ざり合ってしまうのである。仮に、何一つはっきりしていない状態を思い浮かべようとすれば、われわれはきっと、その全体を一つのものとして感じるであろう。したがって一体性という独特な経験は、無意識における全体的な融合状態について気づいているところから生まれるものだということは、十分にありそうなことである。

自己理解を通じて東西の出会いへ

われわれは、超越的機能を通じて「一なる心」に近づくことができるばかりでなく、東洋がなぜ自己救済の可能性を信じているのかということをも、理解するようになる。内省、および無意識の補償作用を意識的に現実化することを通じて、その人の心的な条件を変容し、さらに苦しい葛藤を解決することができるまでになれば、人は、「自己救済」について語る権利を与えられるように思われる。しかし先にも示唆したように、自己救済について高ぶった要求をもつことは妨げになる。というのは、こういう無意識の補償作用は、自分の意志で呼びさますことのできないものだからである。人はただ、そういう作用がもしかしたら生まれてくるかもしれない、という可能性に頼るより外に方法はないのである。またわれわれは、補償作用のもつ独特な性質を変えることもできない。つまりそれは「あるがままにあるか、そうでなければ全く存在しない」est ut est aut non estものなのである。東洋の哲学がこの非常に重要な事実について、ほとんど注意していないようにみえるのは、奇妙なことである。そして、西洋的見地に立った心理学的正当化が役に立つのは、まさにこの事実についてなのである。万事がうまく運んでいるときには、そこに必ず何か未知の力が共にはたらいているものであって、西洋の心は、人間がそういう力に全く依存しているということについて、ひろくゆきわたったある種の直観的な知識をもっているように思われる。実際、無意識がうまく協力しない時と所では、いつも、人間は、全くありふれた日常的活動においてさえ、たちまち困惑の状態におちいってしまう。たとえば、何かをうまく思い出せないとか、うまく共同作業ができないとか、興味や精神集中ができない、といった状態におちいるのである。そのような失敗は、時には重大な不都合をひき起したり、時には致命的な事故のきっかけになったり、職業上の災厄や道徳的破滅へと導くかもしれないのである。そういう場合、昔の人間なら神々は無慈悲だ、と言ったものだが、今日のわれわれは、それを神経症とよぶのである。そしてその神経症の原因を、ビタミン不足とか、内分泌障害や性的障害、あるいは過労などに求めているわけである。このように無意識の協力というものは、ふだんわれわれがそれについて何も考えず、全く自明なこととみなしているものであるにもかかわらず、それが急にとぎれる場合は非常に重大なことになるのである。

他の人種——たとえば中国人——に比べると、ヨーロッパ人は、その心の内と外の平衡感覚、もっとはっきり言ってしまえば頭脳に弱点があるようにみえる。そこで当然われわれは、われわれの弱点からできるだけ遠く離れようとするわけだが、この事実が実は、環境を支配することによって安心を手に入れようとする、あの西洋の外向性の流儀を説明しているのである。外向性とは、要するに、内向的な人間に対する不信の念と結びついたものなのであって、そういう内向的人間のことを少しでも意識するときには、その人間に対して不信の念を抱いてしまうのである。その上、われわれにはすべて、われわれが恐れる事物を過小評価しようとする傾向がある。「かつて感覚の中になかったものは、知性の中には何も存在しない」nihil sit in intellectu quod non antea fuerit in sensu. という西洋の外向性を示すモットー[*25]こそ、われわれの絶対的な確信であり、そういう確信には何らかの根拠があるはずである。つまり実際は、われわれが強調してきたように、このような外向性は、無意識の補償作用が人間にコントロールできないという決定的な事実によって、心理学的に正しいものとされているのである。しかし私は、ヨーガが無意識の過程をもコントロールできることを誇りにしていること、したがって全体としての「たましい」においては、最高の意識によって支配されないようなものは何も生じえない、ということを知っている。そして、そのような状態が、程度の差こそあれ可能なものだということを、私は少しも疑わない。しかしながらこれは、無意識と一体になるという代価を支払って、はじめて可能なことなのである。この無意識との同一化は、「絶対的な客観性」というわれわれ西洋人の抱く偶像の東洋的な対応物である。言いかえれば、西洋では内なる生のあらゆる痕跡が消えてゆくという代価を払ってまでも、ある目標、ある理念、あるいは原因へと向かおうとして、まるで機械のように追求する態度がみられるのに対して、東洋ではこれと全く逆の形がみられるのである。東洋的な立場からみれば、「絶対的な客観性」は、世界の事物の「輪廻《サンサーラ》」と全く一体化してしまうことになるから、そういう目標は全く忌まわしいものなのである。ところが逆に、西洋にとっては、「三昧《サマーディ》」は無意味な夢の状態にすぎない。東洋の伝統では、内的な人間が常に外的な人間の上におかれてきたので、そこでは、外的な人間であっても、その内的なルーツからもぎ離される可能性は決してなかったのである。ところが西洋では、外的な人間の方が優勢になってしまったので、彼はその最も内なる本質から疎外されてしまったのである。西洋では一なる心、一体性、無限定性、および永遠性は、ただ唯一の神だけがもつことのできる特権である。人間は、小さくて価値のないものになったし、また本来誤りの中にある存在になったのである。

以上に述べてきたところから、東洋と西洋の立場は、お互いに矛盾してはいるが、それぞれ心理学的な根拠をもつものだということが、明らかになってきたと思う。両者とも、自分のとる基本的態度に合しない諸要素を見そこない、また考えようとしないという点で一面的なのである。東洋は意識の世界を過小評価し、西洋は一なる心の世界を過小評価している。その結果、両者はいずれも、その極端なやり方において宇宙の半分ずつを失ってしまうのである。したがってどちらの生き方も、全体的な現実から切り離されているので、人為的で非人間的なものになりやすいのである。西洋には「客観性」に対する熱狂がある。たとえば厳密さを求める科学者の禁欲的態度とか、株式仲買人の熱狂的態度といったものはその典型であって、一定の理念、というよりも目標を追求するために、人生の美しさや普遍性など投げ捨ててしまうのである。東洋には、知恵と、平和と、すべてに超然たる態度と、「たましい」の不動さがある。それは、あるがままの生の悲しみと喜びのすべてを見捨ててしまい、人はどうするべきかということすら考えないのである。どちらの場合にも、こういう一面的態度があり、それがそれぞれにはなはだよく似た修道〔修行〕生活のさまざまな形を生み出したということは、少しも驚くにあたらない。それは、賢者、隠者、修行者、あるいは科学者に対して、ある目標に向かってわき目もふらずに精神集中する態度を保証しているのである。私は、一面性そのものに反対するつもりは全くない。人間は、いわば自然がつくり出した偉大な実験装置、あるいは彼が自分自身に対して行う偉大な実験装置だといってもいいのであって、人間がこういった種類の企てをする権利をもっていることは疑いがない――もし彼がそれに耐えることができるなら、そうしたってかまわないのである。人間の精神は、一面性に徹するところがなければ、その多面性において花を開くこともできないであろう。しかしながら、その両方を理解しようとしたって、何らさしつかえはあるまい。

西洋の外向的傾向と東洋の内向的傾向は、一つの重要な目的を共通に持っている。つまり双方とも、生の単なる自然状態を克服しようと必死の努力をしていることである。その共通点は、物質に対する心の優位の主張、つまり自然に反する作業 opus contra naturam にある。それは、これまで自然からつくり出された最も強力な武器である意識する心を用いて楽しんでいる人類の若さのしるしなのである。遠い将来に訪れるであろう人類の晩年には、何か別の理想を必要とするようになるかもしれない。時とともに、人類はおそらく、征服することも夢見なくなることであろう。

2　テキストの注解

注解に入る前に、私としては、心理学的な論文と神聖な宗教的文献の間には、本質的な性格の違いがあるということに、あらためて読者の注意を促しておきたい。学者というものは、ある材料を客観的にとりあつかうことが、その材料のもっている情緒的な諸価値を、到底許しがたいほどそこなうことがあるということを、簡単に忘れてしまうものだ。科学的な知性というものは非人間的なものであり、またそれ以外ではありえない。だから知性は、その動機においてはよい意図に立っているとしても、その成果においては非情なものにならざるをえないであろう。神聖なテキストを研究の対象とする心理学者は、少なくとも、この材料がはかり知れない宗教的また哲学的な価値をあらわすものであって、その価値は元来、俗人の手によって汚されるべきものではないのだということを、心得ておかなくてはならないであろう。私自身の気持ちとしては、このようなテキストをあえて研究の対象にするのは、私がその価値を知り、高く評価しているからなのである。注解をつけるにあたって、私は、このテキストを、無器用な批判的態度によって分析するつもりは全くない。反対に私は、テキストがわれわれに理解しやすくなるように、その象徴的な言葉づかいを拡充 amplifizieren するように努力したい。そのためには、われわれ西洋人に知られた心理学的諸事実の中に、東洋的な思考の圏内に並べられるような事例を見出すことができるかどうか、あるいは、少なくとも東洋の事例に接近しているかどうか、ということを見定めながら、テキストの崇高な形而上的諸概念を取り出してゆかなければならない。このようなやり方が、テキストの価値を減少させたり、平板にしたりする試みであるかのように、誤解されないことを私は願っている。私の意図はただ、われわれ西洋の思考様式にとって疎遠な諸観念を、西洋の心理学的経験の範囲へともたらすところにあるのである。

以下に述べるのは、ノートと注解のシリーズであるが、それらは元来、標題に示したテキストの段落に合わせて読まれるべきものである。

〔以下、参考のために、ユングが注解しているテキストの本文を、英語版に従って適宜抄訳し、各節のはじめにかかげた――訳者〕

仏陀への敬意

〔聖なる一者である仏陀の三身[*26]を敬し奉る。それらは、すべてを悟れる心それ自体の体現にほかならず。[*27]〕

西洋の著作では、長い論証の結論として最後に述べられる言葉を、東洋のテキストはふつう、まず最初に述べるのである。われわれ西洋人のやり方では逆に、ふつう、一般によく知られ、承認されている事柄からはじめ、探求の最も重要な目的を最後に述べる。したがってこのテキストの説明の場合なら、「仏陀の三つの身体はすべてを悟った心そのものである」という命題は、最後に来るべきはずであるが、このテキストでは最初におかれている。この点、東洋の心性は、中世西洋の心性と比べて、それほどの違いはない。十八世紀になっても、歴史や自然科学に関する西洋の著作は、世界を創造する神の決定についての説明から始まっていたものである。いずれにせよ、普遍的な心という理念は、内向的な東洋の気質をぴったりと表現しているので、東洋の伝統ではごくありふれた考え方になっている。右の文意は、心理学的な言葉に移すとすれば、たぶん、次のように説明することができるだろう。無意識は、たましいの究極の一体性についての、すべての経験の根底（仏陀の「法身《ダルマカーヤ》」）である。それは、心の経験のあらゆる元型的ないし構造的形式の母胎（仏陀の「報身《サンボガカーヤ》」）である。そしてそれは、現象するこの世界（仏陀の「応身《ニルマナカーヤ》」の存在の場）の前提条件 conditio sine qua non なのである。

序言

〔この論は、「平和の神々および怒れる神々に瞑想することによって自己解脱をとげる深遠な教え」[*28]にかかわる。それは、心を知り、真の実在、つまり自己解脱を見るヨーガについて解説している。

この方法によって、人の心は理解されるのである。〕

ここにいう神々とは、「報身《ほうじん》」に属する元型的な観念の形態である。[*29]穏やかであるとともに怒りをあらわした神々の姿は、『チベット死者の書』にみえる瞑想では重要な役割を演じているものであって、それらのイメージは相反するものを象徴している。つまり、現実世界に属する「応身」においては、これらの対立は人間的葛藤でしかないのであるが、報身の次元では、それらは、積極的諸原理と消極的諸原理が同一のイメージにおいて一体になった状態を意味しているのである。このイメージは、老子の『道徳経』にも定式化されているような、どんな肯定もその否定なしにはありえない、[*30]という心理学的な経験に対応している。信仰のあるところに疑いもまたあり、疑いのあるところには信仰もまた存在する。したがって、高い道徳性のあるところには、悪への誘惑もまた存在しているのである。聖者のみが悪魔のヴィジョンをもち、暴君たちは悪魔の従者 valets de chambre の奴隷になる。もしわれわれが、われわれ自身の特性について詳しく検討するならば、われわれは老子のいうような、「高いものは低いところにある」〔『道徳経』第三九章「高は下を以て基と為す」〕という事実を、認めないわけにはゆかないであろう。それはつまり、相反するものは互いに条件づけ合っているけれども、実際は同一のものである、ということを示している。こういうことは、たとえば劣等コンプレックスをもった人たちの場合などによくみられるものであって、彼らは劣等感とともに、心のどこかに若干の誇大妄想を抱いているのである。また、相反するものが神々のイメージとして現れるということは、それらの力が非常に強大であるという素朴な認識から来ている。そこで中国の哲学〔易〕は、この相反するものを宇宙的な原理であると解し、それらを陽 yang と陰 yin と名づけたのである。相反するものは、引き離そうとすればするほど、その対立の力は一層強くなる。「木が天に届くほどに成長すれば、その根は下って地獄にまで達する」とニーチェは言っている。しかも、上も下も同じ木なのである。われわれ西洋人が、この二つの力の様相を神と悪魔という敵対的な人格の対立に分けて表現することは、西洋的な心性の特質をよくあらわしている。悪魔を要領よく消し去ったのはつい最近のことで、これはプロテスタントの世俗的楽観主義によるものだが、このような態度も同じ性質を示している。「すべての善は神より、すべての悪は人間より」Omne bonum a Deo, omne malum ab homine という考え方は、何とも具合の悪い帰結である。[*31]

テキストにいう「実在を見る」ことは、明らかに、最高の実在としての心にかかわることである。これに対して西洋では、無意識は今でも、空想的で非現実的なものとみなされている。テキストによれば、「心を知る」ことは、自己救済を意味している。心理学的観点からみると、このことは次のような状況を示している。無意識の過程に重きをおけばおくほど、われわれは一層、欲望の世界や相反するものの対立の世界から、われわれ自身を解放するのであって、さらには、一体性、無規定性、および無時間性という特色をもつ無意識性の状態へ近づいてゆくのである。この過程はたぶん、苦しみと悩みにおちいった状態から本来的な自己Selbstを救い出すことなのである。「この方法によって、人の心は理解される」。現在の文脈では、「心」という言葉が意味しているのは、明らかに個人の心、つまりその「たましい」Psycheである。心理学は、無意識を理解することがその最も重要な課題であるという点で、右の言葉に同意することができる。

一なる心への挨拶[*32]

〔すべてのものは、「輪廻《サンサーラ》」と「涅槃《ニルヴァーナ》」の全体を包む一なる心をたたえる。
それは、あるがままに永遠にして、しかも知られざるもの。
常に明らかに、常に存在するも、見えざるもの、
隈もなく光り輝けど、認め得ざるもの。〕

この節は、「一なる心」が無意識であることを明瞭に示している。このことは、一なる心が「永遠にして、知られざるもの、見えざるもの、認め得ざるもの」とされているところから明らかである。そればかりでなく、この節は、東洋的経験にふさわしい、一なる心の積極的特質について説明している。それは要するに、「常に明らかに、常に存在し、隈もなく光り輝く」という性質である。人が自分自身の無意識の諸内容に思念を集中すればするほど、それらは強いエネルギーを帯びるようになる。これは否定できない心理学的事実である。無意識の内容は、内から照らされるかのように活力を与えられ、一種の実在のごときものに変容するのである。分析心理学は、この

現象を方法論的に利用している。私はその方法を「能動的想像」aktive Imaginationと名づけた。イグナティウス・ロヨラもまた、彼の『霊操』Exercitiaにおいて、能動的想像を用いている。[*33] 錬金術の哲学の瞑想でも、これと同じようなやり方が使われた証拠もある。[*34]

一なる心を認識しないときの結果

〔世間でふつう心とよばれているものについての知識は、広くゆきわたっている。

一なる心が知られないかぎり、あるいはそれが誤って考えられているかぎり、あるいはそれをあるがままに十分知ることなく、一面的に知っているかぎり、これらの教えをどんなに求めたところで無益である。これらの教えは、一なる心を知らないために、自らを知ることのない世間の人びとによっても求められる。

彼らは三つの世界（三界）をあちらこちらとさまよい、存在の六つの場所（六道）[*35]の間で苦悩する。

心についての理解に達しえない彼らの誤りの結果は、このようなものである。

彼らの悩みはすべての面で圧倒的なものであるので、彼らには自制も欠けている。

こうして、あるがままの心を知ろうとしても、人は失敗するのである。〕

「世間でふつう心とよばれているものについての知識は、広くゆきわたっている」。この句が述べている心は、明らかに、各個人が意識している心を指しており、知られざる心、つまり意識されていない「一なる心」と対比されている。「これらの教えは、一なる心を知らないために、自らを知ることのない世間の人びとによっても求められる」。自己認識は、ここではっきりと、「一なる心を知ること」と考えられている。このことは、人が自分自身の心理について理解するためには、無意識についての知識が不可欠であるということを意味している。そのような知識が必要であるということは、西洋ではよく知られている事実であって、現代における深層心理学の発展や、この種の事柄に対する関心が増大しつつあることからも、このことは証明されている。心理学的知識に対する一般の要求が増えていることは、主に、宗教の衰退と精神的指導の欠如によってひき起こされる悩みによるものである。「彼らは三つの世界をあちらこちらとさまよって、苦悩する」。神経症は道徳的な苦しみを伴いがちである、ということを知っていれば、この句は何の注解もなしにわかる。この節は、今日なぜわれわれが無意識の心理学をもつようになったのか、という理由を簡潔に表現している。

それだけではない。「あるがままの心を知る」ことを望んでも、「人は失敗する」。テキストは、心に出会い、その根底にまで至ることがどんなに困難であるかということをも、重ねて強調している。なぜなら、心というものの根底は意識されないからである。

欲望の結果

〔いつわりの信念と実践にとらわれている者たちは、欲望にとらえられているので、明るい光を見ることはできない。

彼らは苦悩に圧倒され、その苦悩のために闇の中にいるのである。

中道は二つの真理を包むものであるが[*36]、欲望のために、それは結局、曇らされてしまう。……〕

「欲望にとらえられている」者たちは、「明るい光を見ることはできない」。この「明るい光」は、再び、一なる心について述べたものである。欲望は、外界においてその実現を求めようとする。言いかえれば欲望は、人間を意識の世界にしばりつける鎖を強くするものである。このような状態にあるときは、彼はもちろん、自分の無意識の内容に気づくことはできない。意識された世界から退くことは、ある程度まで悩みを癒す力をもっている。しかしそれ以上のことになると、個々人の場合によってさまざまであるから、この退却は、場合によっては、心の無視と抑圧を意味することもある。

そればかりでなく、「中道」は結局、「欲望のために、曇らされて」しまう。この説明は、ヨーロッパ人に十分納得できる形で言い聞かせることはできないけれども、全く真実な説明である。病人であれ正常人であれ、彼らは、彼らの無意識の材料について知るようになると、すぐに、彼らを外向的態度に引きずりこんだ場合と同じような抑制のない欲望と貪欲さで、それらに向かって突進してゆくのである。しかし大事な問題は、欲望の対象から身を退けることよりも、むしろ、どんな対象に向かう場合であれ、欲望そのものに対して距離をとり、自由になることなのである。われわれは、コントロールされていない激しい欲望によって、無意識のもつ補償作用を無理に引き出すことなどできない。われわれは、辛抱強く待って、それが自然に起こってくるのを見守らなければならない。またわれわれは、それがわれわれに現れるままに、受け入れてゆかなければならないのである。つまりわれわれは、一種の観照的な態度をとるように要求されるのであるが、この態度はそれ自体で、しばしば解放と治療の効果をもっているのである。

超越的合一

〔実際には二元性は存在せず、多元性は真ではない。二元性が超えられ、合一が実現されるまでは、悟りに達することはできない。

不可分な統一を成している輪廻《サンサーラ》と涅槃《ニルヴァーナ》の全体は、人の心である。〕

「実際には二元性は存在せず、多元性は真ではない」。この説明は、たしかに、東洋の最も基本的な真理の一つである。そこにはどんな対立も存在しない――上も下も同じ木なのである。古代エジプトの『エメラルド板』Tabula Smaragdinaは、「下にあるものは上にあるものと同じように。そして、上にあるものは下にあるものと同じように、一なる者の奇蹟が成しとげられますように」[*37]と述べている。すべての個々の形式は、無意識の奥深く隠れた「たましい」の母胎の区別できない一体性から発したものであるから、多元的な見方というのはとんでもない錯覚なのである。このテキストは、心理学的にいえば、主観的要因について述べたものである。つまり、ある刺激に対して直接に布置される材料、言いかえれば、新しく得られるどんな知覚も、それに先立つ諸経験から得た一定のパターンに従って解釈してしまう第一印象について、述べているのである。ここで私のいう「先立つ諸経験」というのは、本能にまで、言いかえれば心的機能の遺伝された生まれつきの諸形式にまで、人間の心が祖先以来受けついできた「永遠な」諸法則にまで、さかのぼって考えているのである。ところがテキストの説明は、物質的世界そのものが超越的な〔心をこえた〕現実性をもち得ること、つまりサンキャ哲学[*38]ではよく知られている問題を、全く無視している。サンキャ哲学では、プラクリティ〔原質、物質的原理〕とプルシャ〔真我、精神的原理〕の二つが全存在の両極を成していて、この宇宙的二元論は容易に克服できないものである。もし人が生命の一元的な根源に合体しようとするなら、人は二元論と多元論から目をそらせて、世界の実在をすべて忘れなくてはならない。ここで当然、次のような疑問が起こってくる。究極的実在が全にして一なる何ものかであるなら、なぜ一なるものは多なるものとして現れるのであろうか。事物の多元性、あるいは多元性という幻影が生まれてくる原因は、一体何なのであろうか。もし一なるものがそれ自身で自足しているものであるなら、なぜそれは、多なるものにその姿を映すのであろうか。結局のところ、何がより真実なのであろうか。映し出している一なるものか、それともそれが映し出されている鏡なのか。おそらくわれわれは、そのような問いを提出するべきではないのだろう。というのは、そういう問いに対する答えは、どのみち存在しないからである。

心理学的にみれば、一なるものとの一体化は意識の世界から退くことによって達成される、というのは正しい。無意識の深い成層圏には、もはやどんな雷雨もない。そこでは、何ものも、緊張や葛藤を生み出すほどにまで分化してはいないからである。緊張状態とか葛藤というものは、われわれの現実の表層の一部にすぎない。

相いれがたい二つのもの——輪廻《サンサーラ》と涅槃《ニルヴァーナ》——が結びついている心とは、結局のところ、われわれの心のことである。このような断定は、深いつつしみから出たものなのだろうか。それとも思い上がった傲慢さから出たものだろうか。この説明は、心とは結局われわれ人間の心に「すぎない」ということを意味しているのだろうか。それとも、われわれの心があの一なる心であるということを意味しているのだろうか。言うまでもなく後者である。そしてまた東洋的な見方からすれば、ここにはどんな傲慢もないのである。それどころか、それは、完全に受け入れ得る真理なのである。しかしわれわれ西洋人にとっては、それは、「私は神である」と言うに等しい傲慢に思えるだろう。「私は神である」というのは、争いがたい「神秘的な」経験なのであるが、西洋の人間にはひどく反発されるものである。しかし東洋では、このような「神秘的な」経験は、本能的な母胎とのつながりを失ったことのない心性に由来していて、全く違った評価を受けるのである。東洋の集合的な内向的態度は、感覚の世界が無意識との生きた結びつきを切断してしまうことを許さなかった。だから心的実在というものは、いわゆる唯物論的な考え方が東洋にもあったにもかかわらず、本気で非難されたことは決してなかったのである。この事実と似た例でよく知られているのは、驚くべきやり方で夢と現実を混ぜ合わせてしまう未開人の心理状態くらいである。われわれはむろん、東洋的心性を未開とよぶわけにはゆかない。何といってもわれわれは、その注目すべき文化と洗練から深い感銘を受けている。しかしながら、その母胎はやはり原始的な心に根をもっている。このことは、幽霊や精霊にかかわる心的現象の信頼性を強調するという面については、とりわけそうなのである。西洋はただ単に、原始性のもう一つの面、つまり抽象作用という犠牲を払った精密な自然観察を開発してきたまでである。われわれの自然科学は、未開人にみられる驚くべき観察力から発展してきたものである。この場合、われわれは、諸事実が矛盾におちいることを恐れるばかりに、抽象の作用はごくわずかしか用いなかったのである。これに対して東洋は、抽象作用を高く評価するとともに、原始性のもつ心的な側面を開発しているのである〔たとえば、すべてを包む一なる心は、最高の抽象であるとともに、未開の心性と結びついている〕。これに対して事実というものは、すばらしい物語を提供してはくれるが、それ以上のものではない。

要するに、一なる心はあらゆる人間に内在している、と東洋が言うとき、そこには、西洋人が事実の存在を信じている以上の傲慢さや、過度のつつしみがあるというわけではない。ヨーロッパ人が信じる事実とは、大体において、人間による観察、時にはしばしば彼一人の観察、つまり解釈にもとづいているのである。だからヨーロッパ人は、当然のことながら、主観的になりやすい抽象作用の過多を恐れることになるのである。

大いなる自己救済

〔世俗の考えは、受け入れることも拒むこともできるものだが、人はそれによって、輪廻《サンサーラ》の中をさまよう。したがって、法《ダルマ》を実践し、あらゆるとらわれから離れて、心をその真の本性において知ることによるこの自己解脱のヨーガにおいて、詳しく説かれたこれらの教えの全体の本質をつかむように。

ここに述べてある真理は、「大いなる自己解脱」として知られている。そしてそれらの教えは、偉大なる究極的完成の教えにきわまる。〕

これまでくり返し述べてきたように、基本的な人格感情Persönlichkeigefühlを、ほとんど意識にのぼることのない心の領域まで移すことは、一種の救済の効果をもたらすものである。私はまた、人格の変容をひき起こす超越的機能についてざっと説明し、自然発生的に起こる無意識の補償作用の重要性を強調した。さらに私は、この重要な事実が、ヨーガでは無視されているということを指摘した。この節は、私のこういった観察を確証しているように思われる。これらの教えの「全体の本質」をつかむことが、また「自己解脱」の全体的な本質であるように思われる。この場合、西洋人なら、次のような具合に理解することであろう。つまり「あなたの課題を学び、それをくり返しなさい。そうすれば、あなたは自ら救われるでしょう」と。こういう受けとり方は、ヨーガを学ぶ多くのヨーロッパ人たちの場合に、まさしく生じる状況なのである。彼らには、ヨーガを外向的なやり方で「実践する」傾向があり、そのような教えの最も本質的な部分である、心を内へと向けるという態度は全く忘れてしまうのである。東洋では、真理というものは集合的意識の一部分になってしまっているために、それは弟子の修行者にも、少なくとも直観的には理解できるものである。もしヨーロッパ人が、彼の心の内なるものを外へと向け、東洋人になる場合に当然要求されるような一切の社会的・道徳的・宗教的・知的また美的な義務を引き受けて、東洋の人間として生活できるなら、彼はたぶん、これらの教えを役に立てることができるだろう。けれども、信仰においてであれ道徳性においてであれ、また知的な振る舞いにおいてであれ、良いキリスト者でありながら同時にまじりけのないヨーガを実習するということは、とても不可能なことである。私はこの点で、私を極度に懐疑的にさせる実例をあまりにも多く見てきた。西洋の人間は、ささいな記憶を忘れるのと同じような具合に、簡単に彼の歴史をふりはらうことはできない。歴史はいわば、彼の血の中に刻みこまれているのだ。私は、当人の無意識がどのように反応するかを注意深く分析するまでは、ヨーガにたずさわるようにすすめるつもりはない。もしその人の暗い側面が依然として中世のキリスト教信者のようであるとすれば、ヨーガを模倣することにどんな意味があるだろうか。もし人が、政治に妨げられることもなく、また身の安全がそこなわれる心配もなしに、菩提樹の木陰に敷いた鹿皮の上に座って、あるいは汚れた小さい部屋で座って、自分の生涯を送るだけの心がまえができているのなら、私は、それもいいことだと思う。けれども、ニューヨークのメイフェアや五番街や、その他どんなところであれ、電話で何でも用が足せる場所でやるようなヨーガは、精神的なまやかしである。

われわれは、東洋の人間の精神的態度というものを考えに入れた場合、その教えは効果のあるものだと考えることができる。しかしながら、この現実世界から目をそらせて、無意識の中に永久に消えてしまう心の準備ができていなければ、教えだけがあってもどんな効果ももたないし、少なくとも望ましい効果はもたないのである。したがって、相反するものの一致、とりわけ外向性と内向性を超越的機能によって結合させるという困難な仕事が必要になってくるのである。

心の本性

〔ふつう心とよばれているものは、直覚的な知恵である。

一なる心はあるが、それは決して(輪廻の領域には)存在しない。

それは、涅槃《ニルヴァーナ》のあらゆる幸福と輪廻《サンサーラ》のあらゆる悲しみの源泉であって、十一の乗物[*39]のように大切にされるのである。〕

この節は、貴重な心理学的情報をわれわれに与えてくれる。テキストは、「心は直覚的な(即座に知る[*40] quick knowing)知恵である」と述べている。ここでは、「心」は、「第一印象」の直接的な自覚としてとらえられている。第一印象とは、本能的パターンにもとづいた先行の経験の総体を伝えるものである。このことは、本質的に内向的性格をもつ東洋の態度について、われわれの行った説明が正しいということを裏書きしている。この一句はさらに、東洋的な直観のきわめて洗練された特質に注意させる。直観的な心は、事実を無視し、可能性について考えるという点で、すぐれているからである。[*41]

一なる心は「決して存在しない」という説明は、明らかに、無意識に固有な「潜在性」について述べたものである。物事は、われわれがそれを意識しているかぎりでのみ存在しているようにみえるし、このことから、なぜそれほど多くの人びとが無意識というものの実在を信じたがらないかという理由も、説明することができるのである。もし私がある患者に向かって、あなたは幻想でいっぱいだと言えば、彼は全く呆然としてしまうだろう。というのは、彼は、自分がこれまで幻想の生活を送ってきたということに、全く気がついていないからである。

心に与えられた名称　（　）で示したのは、対応するサンスクリット語

〔それに与えられたさまざまの名は、数えきれない。
ある人びとはそれを「心の自己」とよぶ。
ある異端の者たちは、それを「自我」（アートマン）とよぶ。
小乗の者たちによって、それは「教えの本質をなすもの」とよばれる。
ヨーガ学派によって、それは「智恵」とよばれる。
ある人びとはそれを、「彼岸の知恵に達する方法」（般若波羅蜜《プラジュニャー・パーラミタ》）とよぶ。
ある人びとはそれを、「仏陀の本質」とよぶ。
ある人びとはそれを、「偉大なる象徴」（大印《マハームドラ》）とよぶ。
ある人びとはそれを、「唯一の種子」（ビンドゥ）とよぶ。
ある人びとはそれを、「真理の潜在的可能力」（法界《ダルマダートゥ》）とよぶ。
ある人びとはそれを、「すべての基礎」とよぶ。
日常の言葉では、それにはまた、別な名がつけられている。〕

何かある「取りあつかいにくい」観念や「理解しにくい」観念を表現するために、さまざまの言いまわしを用いる場合、その用語は、その観念の解釈のしかたについて、貴重な情報を与えてくれる。それらの言いまわしはまた、その観念が土着している国土、宗教、哲学の中でさえ、その観念はなお、ある程度まであいまいで、論議の余地のある性質をもっているということを示している。もしその観念が全くはっきりしたもので、また一般に承認されているものなら、それを多くの違った名称で言いあらわす必要もないであろう。しかし、何かあるものがよく知られておらず、あるいは不明瞭なものなら、それはさまざまの角度から観察することができる。その場

合は、そのものに特有の本性をあらわすために、さまざまの名称が必要になるのである。こういう事例の典型的な例は、中世錬金術で用いられた「賢者の石」である。古い錬金術文献には、賢者の石のさまざまな別の名称について、長いリストがあげられているほどである。「それ（心）に与えられたさまざまの名は数えきれない」という説明は、心というものが、賢者の石と同じように、何か漠然としたもの、また限定されないものにちがいないということを示している。無数の言葉で言いあらわすことのできる心というものは、おそらく同じように、無数に多くの性質あるいは様相を示すことであろう。もしこれらの性質や様相が実際に「無数」であるとしたら、それらは数えあげることができないし、したがって心というものの本質はほとんど言葉をこえたものであり、知ることができないという結果になる。それは決して完全には認知できないものである。このことは、無意識についても全く同じようにあてはまる。そして「一なる心」が、われわれの無意識、特に集合的無意識の概念に対応する東洋的観念であるということを、よく証明しているのである。

この仮定と歩調を合わせるように、テキストは続いて、心はまた「心の自己」とよばれると述べている。「本来的な自己」Selbst は分析心理学における重要な概念であるが、これについてはすでに多くの説明がされているから、ここではくり返さない。関心のある読者は、注にあげた文献を参照してほしい。[*42] 本来的自己を示すさまざまの象徴は無意識の活動から生み出され、多くの場合、夢において表現されるものであるが、[*43] この観念に含まれている諸事実は、単に心的なものだけではない。それらは物質的な実在のあり方をも含んでいる。このテキストや東洋の他のテキストでも、「本来的自己」は純粋に精神的な観念をあらわすものであるが、西洋の心理学でいう「本来的自己」は、本能とか、生理的またなかば生理的な諸現象をも包んだ全体性をあらわす。われわれにとっては、先に述べた理由〔外界の客観的実在性〕から、純粋に精神的な実在性というものは考えられないのである。[*44]

東洋にもまた、本来的自己と自我を同一視する「ある異端の者たち」がいるということを知るのは、なかなか興味がある。[*45] われわれ西洋の場合、この「異端」はかなり広くゆきわたっていて、自我意識だけが心的生活の唯一の形式であると固く信じて疑わない人びとから支持されている。

次に、「彼岸に達する方法」としての「心」は、私のいう超越的機能と、心ないし本来的自己の観念の間にある結びつきを示している。「心」、すなわち無意識の知りえない実質は、意識に対していつも象徴という形式をとって現れてくる。——本来的自己はそういう象徴の一つである。そこでその象徴は、「彼岸へ達する方法」として機能する。言いかえればそれは、人格の変容の方法としてはたらくのである。私は、心的エネルギーについての論文の中で、象徴はエネルギー変換器としてはたらく、と述べておいた。[*46]

私の解釈は、心もしくは本来的自己を一つの象徴と解するものであるが、これは勝手気ままな見方ではない。テキスト自体がさらに、心を「偉大なる象徴」とよんでいるのである。

われわれのテキストがさらに、心を「唯一の種子」とか「真理の潜在的可能力」とよぶことによって、私が右にはっきり述べたような、無意識に内在する「潜在力」を認めていることも、注目に値することである。

さらに、無意識のもつ母胎的性格は、「すべての基礎」という名称によくあらわれている。

心の無時間性

〔もし人が、この心を知る方法を、三つのやり方[*47]で用いることを知るなら、心に生まれることもなく抱かれることもないと考えられていた、記憶から失われたすべての過去の知識が全く明らかになる。そしてまた、同じように生まれることも抱かれることもないと考えられていた本来の知識も全く明らかになる。

現在においては、心はその自然にある状態にとどまっているので、それはふつう、それ自身の時間によって了解される。〕

私は先に、心の無時間性を、集合的無意識の経験に固有な性質として説明した。「自己救済のヨーガ」を実修することは、過去のあらゆる忘れられた記憶を意識へ再び統合することであると思われる。完全な回復（再建）ἀποκατάστασις という主題は、多くの救済神話のうちに現れているものであるが、それはまた、無意識の心理学の重要な側面でもある。無意識とは、正常人や精神病者の夢や自然発生的空想において、非常に多くの太古的材料を明るみに出すものである。つまり個人を系統的に分析してゆくと、その人の祖先代々から受けつがれた心身の構造形式の自然発生的な再覚醒が（無意識の補償作用として）起こり、それが回復の効果を生み出すのである。予知夢が比較的よく起こるということも、たしかな事実であり、この事実は、テキストが「未来の知識」とよんでいるものを明らかにする。

　心の「それ自身の時間」という句を解釈するのは非常に難しい。われわれはこの点について、心理学的見地から、エヴァンス＝ヴェンツ博士の解説に賛成しなければならない。[48] 無意識の内部では、過去・現在・未来がまじりあっているのであるから、無意識はたしかに、〔無時間性という〕「それ自身の時間」をもっているわけである。J・W・ダンが経験したような夢[49]——彼は、論理的にいえば翌晩にならなくては見るはずのない内容の夢を、前日の夜に見たのである——は、決して珍しい現象ではない。

真なる状態における心

〔人びとが、彼らの心の真なる状態を求めるならば、それは、見ることはできないが、全く理解できるものなのである。

　真なる状態においては、心は裸のままで清浄である。何ものからもつくられず、空である。明らかで、からっぽで、二つに分かれることなく、透明である。時間もなく、複合されることなく、妨げられることなく、色彩もない。分離された一つのものとして認めることはできないが、しかもすべてのものの統一であるのだが、それらのものから合成されているわけではない。それは一つの味であり、すべての分化を越えている。

ある人の心は、他の人びとの心から分かたれてはいない。

一なる心の本質的存在を認識することは、三身の不動の一体性を認識することである。

心は、創造されることなく空である法身《ほっしん》であり、からっぽで自ら放射し、さらにすべての生けるもののために輝く、曇りなき報身《ほうじん》であり、さらに太古のままの本質において心の三つの聖なる側面が一つであるところの応身である。

もしこの智恵についてヨーガを十分に行うならば、人は、右に述べたことを了解するであろう。」


この節は、自由になった意識の状態について説明している。[*50] その状態は、東洋ではごくありふれた心的経験とされている。このテキストと似たような説明は、たとえば『慧命経』[*51] のような中国の文献にも見出される。

一つの光の輝きが精神の世界を包む。
人は互いに忘れる、静かに、そして純粋に。
力強く、そして虚しく。
空は天上の心の輝きに照らし出され、
海の水はなめらかに、その面に月を映す。
雲は青空へ消え、
山々は明るく輝く。
意識は観照の中に溶け去り、
月輪はひとり安らっている。[*52]

「ある人の心は、他の人びとの心から分かたれてはいない」という説明は、別なやり方で、全体的連関という事実を言いあらわしている。無意識の状態ではすべての区別が消えうせるから、個々人の間の心的差異もまた消えてしまうということは、論理的に当たり前である。意識水準の低下 abaissement du niveau mental が認められるところでは、どこでもわれわれは、無意識的な同一性の状態、[*53] あるいはレヴィ＝ブリュールが「神秘的参与」とよんでいる状態についての事例に出会う。[*54] 一なる心の認識の体験とは、このテキストが言うように、「三身の一体性」を知ることであり、実際それは一体化を生み出すのである。しかしながら、そのような実現の状態が、かつて誰かある人の本性においてどれほど完全なものとなり得たであろうかという点になると、われわれは何も想像することができない。「私は一体化の状態を知っている」と言うためには、常に、そういう実現の状態を誰かが経験したとか、そういう経験の証明となる何かが残っていなければならない。しかし実をいうと、実現という体験の事実そのものが、その実現にともなう避けがたい不完全性を示すのである。人は、何であれ自分自身と区別されないものを知ることはできない。私が「私は私自身を知っている」と言うときでさえ、無限小の自我――つまり知る私――が、私によって知られる「私自身」から、まだ区別されているからである。このいわば原子のような自我は、東洋本来の非二元論的立場では全く無視される。そこでは、全くの多元性と消滅させることのできない現実性をもつ宇宙は、隠されてしまうのである。

　超越的な「合一」の経験は、東洋の「即座に知る」quick knowing 認識の一例であって、たとえば、人が存在すると同時に存在しないことができるならばどうなるであろうか、ということについての直観である。もし私がイスラム教徒だったら、私は、大慈悲の神の力は無限であり、ただ彼のみが、人間をして、同時に存在するとともに存在しないようにすることができる、と言うであろう。しかし私自身としては、そのような可能性を思い浮かべることができない。そこで私は、東洋的直観はこの点において、直観それ自身の限界を越えてしまったものと考える。

心は創造されない

〔真なる状態における心は、創造されず、自ら輝いているのに、人はどうして、心を知ることなしに、心は創造された、と言うことができるのか。

このヨーガには、瞑想が向かうべき何ものもないのに、瞑想によって心の真の性質を確かめることなしに、人はどうして、心は創造された、と言うことができるのか。

真なる状態における心は実在であるのに、人はおのれ自身の心を発見することなしに、どうして、心は創造された、と言うことができるのか。

真なる状態における心は、疑いもなく常に存在するのに、人は、心を面と向かって見ることなしに、どうして、心は創造された、と言うことができるのか。

思考の原則は心の本質そのものであるのに、人は、その本質を求めて発見することなしに、どうして、心は創造された、と言うことができるのか。

心は創造を超越しており、「創造されざるもの」にかかわっているのに、人はどうして、心は創造された、と言うことができるのか。

心は、その太古的で変様されない自然さにおいて非創造のものであり、そのあるがままに見られるべき、形なきものであるのに、人はどうして、それは創造された、と言うことができるのか。

心はまた、性質を欠いたものと見ることができるのであるから、人はどうして、それは創造された、と、あえて言うことができるのか。

自ら生まれた性質なき心は、分化することなく、変様することもない、三つの空のようであるのに、人はどうして、心は創造された、と言うことができるのか。

心は客観性も因果もなく、自ら始まり、自ら生まれたものであるのに、人はどうして、心を知る努力をすることなしに、心は創造された、と言うことができるのか。

神聖なる知恵は、それ自身の〔永遠という〕時間と一致して開けてくるものであり、人はそのとき解脱を得るのに、これらの教えの反対者たちは、どうして、心は創造された、と言うことができるのか。

心は、そのあるがままの姿では、このような性質のものであり、したがって知りえないものであるのに、人はどうして、それは創造された、と言うことができるのか。〕

この節で強調されていることは、心はどんな性質ももっていないのであるから、それは創造されたとは言いえない、ということである。しかしそれならば、創造されたものでない、と言うことも、やはり理屈に合わないであろう。なぜなら、そのように形容すること自体、心の一つの固有の性質を示すことになるであろうからである。実際問題としては、何の区別もなく、特性もなく、さらに全く知ることのできない何かについては、どんな主張をすることもできない。まさにこの理由によって、西洋の心理学は、一なる心について語ることなく、無意識について語るのである。その場合、無意識というものは、西洋の心理学では、物自体あるいは可想体〔本体《ヌーメン》〕、つまりカントを引き合いに出していえば「純粋に消極的な限界概念」とみなされるのである。[*55] このような消極的表現を使うということで、われわれはしばしば非難をあびてきたのであるが、残念ながら、知的誠実さを守ろうとすると、どんな積極的表現も使うことが許されないのである。

内観のヨーガ

〔一なる心は、まさに空であり、何らの基礎ももっていない。人の心は、同じように、天空のようにからっぽである。このことが正しいかどうかを知るには、お前自身の心の内をのぞき見ればいい。

空であり、したがって始めや終わりがあるとは考えられない、自ら生まれた知恵は、実際には、太陽の本質のように永遠に光り輝いており、それ自身生まれざるものである。このことが正しいかどうかを知るためには、お前自身の心の内をのぞき見ればいい。

神聖な知恵は、疑いもなく破壊できないもの、破ることのできないものであり、永遠に流れゆく河の水流のようである。このことが正しいかどうかを知るためには、お前自身の心の内をのぞき見ればいい。

客観として現れているものは、大空の空気のように安定を欠いた一つの変動にすぎず、人をひきつけ、とらえるだけの力はないのである。このことが正しいかどうかを知るためには、お前自身の心の内をのぞき見ればいい。

すべてのものの外見は、まさに、その人自身の思ったもの、心に自ら抱いたものであり、鏡の中に見える姿のようなものである。このことが正しいかどうかを知るためには、お前自身の心の内をのぞき見ればいい。

外に現れているすべてのものは、それら自身で生じ、天空の雲のように自然なものであり、まさにそれらに応じた場所へと消えてゆくのである。このことが正しいかどうかを知るためには、お前自身の心の内をのぞき見ればいい。」

一なる心と無意識が同一であることについて、なお疑いをもっている読者には、この節はその疑いをぬぐい去ってくれるはずである。「一なる心は、まさに空であり、何らの基礎ももっていない。人の心は、同じように、天空のようにからっぽである」。一なる心と個人の心は、いずれも同じように空虚であり、無内容である、という。しかし、意識する思考は何としても空虚ではないのだから、この説明が意味するものは、集合的および個人的な無意識でしかありえない。

先に述べたように、東洋的な考え方は、主観的要因、とりわけ直観的な「第一印象」あるいは心的な素質というものを重視している。このことは、「すべてのものの外見は、まさに、その人自身の思ったもの、心に自ら抱いたものである」という言葉によって、ここで力説されているのである。

内なる真理としての法《ダルマ》

〔法《ダルマ》は、心の内部以外のどこにもないから、心以外に瞑想の場所はない。

法《ダルマ》は、心の内部以外のどこにもないから、どこかほかの場所で教えたり、実修したりする教えはない。

法《ダルマ》は、心の内部以外のどこにもないから、敬礼をささげるための真理の場所は、ほかにはない。

法《ダルマ》は、心の内部以外のどこにもないから、解脱を達成することのできる法《ダルマ》は、ほかにはない。

くり返し、くり返し、お前自身の心の内部をのぞき見よ。

外に向かってからっぽな空間を見るとき、心が光り輝いている場所は見出されない。

光り輝くものを求めて、自らの心の内を見るときは、光り輝く何ものも見出されることはない。

人の固有の心は、透明であり、性質をもっていない。

人の固有の心は、空の明るい光からできており、法身《ダルマカーヤ》からできている。それは性質を欠いているので、雲のない天空に比べられるのである。

それは多様性ではなく、全知である。

これらの教えの意味するところを、知ると知らないとの違いは、実際、まことに大きいのである。〕

法《ダルマ》、法則、真理、摂理は「心の内部以外のどこにもない」と語られている。このように無意識は、西洋世界が神のものとみなしているすべての能力をそなえたもの、とみなされているのである。先に説明した超越的機能が示しているところに従えば、法《ダルマ》についての複雑な経験は「内」から、言いかえれば無意識から来るとみなす東洋の考え方は、やはり正しいということが示されている。ただしこの考え方は、人間がコントロールできない無意識の自然発生的な補償作用という現象が、西洋で「恩寵」とか「神の意志」とよばれてきた言い方と全く一致しているということをも、明らかにしているのである。

この節と先の節は、内観の方法が、精神的な情報と指導を得るための唯一の源泉であることを、くり返し強調している。西洋の一部の人びとが信じているように、もし内観というものが何か病的なことだとするならば、われわれは実際、東洋文化の全体、あるいは、まだ西洋文化の恩恵を受けていない東洋の部分はすべて精神病院に送りこんでしまわなくてはならない、ということになってしまうであろう。

これらの教えの驚異

〔この自ら起こる明るい光は、永遠に生まれざるものであり、知恵の親なき嬰児である。これは驚くべきことである。

それは、創造されざるものであり、自然の知恵である。これは驚くべきことである。

それは、誕生を知ることなく、死を知ることもない。これは驚くべきことである。

それは完全な実在であるのに、それを見る者は誰もない。これは驚くべきことである。

輪廻《サンサーラ》の中をさまようにもかかわらず、それは、悪によって汚されない。これは驚くべきことである。

仏陀を見ているにもかかわらず、それは善にくみすることはない。これは驚くべきことである。

すべてのものによって所有されているにもかかわらず、それは誰にも認知されない。これは驚くべきことである。

このヨーガの果実を知らない人びとは、他の果実を求める。これは驚くべきことである。

実在の明るい光は、自らの心の内に輝いているにもかかわらず、多くの人びとはそれを他のところに求める。これは驚くべきことである。〕

この節は、心を「自然の知恵」とよんでいる。これは、私が、無意識によって生み出された象徴を示すために用いた表現とほぼ同じである。私はそれを「自然的象徴」[*56]とよんでいる。私がこの表現を選んだのは、このテキストを知る以前のことであった。ここでこの事実にふれておくのは、このことが、東洋の心理学の発見と西洋の心理学の発見の間に見出される、緊密な対応関係を明らかにしているからである。

テキストはまた、われわれが先に、一なる心を「知る私」は欠けている、と述べたのが正しいことを裏書きしている。「それは完全な実在であるのに、それを見る者は誰もいない。これは驚くべきことである」。たしかに、これは驚くべきことであり、また理解できないことであるが、一体どのようにして、そういうものがこれまでに、言葉の真の意味において体得できたのであろうか。「それは悪によって汚されない」。そして「それは善にくみすることはない」。この説明は、「善悪の彼岸六千フィート」というニーチェの言葉を思い起こさせる。しかしながら、東洋的智恵の信奉者たちは、ふつう、こういう説明から出てくるはずの論理的帰結は無視する。安心できる場所にいて、神々の恵みを信じている間は、たしかにこの崇高な道徳的無関心に驚くことができる。けれどもこういう態度は、われわれ西洋の気質、あるいはわれわれの歴史と調和するものであろうか。われわれの歴史は、そういう態度をとることによって、克服されるわけではなく、単に忘れ去られるにすぎない。だから私は、道徳的無関心の態度が、われわれ西洋の気質や歴史と調和するとは思わない。高いヨーガに身をささげる者は、誰でも、悪を行う立場から道徳的に無関心であるばかりでなく、むしろ悪の犠牲にされる立場にあっても、彼の道徳的無関心の義務を証明しなくてはならないであろう〔しかし西洋人は、道徳的無関心というと、悪を行う立場に対する無関心として理解しようとする〕。心理学者ならよく知っていることだが、道徳的な葛藤というものは、非人間性にまで近づくような〔ゲルマン民族の人種的〕優越性の宣言をしてみたところで、簡単に解決できるものではない。われわれ西洋人は、最近、道徳的諸原理を全く眼中におかない超人の恐ろしい実例〔ナチズム〕を見ている。

東洋の解放〔解脱〕というものは、美徳からも悪徳からも解放されることなのであって、これには、あらゆる点での離脱がともなうのである。したがってヨーガ行者は、この世界そのものをこえて、積極的にも消極的にも全く現世に無関心な状態に導かれることは、疑いない。ところが、西洋人が解放を得ようとする場合はすべて、ただ単に道徳的配慮から解放されることを意味しているにすぎないように思われる。したがって、腕だめしにヨーガをやってみる者は、広い範囲にまで及ぶヨーガの論理的帰結について、よく考えておくべきであろう。さもなければ、彼のいわゆる精神の冒険は、空しい暇つぶしに終わるであろう。

四重の偉大なる道

〔すべてのものは、見えざる清浄な心について、ここに説かれた知恵をたたえる。

この教えは、多くの教えの中でも、最もすぐれたものである。

この瞑想は、思念を集中することなく、すべてを包み、あらゆる不完全さを離れ、多くの瞑想の中でも最もすぐれたものである。

創造されない状態についてのこの実修は、正しく理解されれば、多くの実修の中でも最もすぐれたものである。

永遠に求められぬものについてのヨーガのこの果実は、自然に生じたものであって、多くの果実の中でも最もすぐれたものである。

ここにおいてわれわれは、正しく、四重の偉大な道をあらわした。

この誤りなき教え、この偉大なる道は、ここに説かれた明るい知恵に関するものであり、それは明らかで誤ることなく、道とよばれる。

この誤ることなき偉大なる道への瞑想は、ここに説かれた明るい知恵に関するものであり、明らかで誤ることなく、道とよばれる。

この誤ることなき偉大なる道にかかわる実修は、ここに説かれた明るい知恵に関するものであって、それは明らかで誤ることなく、道とよばれる。

この誤ることなき偉大な道の果実は、ここに説かれた明るい知恵についてのものであって、それは明らかで誤ることなく、道とよばれる。」

「この瞑想は、思念を集中することがない」とテキストは述べている。ふつうヨーガの本質は、主として、強い精神集中にあると考えられている。われわれは、精神集中とは何を意味するのかということについて、よく知っていると思いこんでいる。しかし、東洋的な精神集中について本当に理解するのは、非常に困難である。禅仏教の研究[*57]が示しているように、われわれ西洋の精神集中のやり方は、まさに東洋のやり方の正反対かもしれない。それでもわれわれが、「思念を集中することがない」という句を文字通りに解するなら、それは、瞑想は何ものにも向けられていない、ということを意味するまでである。もし瞑想がどんな中心ももっていないとすれば、それは意識の解消のようなものであり、したがって無意識状態に直接に近づくことであるだろう。意識することは、必ずある程度の精神集中を前提としているものであって、それがなければ、心的内容が明らかであるということも、何かについて意識していることもありえない。精神集中のない瞑想とは、眠りに落ちつつあるときの、目覚めていながらうつろな状態のようなものであろう。われわれのテキストは、これを最もすぐれた瞑想であると述べているので、われわれはこの外に、もっと多くの精神集中を特徴とする、あまり出来のよくない瞑想があるものと考えるほかはない。このテキストが述べている瞑想は、無意識に至る王道の一つのあり方を示しているように思われる。

偉大なる光

〔このヨーガはまた、不変の偉大なる光の基礎にかかわっている。

この変化しない偉大なる光の教えは、ここに説かれている独自の明るい知恵についてのものであり、それは、三つの時〔過去・現在・未来〕を照らし、「光」とよばれる。

この変化しない偉大なる光への瞑想は、ここに説かれている独自の明るい知恵についてのものであり、それは、三つの時を照らし、「光」とよばれる。

この変化しない偉大なる光の果実は、ここに説かれている独自の明るい知恵についてのものであり、それは、三つの時を照らし、「光」とよばれる。〕

悟りの中心となる神秘的経験は、さまざまのタイプの神秘主義のほとんどの場合に、光によって象徴的に表現される。これは適切である。全くの暗黒に入る道のように思われる領域〔無意識〕へ接近することが、実は悟りの光をもたらすようになるということは、奇妙な逆説である。しかしこれは、いわゆる「闇を通って光に転回すること」enantiodromia per tenebras ad lucem である。多くの宗教の入信儀礼が、洞窟への下降 κατάβασις ἄντρον とか、洗礼の聖水にひたるとか、再生の母胎に還る、といった儀式を行っている。[*58] 再生の象徴は、そういう具体的な形で類比することによって——意識と無意識という——反対の一致を説明するわけである。あらゆる再生の象徴の基礎には、超越的機能がある。この機能は、〔先行の状態ではまだ意識されていなかった内容を新しくつけ加えるので〕意識水準を高め、そのため新しい状態はより多くの洞察をもたらすようになり、それがより一層の光によって象徴的に表現されるのである。[*59] したがってそれは、それ以前の状態の相対的な暗さと比べれば、もっと明るくされた状態であるといえる。多くの場合、光は幻覚の形でも現れてくる。

涅槃《ニルヴァーナ》の道のヨーガ

〔瞑想が目指すべき何ものもないのであるから、そこには何ら瞑想というものはない。何ものもさまようものはないのであるから、もし〔ヨーガによる〕記憶の想起によって導かれるならば、そこにはさまようことはない。

瞑想もなく、さまようこともなく、真なる状態に見入るとき、そこには、自己認知、自己知識、自己開明がまばゆく輝く。このように輝くものは「菩薩の心」とよばれる。

知恵の領域では、すべての瞑想をこえておのずからに明るくなっており、そこでは、さまようことはなく、からっぽの概念、自己解脱、および太古の空虚が法身を成している。

このことを実現しなくては、涅槃《ニルヴァーナ》の道の目標には到達できない。

それを実現すると同時に、金剛薩《ヴァジラ・サットヴァ》埵（不変の存在）の状態が実現される。

これらの教えは、すべての知識をつくしており、きわめて深く、そしてはかりえない。

これらの教えはさまざまに観想されるべきものであるが、この自己認知と自己起源の知恵の心に対しては、観想することと観想する者というような二つのものはそこにはない。

深く観想すれば、これらの教えを探求する者自身はどこを探しても見出されないのだが、これらの教えは、それを学んで探求する者と一つにとけ合うのである。

ここにおいて探求の目標が達成され、探求そのものの終わりも達成される。

かくて、そこには探し求むべきものはもはやなく、そこには何かを探求する必要もない。

この、はじめなき、空虚な、混乱のない自己認知の明るい知恵は、偉大なる完成の教えにおいて説かれたところと、まさしく同じものである。

そこには、知ることと知らないことというような二つのものはないのだが、そこには、深い、数えきれない種類の瞑想がある。そしてそれは、人の心を知るための終局において、この上なくすぐれたものである。

そこには、瞑想の対象と瞑想者というような二つのものはなく、もし瞑想を実修したり実修しなかったりする人びとが、瞑想の瞑想者を探しても見出せないときには、そのとき瞑想の目標は達成され、瞑想の終わりもまた達成されている。

そこには、瞑想と瞑想の対象というような二つのものはなく、そこでは、深く曇らせる無知に支配されることはない。なぜなら、心の変様されない静寂さに瞑想した結果、創造されざる知恵がただちに明るく光り輝くからである。

そこには、数えきれないほどさまざまな深い実修があるけれども、真なる状態における心にとっては、それらは存在しない。なぜならそこには、存在と非存在というような二つのものはないからである。

そこには実修と実修者というような二つのものはないから、もし実修したり実修しなかったりする人びとが、実修の実修者を探しても見出せないときには、そこにおいて実修の目標は達成され、実修そのものの終わりもまた達成されている。

そこには、永遠以来、実修すべきものは何もない以上、そこでは、誤った傾向に支配されることもない。ここに説かれた、創造されない、自ら光を発する知恵は、行動もなく、清浄で、受容することも拒否することも超越しており、それ自身で完全な実修である。

そこには、清浄と不浄というような二つのものはないのだが、そこには数えきれないほど多様なヨーガの果実があり、それらのすべては、真なる状態における人の心にとっては、創造されざる三身の意識された内容となっている。

そこには、行為と行為の実行者というような二つのものはないから、もし人が行為の実行者を探してもどこにも行為の実行者を見出せないならば、そのとき、果実を得るすべての目標は達成されており、そして最終的な完成そのものも達成されている。

果実を得るための何か他の方法などはないのだから、そこには、これらの教えを受け入れることと拒否すること、信ずることと信じないこと、といった二元性に支配されることはない。

自己認知する心における三身のあらわれとしての、自ら輝き、自ら生まれた知恵の実現は、完全なる涅槃《ニルヴァーナ》を達成した果実そのものである。〕

この節は、意識の完全な解消状態についての、最もすぐれた表現の一つである。それがこのヨーガの目指すところであるようにみえる。「行為と行為の実行者というような二つのものはないから、もし人が行為の実行者を探してもどこにも行為の実行者が見出せないならば、そのとき、果実を得るすべての目標は達成されており、そして最終的な完成そのものも達成されている」

方法とその目的についてのこの完璧な言葉をもって、私の注解を終わることにしよう。テキストは偉大なる美と知恵の結晶であり、もうこれ以上の注解は必要でない。それは心理学の言葉に移しかえることができるし、また、私がこの論文の第一部で説明し、第二部で実例をあげて解説してきた諸原理に従って、解釈することができるであろう。

〔注〕
＊1（訳注）一九三九年に書かれ、一九五四年、エヴァンス＝ヴェンツ編『チベットの大いなる解脱の書』The Tibetan Book of the Great Liberation, ed by W. Y. Evans-Wentz, Oxford, 1954. に、「心理学的注解」A Psychological Commentary と題して、序言の形で発表された。ドイツ語版は一九五五年。この論文の前半「東洋と西洋の思考様式の違い」の部分については、高橋巌氏による次の先訳がある。「東洋的思惟と西洋的思惟」（『現代思想』一九七三年十一月号、青土社）

＊2（訳注）カント哲学を指す。カントの認識批判が中世以来の伝統的形而上学の思考態度を否定したことによって、近代の経験科学は哲学から独立するに至った。

＊3（訳注）世界霊魂（アニマ・ムンディ）は、プラトンの『ティマイオス』に由来する言葉。世界は、その制作者としての神の息吹を吹きこまれることによって、それ自体、一つの霊魂をもっているという考え方。また、人間の霊魂を神性の「閃光」（スキンティラ）にたとえたのはエックハルトである。

＊4（訳注）『キリストのまねび』De Imitatio Chrisri　十五世紀のトマス・ア・ケンピスの手になるとされる修養書。キリストとの霊的交わりによる自己批判、世俗否定、内的慰めなどを説く。

＊5　私は、近代化された東洋については、わざと考察から外している。

＊6　私の『心理学的類型』Psychologische Typen の「外向」と「内向」という語の定義を見られたい（邦訳「心理学的類型」世界の名著『ユング・フロム』中央公論、および『人間のタイプ』日本教文社、参照）。

＊7　この注解は、一九三九年に書かれたものである。

＊8　南伝大蔵経、相応部 Samuyutta-Nikāya 12, Nidāna-samyutta.（相応因）。

＊9（訳注）唯名論 nominalism と実念論 idealism の争いは、中世後期の哲学で、激しく争われた。前者は、概念とは単なる名称であるとする立場で、いわば外的経験を重んじる。これに対して後者は概念が実体として存在するとする立場で、内的経験を重んじる。

＊10（訳注）テルトゥリアヌス Tertullianus（150/60–c.220）　古代ローマ教会の教父。キリスト教とギリシア哲学の違いを強調した。

＊11　ルドルフ・オットー『聖なるもの』Rudolf Otto, Das Heilige, 1918, p. 28.（邦訳、岩波文庫）、また『超世界的なものについての感情』Das Gefühl des Überweltlichen, 1932, p. 212f. を参照せよ。

＊12「神をそのような内面に所有することなく、どんな神でも外から求めてこなければならないような人は、まさに神を所有していないのであって、しかもそこでは、とかく人を迷わす何かが生じやすい」（『マイスター・エックハルトの著作と説教』Meister Eckharts Schriften und Predigten, hrg. v. H. Büttner, 1909, II, p. 8.）

＊13　（訳注）フロイトの考え方を指している。

＊14　（訳注）ヨーガの中でも、身体機能の訓練を主にしたもの。元来は瞑想を主にしたヨーガの準備となるものであるが、独立して行われることも多い。

＊15　東洋では、意識を「高い」ものと「低い」ものに分ける考え方があるが、西洋の心理学では、無意識の内容をこういうふうに区別することはない。東洋では、人間以下の段階にある心的諸条件、つまり本能となかば生理的な心的要因とを含んだ、本物の「下意識」Unterbebusstsein というものを認めているようにみえるが、しかもこれが「高い意識」に分類されている。

＊16　『心理学的類型』1950, p. 511f.

＊17　（訳注）この文は日中戦争（一九三七年に始まる）を念頭においたものと思われる。

＊18　（訳注）カルヴィニズムの「力ある信仰」fide efficus の考え方などを指す、と思われる。

＊19　後の諸研究によって示されたように、ラテン語の supersubstantialis は、ギリシア語の ἐπιούσιος の本来の（正確な）意味には対応していない。（訳注）なお、この形容詞を霊的意味に解したのは、テルトゥリアヌスやオリゲネスら、古代教父の一部の人たちである。ヴルガタ（ラテン訳）聖書やヒエロニムスでは、この解釈はとられていない。

＊20　（訳注）分析的心理学 die analytische Psychologie または複合的心理学 die komplexe Psychologie というのは、ユングの心理学理論のことである。また補償 Kompensation は、無意識にそなわった合目的なはたらきで、意識の立場が一面的になった場合、夢などの形でこれを警告する作用をいう（邦訳『人間のタイプ』日本教文社、二一六頁、参照）。

＊21　『心理学的類型』の「象徴」という語の定義（邦訳『人間のタイプ』日本教文社、二六三頁、定義五三）を見よ。

＊22　このような説明を信じられない人も少なくないと思うが、そういう人たちは、未開人の心理学を知らないか、あるいは精神病理学的研究の成果を知らないか、のどちらかなのである。詳しい観察は次の諸著作を参照されたい。私の著書『変容の象徴』Symbole der Wandlung. 同じく『心理学と錬金術』Psychologie und Alchemie（邦訳、人文書院）。ネルケン『ある精神分裂病者の幻想についての分析的観察』J. Nelken, Analytischen Beobachtungen über Phantasien von Schizophrenie, 1912, p. 329f. マイヤー『集合的無意識の自然発生的徴候』C. A. Meier, Spontanmanifestation des kollektiven Unbewussten.

＊23（訳注）仏教では、世界を欲界・色界・無色界の三界に分ける。無色界は、色と形（rupa）のないものの場所、という意味。この三界の区別は、元来、瞑想体験の深化の段階を意味したものと思われる。

＊24 レヴィ＝ブリュール『原始神話学』L. Lèvy-Bruhl, La Mythologie primitive. 1935, p. 23ff.

＊25（訳注）ロックに代表される近代経験論の考え方。

＊26（訳注）大乗仏教では、仏陀は次の三つの身体をもつという。(1)法身《ほっしん》Dharma-Kāya（究極の見えざる身体。空と同じ）(2)報身《ほうじん》Sambogha-Kāya（修行の果報として得た身体。霊的存在、ないしイメージ化された仏陀）(3)応身Nirmana-Kāya（肉体。歴史的存在としての仏陀の身体）

＊27（訳注）The Tibetan Book of the Great Liberation, Oxford, p. 202.（以下、各節のはじめに掲げた文は、この本のp. 202–226にある該当部分から引用した）

＊28（訳注）『チベットの死者の書』を指す。

＊29 アヴァロン編『タントラ・テキスト』第七巻所収の「シュリ・チャクラ・サンバラ・タントラ」参照。Shri-Chakra-Sambhāra Tantra, A. Avalon, Tantric Texts, VII.

＊30（訳注）この説明は、次に述べられているように、『易経』の陰陽の原理のことを指しているようである。

＊31（訳注）この言葉は、古代キリスト教会で確立されたキリスト教倫理学の基本的な考え方を示す。神は一切の善の源泉であり、現世の悪はすべて人間性の根源悪に由来する、とみる考え方。ユングはこの考え方を、悪の心理学的追求を放棄したものと解している。詳しくは、湯浅泰雄『ユングとキリスト教』（人文書院）第二章を参照されたい。

＊32（訳注）このテキストには、「一なる心」The One Mind, das Eine Geistという表現が、よく用いられている。チベット語はSems-gchik-po. サンスクリット語ではeka-cittaにあたるであろう。サンスクリット語のcitta（チッタ）はふつう「心」と訳されるが、チベット訳ではふつうsemsをあてる。gschik（gcig）「一つの」を意味する。poをつけると、「全体的」というニュアンスになる（以上は、川崎信定氏の御教示による）。いずれにせよ、ここでいう「一なる心」は、個体のもつ心理作用をこえた、普遍的で大いなる心、を意味している。

＊33（訳注）ロヨラと『霊操』については、本書七九頁注＊25参照。

＊34『心理学と錬金術』第三部、参照。

＊35（訳注）六道は、生命が流転し、輪廻する六つの領域。地獄・餓鬼・畜生・修羅・人間・天上。

＊36（訳注）中道はシャカの教え。二つの真理は、いわゆる真諦と俗諦、真理の側からの見方と世俗的な見方。

＊37 ルスカ編『エメラルド板』Ruska, Tabula Smaragdina. p. 2.（訳注）エメラルド板は、錬金術の起源を示すといわれる古代エジプトの文章で、ヘルメス・トリスメギストスの作と称されるもの。

＊38（訳注）サンキャ Sāṃkhya 哲学　漢訳は数論学派。インドのいわゆる六派哲学の一つで、前四世紀のカピラに始まる。プルシャ（真我）とプラクリティ（原質）の二元論を説く。ヨーガの理論では、このサンキャ哲学をとり入れて説明している場合が多い。

＊39（訳注）仏教各派の教えを指す。

＊40（訳注）quick knowing は直訳。ここで述べられているのは、大乗仏教でいう般若 prajñā のことで、瞑想の訓練によって目ざめる知恵をいう。

＊41『心理学的類型』の「非合理的」という語の定義を見よ（邦訳『人間のタイプ』二一二頁、定義三四）。

＊42『心理学的類型』の「本来的自己」という語の定義を見よ（邦訳、同前、一九三頁、定義二三。二六一頁、定義五一）。また『心理学と錬金術』第二部、『アイオーン』Aion 第四章、参照。

＊43 このような事例は、『心理学と錬金術』第二部に示されている。

＊44 これは決して in toto 東洋的な見方に対する批判ではない。『観無量寿経』Amitāyur-dhyāna-Sūtra によれば、仏の身体は結局、瞑想のうちに含まれているのである（本書所収「浄土の瞑想」参照）。

＊45 たとえば『チャーンドグヤ・ウパニシャット』Chandogya Upanishad, VIII 8. を参照せよ。

＊46『心的エネルギーと夢の本質について』Über psychische Energetik und das Wesen der Träume. 1948, p. 80.

＊47（訳注）大乗仏教の習慣で、どんなテーマでも三つに分けて説明することが多い。特に意味はない。

＊48 Tibetan Book of the Great Liberation, p. 210, note 3.

＊49『時間に関するある実験』An Experiment with Time.（ユング『非因果的連関の原理としての同時性』）Synchronizität als ein Prinzip akausaler Zusammenhänge, 1952, p. 28f.（邦訳、ユング、パウリ『自然現象と心の構造』海鳴社、三五頁以下）（訳注）ダンの夢というのは、マルチニックの火山災害のニュース報道が送られてくるのをアフリカで予知した夢である。

＊50　私はこれを『黄金の華の秘密』の注解 Das Geheimnis der goldenen Blüte, 1957, p. 19ff. で説明した（邦訳『黄金の華の秘密』人文書院、五四頁以下）。

＊51　『中国雑誌』Chinesische Blätter, hrg. V. R. Wilhelm. Ba. I, Nr. 3.（邦訳『黄金の華の秘密』所収）

＊52　邦訳『黄金の華の秘密』、三〇〇〜二頁。

＊53　『心理学的類型』の「同一性」という語の定義を見よ（邦訳『人間のタイプ』二〇二頁、定義二六）。

＊54　レヴィ＝ブリュール『劣等社会における心理機能』Lévy-Bruhl, Les Fonctions mentales dans les societas inféreures　この概念は最近になって、「前論理的状態」états prélogique の概念と同様に、民族学者たちから批判された。またレヴィ＝ブリュール自身も、晩年に至って、その妥当性を疑いはじめた。彼は、知的サークルにおいて、この表現が悪い評判を受けるのを恐れて、「神秘的」という形容詞を削除した。彼が合理主義という迷信に対して、そのような譲歩をしたのは残念なことである。というのは、「神秘的」という言葉は、「無意識的な同一性」がもっている独自な性質を示すには非常に適切な言葉だからである。そこにはいつも、何か聖なるものが関与している。無意識的な同一性とは（他の人格、事物、機能、役割、信仰告白などと自分を同一視する）よく知られた心理的および精神病理学的な現象である。未開民族の場合、これは、文明人の場合より少し強く刻印されている。残念なことにレヴィ＝ブリュールは、心理学的知識をもっていなかったので、このことに気づかなかったし、彼の論敵もそれを無視している。

＊55　カント『純粋理性批判』第二部、第一門、第二篇、第三章〔あらゆる対象一般を現象体と可想体に区別する理由について〕参照。

＊56　『心理学と宗教』Psychologie und Religion 第二章、第三章参照（邦訳『人間心理と宗教』日本教文社）。（訳注）ユングのいう自然的象徴は、一定の歴史的背景をもつ文化的象徴、たとえば十字架とかマンダラなどの生まれてくる心理学的発生基盤に注目した表現である。文化的象徴は、各民族の伝統を負った一定の意味をもっているが、それを自然的象徴としてとらえれば、人類的普遍性をもつ深い心理世界に達する。

＊57　鈴木大拙『禅論文集』Suzuki, Essays in Buddhism.

＊58　たとえば、エレウシスの密儀（古代ギリシア）やミトラス教（ローマ）および、アッティスの祭儀に例がみられる。

＊59　錬金術では、賢者の石は特に、新しい輝きlux moderna、輝きの中の輝きlux lucis、光の中の光lumen luminumとよばれた。

禅の瞑想[*1]（一九三九）
――鈴木大拙に寄せて

時は永遠の如くに、そして永遠は時の如くにある人は、
あらゆる争いから解放されている。

ヤコブ・ベーメ[*2]

悟りの体験のわかりにくさ

禅仏教についての大拙・鈴木貞太郎 Daisetz Teitaro Suzuki の諸著作は、現代仏教に関する知識を世界にひろめた最近十年ほどの著作の中では、最もすぐれたものに数えられる。また禅そのものは、パーリ語聖典の集まりに根をもつ仏教という大木から生じてきた枝の中でも、最も重要なものの一つである。われわれは、まず第一に、著者が禅を西洋人の理解に近づけてくれたことに対して、第二に、彼がこの課題を果たすにあたって示したすぐれたやり方に対して、いくら感謝してもしきれないほどである。[*3] 東洋の宗教的な諸概念は、ふつう、われわれ西洋のものとは非常に違っているので、単なる言葉の翻訳でさえ、しばしば非常な困難にぶつかる。特殊な概念の意味する内容は、場合によっては、翻訳などしないままにしておく方がいいくらいである。たとえば、どんなヨーロッパ語への翻訳もうまくできかねる中国の「道」Tao という言葉を思い出してもらうだけでも、このことは明らかだろう。もともと原始仏教の経典そのものが、ヨーロッパ人の理解力には全くわかりにくいものの見方や概念を含んでいるのである。たとえば、原始仏教でいう「業《ごう》」Kamma〔サンスクリット語は Karma〕という概念の意味する内容について、何か完全に明晰な内容を思い浮かべたり、あるいは考えることができるようになるまでには、一

体どれほどの精神的（あるいは風土的）な前提や準備が必要か、とても見当がつかないくらいである。私が禅というものについて知っているすべてに従っていうと、ここでもやはり、越えることのできない異質さをもった、一つの中心的な考え方が問題になってくる。この独特な観念は悟りSatoriとよばれ、ドイツ語ではErleuchtung（明るくすること、照明、開悟、神来）と訳される。「悟りは禅の存在理由《レゾン・デートル》である。悟りなくして禅は禅ではない」[*4]と、鈴木は言っている。西洋の神秘主義者が「開悟」Erleuchtungという言葉によって理解しているもの、もしくは宗教的意味でそのようによばれている内容について把握することは、西洋の悟性にとってもそれほど困難なことではないかもしれない。しかしながら東洋の「悟り」は、ヨーロッパ人にとっては、追求することがほとんど不可能な、特殊な種類とやり方による開悟なのである。この点については、鈴木がこの書で説いている百丈懐海Pai-Chang Huai-Haiの悟り、および儒教の詩人であり政治家であった黄山谷Huang Shan-Kuの伝説を参照されたい。[*5]

次の事例は、悟りというもののわかりにくさの一つの例になるかもしれない。あるとき、一人の僧が玄沙Genshaのところにやってきて、真理の道へ至る入口はどこにあるかを学びたいと願った。玄沙は、「お前は谷川のせせらぎがきこえるか」と問うた。「はい、きこえます」と僧は答えた。「そこに入口があるのだ」と、師匠は即座に彼に教えたのである。[*6]

悟りの体験のわかりにくさをあざやかに示している例としては、これらのわずかの事例をあげておくにとどめたい。たとえどんなに多くの事例をつみ重ねてみても、一体悟りというものがどのようにして開けてくるのか、また悟りというものが何から成り立っているのか、つまり、何によって、あるいは何について悟るのかということは、依然としてあいまいなままであるということに注意しなければならない。東京の曹洞宗の大学の教授である忽滑谷快天《ぬかりやかいてん》は、悟りについて次のように述べている。

> われわれは、自己についての誤った見方から脱したときに、われわれの内なる純粋で神聖な知恵を目ざめさ

せるにちがいない。この知恵を、禅の師匠たちは「仏陀の心」Mind of Buddhaとか「菩提」Bodhi（開悟を経験する知）あるいは「般若」Prajñāなどとよんだのである。それは、神聖な光であり、内なる天上であり、心の内なるすべての秘宝に至る鍵であり、思考と意識の中心であり、あらゆる影響と力の源泉であり、また親切、正義、共感、すべての物事の尺度、といったものの場所なのである。この最も奥深い知が十分に目ざめるならば、われわれは誰しも、精神において、本質において、また本性において、宇宙的な生命あるいは「仏陀」Buddhaと同一であり、各人は仏陀と面と向かい合いながら生きているのだ、ということを理解できるようになる。各人は、神聖にされたもの（仏陀）のあふれる慈悲を受けとっており、それはわれわれの道徳的な力を目ざめさせ、われわれの精神的な眼を開かせ、われわれの新しい能力を発展させ、われわれに使命を与える。そして、人生は生・老・病・死（四苦）の海ではなく、また涙の谷でもなく、逆に仏陀の神聖な聖域であり、「涅槃《ニルヴァーナ》」の無上の喜びを楽しむことのできる浄土（極楽Sukhāvatīすなわち浄福にみちた国土）であるということが知られるようになるのである。こうしてわれわれの精神は完全に変容させられる。われわれはもはや、怒りや憎しみによって乱されることなく、妬みや野心によって傷つくこともなく、憂いや悲しみに悩まされることもなく、もうこれ以上、淋しさや絶望に負けてしまうことはないのである。[*7]

東洋人であり、また禅についてよく知っている彼は、悟りの本質についてこのように述べている。私のみるところでは、この忽滑谷の言葉は、ほんのわずかな変更を加えさえすれば、いつでもキリスト教神秘主義の祈禱書になるだろう、ということを認めなくてはならない。しかしながら、とにかくこんなやり方では、複雑多様な決疑法《カズイスティック》[*8]によって説明されている悟りの体験を理解するにあたっては、何の得るところもない。察するところ忽滑谷は、彼がすぐれたものと考え、学んできた西洋の合理主義に向かってものを言っており、そのために、すべてがひどく平板で説教じみて聞こえるのである。禅の逸話が示している深遠なあいまいさの方が、このように全く改訂したもの adusum Delphi として形をととのえるよりも、明らかに望ましい。あいまいさというものは、少なく語ることによって、逆にはるかに多くのことを伝えるのである。

禅とは、西洋的な意味における哲学 Philosophie でないところのすべてのものである。[*9] ルドルフ・オットー[*10]も同じような意見である。だから彼は、大峡《おはざま》秀英が禅について書いた本に寄せた序文で、「忽滑谷は東洋の不思議な観念世界を、われわれ西洋の哲学的カテゴリーによって」理解しようとして、両者を混同してしまった、と評している。オットーはさらにこう言っている。「不二、統一、そして反対の一致 coincidentia oppositorum というこの神秘的な直観を説明するために、すべての教えのうちでも最もぎこちないもの、つまり精神―物理的平行論をもち出すなら、われわれはただちに〝公案〟Kōan と〝喝〟Kwatsu と〝悟り〟の外に追い出されてしまうことは明らかである」。[*11] たしかにわれわれは、さしあたりまず、禅の逸話が示す異様な不可解さを深く印象にとどめ、禅の師匠が望むような「悟り」は、一つの「語り得ぬ神秘」mysterium ineffabile なのだということを念頭においておく方が、はるかにまさっている。われわれの感じるところでは、禅の逸話と西洋の神秘的開悟との間には深淵が口をあけていて、両者を橋わたしする可能性は、せいぜいのところほのめかされてはいるが、しかしそれを実行に移すことは容易にできないのである。[*12] 人はここでは、単なる想像やみせかけとは違った、本物の秘密にふれたという感じを抱くのである。言いかえれば、神秘めかした秘教主義ではなく、どんな人間も言葉に窮してしまうような体験が問題になっているのである。「悟り」は、突然に思いがけないものとしてやってくるのであって、期待されるべきものではないのである。

もしキリスト教世界の内部で、長い精神的準備の後に、聖なる三位一体とか、聖母マリア、十字架につけられたキリスト Crucifixus あるいは守護聖人などの姿がヴィジョンの中で現れるならば、そういった現象は、どちらにせよ当然あり得ることだと思われるだろう。ヤコブ・ベーメが、錫《すず》の皿に反射した太陽光線を見て「自然の中枢」Centrum naturae を見通すことができたという体験も、理解できないわけではない。ただし、マイスター・エックハルト[13]が見た「小さい裸の少年」[14]とか、さらにスエーデンボリ[15]が見た「赤いマントの男」のヴィジョンといった例になると、理解するのは難しくなる。この赤いマントの男は、スエーデンボリに対して、食べ過ぎの習慣をやめさせようとしたのであるが、彼はそれにもかかわらず——あるいは、もしかするとまさしくそのために——その男が主なる神であることがわかった、というのである。[16]このような事例はグロテスクなものと紙一重なので、簡単には受け入れにくい。ところが悟りの体験の多くは、グロテスクなものと紙一重どころか、そのまっただ中にあるものであって、全く途方もないたわごとのように聞こえるのである。

禅における人間本性の洞察——本来的自己への〝突破〟

けれども、長い間理解と愛情をこめて極東の華麗な精神にかかわり合ってきた者にとっては、素朴なヨーロッパ人を当惑から当惑へと引きずりまわすこういった多くの疑いは、どこかへ消え失せてしまうのである。[17]禅はまさしく、仏教の巨大な知的世界からすばらしい実を結んだ東洋精神の最もみごとな花の一つである。したがって、いくらかでも——言いかえれば、西洋的な一種の先入観を捨てて——仏教の教えと取り組んできた者なら、誰しも、個人的な悟りの体験の奇妙な外見の下に何か深いものを予感するか、あるいは、哲学的で宗教的な西洋人が、これまで無視してよいと信じつつも気にかけてきた、ある種の困難があることを感じさせられることであろう。哲学者というものは、生とは全く何の関係もない例の悟性にしか、かかわりをもたないものだ。いわゆる「クリスチャン」というものは、どんな異教徒も相手にしないものである（「主よ、私は、私がこれら異教徒のようでないことを、あなたに感謝いたします」という祈り）。こういう西洋的な限界の中では、「悟り」などというものはおよそ存在しない。それは全くの東洋的な事柄になる。しかしながら、本当にそうなのであろうか。われわれ西洋には、実際問題として、どんな悟りも存在しないのであろうか。

もし禅のテキストを注意深く読むならば、おそらく人は、次のような印象を受けざるをえないであろう。それは、「悟り」においては、あらゆるその見かけの異様さにもかかわらず、一つの自然的な出来事が問題になっているということである。そればかりではない。眼前の木ばかり見ているために森が見えなくなるのと同じように、それについて何か言葉で説明しようとすると、必ず他の人びとを全く混乱におとしいれてしまうようなたぐいの、何か単純なことがそこでは問題になっているということである。*[18]だから勿滑谷は、禅あるいは悟りの内容を、説明したり分析したりしようとすることは無益な試みだと言っているが、これは正しい。しかし彼はやはり、悟りについて、それは自己の本性に対する洞察*[19]を含むものであって、それはまた、自己についての幻想から意識を解放することである、と主張するのをやめない。*[20]自己の本性についての幻想とは、「自我」Ichと「本来的自己」Selbstとを混同してしまうことだが、これはよくあることである。勿滑谷は、「自己」Selbstという場合に、ただちに宇宙的な仏陀Allbuddhaすなわち生の意識の全体性というものを考えている。彼は「心mindの月は、宇宙の全体をその光の中に包んでいる」と言った盤山Pan Shanの言葉を引用し、次のようにつけ加えている。「それは宇宙的な生であるとともに宇宙的な精神spiritであり、また同時に、個人的な生であるとともに個人的な精神である」*[21]〔ただし、個人的な精神と宇宙的な精神の関係を、どのようにとらえるかが問題であろう〕

本来的な自己というものをどのように定義するにせよ、それは、自我とは全く別の何かである。そしてまた、自我のあり方についての高い洞察が本来的自己へと導いてゆくという点において、後者は自我の経験をその内に含んだ、より範囲の広いものであり、したがって自我を越えているのである。自我とは私自身についての一定の経験であるが、それと同じように、本来的自己は自我が経験するものであるけれども、それは、拡大された自我とか高い自我といった形においてではなく、「非我」Nicht-Ichという形態において経験されるのである。

このような考えは、『ドイツ神学』*[22]Theologia Germaniaの筆者にもよく知られていたことである。「この完全なるものが、一体どんな被造物において意識されるというのであろうか。そこでは、被造性とか、被造物としてのあり方とか、何かあるものとしての性質、自己性などといったものはすべて失われ、消滅していなければならないのに……」[*23]。「私が善をわがものにしていると言うのは、それが私のものであるとか、私は善である、といった妄想から来ているのである。これはまさに、不完全さと愚かさのしるしである。もし真理が私のうちに意識されるとすれば、私はそのとき、私がそれではないこと、それが私のものでなく、また私から出たものでもない、ということを知るであろう」。「それだからこそ人間は、自分は哀れな愚者である、自分がそれであると思いこんでいた当のものが、今や神であり、そしてまことは神であった、と言うのである」[*24]

この説明はすでに、「開悟の内容」について重要なことを語っている。ここには、悟りの過程が示されているのであって、それは、自我という形態に限定されている意識が、自我性をもたない本来的自己へと突破することDurchbruchとして、明確な形で表現されている。こういうとらえ方は禅の本質に合致したものであるとともに、マイスター・エックハルトの神秘主義とも合致している。「貧しき魂の至福」beati pauperes spirtuについての説教の中で、彼は次のように述べている。

私は神から現れ出たそのとき、すべての事物は〝ここに一人の神ein Gottあり！〟と叫んだ。ところが、それによって私が至福を与えられたわけではない。というのは、このとき私は、自分が被造物であることを理解しているからである。しかしながら、〝突破〟[*25]の場面では、私は神の意志において自在に存立しようとしており、そういう神の意志からも、また彼のすべての活動からも、そして神そのものからも脱している――そのとき、私はすべての被造物以上のものであって、私は神でもなければ被造物でもない。言いかえれば、私は今も、そして永遠に、私であったものであり、また私でありつづけるものである。そのとき私は、神が私をすべての天使の上へ持ち上げる、という衝撃を受ける。その衝撃において、私は、神が神としてあるすべてのことと、そのすべての神的な活動をもってしても、なお神が十分に私をみたしえないほどに豊かになるであろう。なぜなら、この突破においては、私と神は連帯しているということを、私は感じているからである。そこでは私は、私であったところのものであり、[*26]私は減少することもなければ増大することもない。なにしろ私は、そこでは、すべての事物を動かしながら、自らは不動なものであるからである。ここでは、神はもはや、人間のうちにはいかなる場所をも見出さない。というのは、人間はここで、彼の貧しさを通じて再び、彼が永遠にそうあったとともに、またこれからもそうありつづけてゆくであろうところのものを獲得したからである。[*27]

エックハルトは、ここでまさしく、一つの悟りの体験について語っている。それは、自我が「仏性」つまり神的な普遍性を与えられている本来的自己を通じて解放される、ということである。私はここでは――学問的禁欲の立場に立っているので――何らかの形而上学的な説明をしいて加えようとするわけではなく、ただ経験可能な一つの意識変化について考えているのである。したがって私は、悟りを、さしあたり心理学的問題としてとりあつかうのである。このような立場をとらず、あるいはこのような立場を理解しない者にとっては、悟りの「説明」は、感知できるどんな意味も生きない無意味な言葉の羅列になってしまう。そのときわれわれは、そういう抽象的説明から、報告されている事実にまで橋を架けることはできなくなる。言いかえれば、花を開いた木犀《もくせい》の香りとか、[*28]鼻をつねることとかが、[*29]どうしてそれほど重大な意識変化〔悟り〕をひき起こすのかということは、とてもわからないのである。言うまでもなく、こんな逸話はそっくり面白おかしいお伽話の領域へ追いやるか、あるいは、事実は事実として認めるべきだというなら、そういった経験は自己欺瞞にすぎない、とかたづけるのが、一番簡単なやり方だろう（このためによく「自己暗示」という言い方を使うことがあるが、こういう説明は、適正さを欠いた精神の兵器庫からの哀れむべき売れ残りにすぎない）。まじめに責任ある探求をする人間なら、なじみのない現象に出会った場合、その事実性を不注意に見逃したりするようなことはない。われわれはもちろん、誰かある人が本当に「悟りを開いた」のか、あるいは彼が「解脱している」のか、それとも彼はただそう思いこんでいるだけなのかという点について、決定的な判定を下すことはできない。そのための規準になるようなものは、われわれには何もないからである。のみならず、これはわれわれがよく知っていることだが、想像された苦痛の方が、いわゆる実際の苦痛よりはるかに苦しいことがよくある。そういう場合には、秘められた自責の念についての重苦しい不安から、微妙な道徳的苦悩がつけ加えられるからである。このような意味において、ここでは「事実性」Tatsächlichkeit〔それが客観的事実であるかどうかということ〕が問題なのではなくて、「魂の現実性」seellische Wirklichkeit つまり「悟り」といわれている過程における心的な出来事が問題なのである。

魂の出来事というものは、すべて、一つのイメージ、あるいはイメージを形づくることである。もしそうでないとしたら、意識というものもありえないだろうし、心的過程の現象性というものもないことになるであろう。想像というものも、また、一つの心的過程なのであるから、悟りが「本物」とよばれているか、それとも「想像されたもの」にすぎないとよばれるかは、〔心理学的考察の立場にとっては〕全くどうでもいいことなのである。悟りを得た人、もしくはそれを得たと称する人は、いずれにしても、悟っていると思っているわけである。他の人びとが彼の悟りについてどのように考えようとも、彼にとっては、彼の経験について何一つ決定するわけではないのである。仮に彼が嘘をついているのだとしても、彼の嘘は、やはり一つの魂の事実であろう。実際、もしすべての宗教的経験についての報告が意識的な捏《ねつ》造や偽造にすぎないとしても、妄想観念の精神病理について書く場合と同じように、そういう嘘つきの事実について、学問性をともなった非常に興味深い研究報告を書くことができるはずである。何世紀もの間、多くのすぐれた頭脳が努力を続けてきた一つの宗教的運動〔すなわち禅〕が存在するという事実は、少なくとも、そのような諸事象を学問的理解の範囲へと引き寄せるために、真剣な試みをするだけの十分な理由になる。

修行における心の構造的変容の体験

私は先に、われわれ西洋世界にも悟りのようなものがあるのであろうか、という問いを提出しておいた。西洋の神秘主義者の言うところを別にすれば、一見したところ、ほんのわずかでも東洋の悟りと比べることのできるようなものは、たしかに何一つない。われわれ西洋の思考においては、意識に発展段階があるといった考え方は、ほとんど何の役割も果たしていない。ある客体の存在についての意識と、ある客体について「意識する意識」との間には、非常な心理学的差異がある、と考えただけでも、答える必要のない詭弁だと言われかねないのである。そのためわれわれは、そもそもそのような問題を真剣に受けとめて、この種の問題設定の心理的条件について何か説明しようとする気も、なかなか起こりにくいことであろう。ところが東洋では、このような問題提起はふつう、決して知的な要求から起こるものではなくて、そういう問題が起こるところでは必ずと言っていいくらい、それが宗教的な修行Übungに根拠をもっているということに注意しなくてはならない。インドにおいてはそれはヨーガであり、中国では仏教であった。東洋では、「意識」の状態というものは不完全なものだと感じられており、ヨーガや仏教は、意識に束縛された状態から自分をもぎ離し自由になるための努力に対して、原動力を与えてきたのである。西洋の神秘主義はどうかというと、そのテキストには、人間はどうすれば意識の自我性を脱することができるか、また脱すべきであるか、という教えが数多く述べられている。これらの教えは、人間が彼自身を認識することによって自我性を克服し、内的(神的)な人間に達するために説かれたものである。ロイスブルーク[*30]は、そのために、一つのイメージを用いている。それは根が上方にあって、枝葉が下方にある木のイメージであるが、これはインドでもよく知られているイメージである。[*31]「人間は上から下へ向かって成長する信仰の木によじ登らなくてはならない。なぜなら、その根は神性に根を下ろしているからである」[*32]とロイスブルークは言う。さらに彼は、ヨーガと同じように、次のようにも言っている。「人間は、彼のもつすべての関係から解放され、すべての被造物から離れ、自由で、どんなイメージをもつくらない状態にあるべきである」。[*33]また「彼は、喜びと悲しみ、利益と損失、上昇と下降、他者への配慮、楽しみと恐れなどから影響を受けてはならない。そしてまた、どんな被造物にもとらわれてはならない」。[*34]ここから、存在の「統一」が生じるが、それは「内へ向かっていること」を意味する。内へ向かっているとは、「人間がその内側へ、つまり彼自身の心へと向けられており、その結果、彼は神の内的なはたらきや内的な言葉を理解し、また感じることができる」[*35]ということである。宗教的修行から生まれたこのような新しい意識状態は、外的な事物が自我をもつ意識をもはや全く触発しない、という特徴をもっている。つまり、ふつうの状態では、そういう触発によって事物と意識が相互に関係するわけであるが、この場合は、意識は空leerになっており、ある種の別の作用に向かって開かれているのである。この「別の」作用というのは、もはや自分自身の活動ではなく、意識を対象としているところの非我Nicht-Ichの作用である、と感じられている。[*36]だからそれは、ちょうど自我の主体的特性がどこかへ移動させられてしまったか、何か他の主体にとって代わられ、それが自我の位置に現れてきたかのような状態なのである。[*37]これはすでにパウロによって明確に表現されている、あのよく知られた宗教的経験の状態である。[*38]疑いもなく、ここには、一つの新しい意識状態が描かれている。それは、深い徹底した宗教的な変容の過程Wandlungsprozeßによって、それ以前の意識状態から区別されている。

これに対しては、次のような反論があるかもしれない。意識そのものは何も変化したわけではない。変化したのはただ、何ものかについての意識だけである。それはちょうど、一冊の本のあるページをめくったようなものであって、同じ眼が別の光景を見ているだけにすぎないのだ、と。こういう見解は、およそ勝手気ままな解釈というものであろう。そういう見方では、事実を説明することができないからである。ここでいう事実とは、このようなテキストにおいては、単に別の光景とか対象が説かれているばかりでなく、しばしば激しいけいれん状態のもとで起こる変容の体験が語られている、という事実である。一つの光景が消滅して別の光景にとって代わるということは、きわめてありふれた日常的な出来事であるが、変容の体験がもつ特性は、そういう日常的経験には決してみられないものである。何か別のものが見えるというのではなく、人が別なふうに見るということが、まさに問題なのである。それはちょうど、三次元的に見るという行為が、一つの新しい第四の次元を加えることによって変更させられたようなものである。禅の師匠が、「お前は谷川のせせらぎが聞こえるか」と問うている場合、彼はこう問いながら、明らかに、日常的な意味で「聞く」のとは全く別の「聞くこと」を考えているのである。[*39] 意識は知覚のようなものであり、知覚が一定の条件と制限を受けているのと同じように、意識も制限を受けているのである。人は、たとえば狭い範囲でも広い範囲でも、また表面的レベルでも深いレベルでも、種々の段階で意識することができる。この意識の段階の違いは、しばしば本質上の違いであって、それは全体として人格の発展に、つまり認識する主観の性質の変容にもとづいているのである。

認識する主観が単に論理的に思考しているにすぎない場合には、知性は主観の性質には何の関心ももたない。知性は、その本質上、意識内容についての情報処理や、その方法にかかわるだけである。そういう知性の限界を克服し、認識するもの自身への認識にまで突き進んでゆく企てをあえてするには、一種の哲学的情熱が必要である。そのような情熱は、宗教的衝動の力とほとんど区別できない。したがってまた、これらすべての問題は、知性によっては測ることのできない、宗教的な変容過程に属しているのである。古代の哲学は、広い範囲にわたる変容の過程をとりあつかっているが、これは、近代の哲学では次第に主張されなくなった立場である。[*40] ショーペンハウアーは、条件つきながら、なお古代的である。ところが、ニーチェの『ツァラトゥストラ』はもはや「哲学」ではなく、知性そのものを全く呑みこんでしまった、劇的な変容過程の一例である。そこでは、もはや思考は問題でなくなり、きわめて高い意味において、思考することについて思考する人格が問題になっている。この書のあらゆるページにそのことが語られている。ここには、一人の新しき人、つまり完全に変容した人格がその姿を現している。彼は、古い時代の殻を打ちくだき、新しい天と新しい大地を望み見るばかりでなく、それらを創造した人格なのである。アンゲルス・シレジウス[*41]はそれを、ツァラトゥストラよりは控えめに、次のように表現している。

私の肉体は卵の殻である。その内には、永遠なる精神によって、ひよこがまさにかえされようとしている。[42]

本性からの応答としての悟り

「悟り」は、キリスト教世界では、宗教的な変容の体験に相当する。そのような体験には、さまざまの段階や種類がみられるので、その中でも禅の体験に最もよく合致すると思われるカテゴリーについて、もっと正確にとらえておくのが有益だろうと思われる。ここでとりあげるべき例は、神秘主義者の体験の中のある種のものである。その体験の準備段階は「自己放棄」とか、「イメージを空にすること」などといった事柄から成り立っている点で、他のタイプの神秘主義とは違っている。この種の経験は、イグナティウス・ロヨラの『霊操』[43]のような、聖なるイメージについての瞑想の訓練や、「想像」の力によって生まれてくる宗教体験とは全く別種のものである。『霊操』と似た例としては、私は、信仰と祈りによる変容や、プロテスタンティズムの内部にみられる神との交わりの体験や、共同体験による変容をあげておきたい。[44]これらの例では、一定の信仰上の前提が決定的役割を演じており、「空」Leereとか「何ものからも自由である」Ledig Seinといった立場はとられていないからである。これに対して、空の立場の特性を示す「神は無である」という言い方〔エックハルト〕は、『霊操』にみられるキリストの受難の黙想とか、信仰と共同体験による期待といった立場とは、原則的に相いれないものだろう。

そこで、「悟り」と西洋の神秘主義体験との対比は、ほんのわずかなキリスト教神秘主義者に限られることになる。彼らの教えは、その逆説のために異端的信仰に近づくか、あるいはその限界を踏みこえてしまったものである。よく知られているように、マイスター・エックハルトの著作が教会から有罪宣告を受けたのは、そのためである。もし仏教教団が西洋的意味における「教会」の制度をとっていたとすれば、禅の運動は、堪えきれない重荷になったことであろう。その理由は、禅の修行方法にみられる極端に個人的なやり方とか、多くの師匠たちの偶像破壊的態度に見出される。[45]禅が一つの運動である以上、禅僧の教育について述べた鈴木の著作[46]からもわかるように、何世紀もの間に、さまざまの集団が形成されてきたのである。しかしそういう形態は、禅の内容と形式にとっては、表面的な問題にすぎない。生活方法のタイプはしばらく別にして、精神的な教育や人格形成の方法は、主に「公案」を用いることにあるようである。「公案」というのは、師匠の逆説的な問い、説明、あるいは行動、といったものである。鈴木の説明によると、逸話の形で伝えられてきた師匠の問いが重要であるようだ。これらの問いは、瞑想のために、師匠から弟子に対して出される。一つの古典的な例は「無」字の公案についての逸話である。一人の僧があるとき、「犬にも仏性がありますか」と師匠に問うた。師匠は「無」と答えた。[*47] この「無」Wuは、鈴木が説明しているように、全く単純な無を意味しているのであって、明らかに犬自身が答えるべき性質のもの〔犬の鳴き声〕だったのである。[*48]

一見したところ、このように、瞑想の対象として一定の問いを出すとすれば、究極的体験についての予断を与えることになるから、それによって体験内容が制約されるのではないかと思われる。たとえば、イエズス会の『霊操』とか、ある種のヨーガの瞑想では、師匠が出す主題によって、瞑想の内容が決められている。ところが公案というものは、きわめて多様で多義的で、また何よりも説明不可能な逆説《パラドックス》から成っていて、どんな解答が適切なのか、専門家にも全くわからないのである。そればかりでなく、究極的体験の説明は、はなはだぼんやりしたもので、公案の問いとその答えの体験との間に異論の余地のない合理的な関係を認識することなど、とてもできないのである。したがって論理的な帰結は何も示すことができないので、次のように推測するほかはない。つまり、公案という方法は、心に起こる出来事の自由な動きに対して何の束縛も加えないものであり、したがって究極的な体験は、弟子自身の個人的な性向から生まれてくるものでしかない、ということである。精神訓練によって合理的知性の力を徹底的に破壊すると、意識には、できるかぎり完全な無前提状態という性格が育ってくる。そこでは、意識的な前提はできるかぎり排除されているけれども、無意識下の諸前提、つまり潜在していても認識されていない心理的性向は残っている。それはまだ、純然たる空虚でも無前提〔白紙状態〕でもない。この心理的な性向は、自然が各人に与えた潜在的要因であって、もしそれが応答するときは——これが明らかに悟りの体験である——その答えは、意識の表面まで反応を伝えることのできた自然〔本性〕の応答eine Antwort der Naturなのである。[*49] 弟子の無意識の内なる本性が、師匠や公案の問いに対して応答するものが、明らかに「悟り」なのである〔これには当然、潜在的な個人性向や体験の深さが影響するから、答えも多様である〕。少なくとも私には、禅に関する説明から判断して、これが、悟りの本質をある程度まで適切に示した見方であると思われる。このような見方は、「自己自身の本性への洞察」〔本来の面目〕とか「根源的人間」〔一個の真人〕とか、存在の深みといったことが、禅の師匠にとって特別の関心事であったという事実をも、そのよりどころにしている。[*50]

禅は、その原理上の無前提性によって、他のすべての哲学的または宗教的な瞑想の修行とは区別される。仏陀自身が、修行者から、たびたびひどい拒絶、いやほとんど冒瀆的な侮辱さえ受ける。仏陀は修行のための最も強い精神的前提になっているにもかかわらず——あるいは、まさにそのために——拒絶されるのである。また他方、仏陀といえどもイメージであり、したがって〔偶像として〕拒否されなくてはならないものなのである。現にあるところのもの以外は、何もそこにあってはならない。この現にあるところのものとは、無意識のすべての心的諸前提をもった人間それ自体なのである。彼は、まさに無意識であるために、これらの心的前提条件から逃れることはどうしてもできない。空から出現してくるように思われる答えは、闇夜からひらめく光であるにもかかわらず、それは、驚くべき、また恵み深い悟りであると感じられてきたのである。

無意識から出現する応答

意識の世界というものは、どうしても、さまざまの制限や道をさえぎる壁にみちみちている。それは必ず一面的であり、その一面性は意識それ自体の本質によって生まれたものなのである。どんな意識であっても、同時に起こっている多くの表象の中から、ほんのわずかのものをとどめることしかできない。それ以外のすべての表象は陰に退いて、視野が離されるほかはないのである。同時に多くの内容が入ってくると、意識はもうろうとなり、方向喪失に近い混乱状態におちいってしまう。つまり意識それ自体が限定されたわずかのもの、したがってまた明白なものへと向かうことを望むのであるが、それは意識の本質からきた制約なのである。日常ふつうの状態では、われわれは全体の状況について正しく方向づけをすることができるが、それは注意を集中することによって、わりに矢継ぎ早に継起的イメージを生じさせることができるおかげなのである。しかし、注意を集中するという努力は、いつまでも持続させることはできない性質のものである。したがってわれわれは、同時に起こっている諸表象やイメージのつらなりの中から取ってきた最小のものですませるほかはないのである。したがってそのとき、広い範囲にわたって起こり得る諸表象が意識の外に排除されており、意識はいつも、きわめて狭い範囲に拘束されたままなのである。もし、ある個人的な意識が、表象し得るすべてのものを、同時に、またひと目でとらえることができるとすれば、そこには一体どんな光景が現れてくるか、とても想像することさえできないほどである。人間は、同時に表象することのできるごくわずかの明白なものから、世界というものの構造をつくりあげることができるのであるから、もし仮に、彼がもっと多くのものと明白なものを同時に表象することができるとすれば、そこには、神の眼で見るような全体図が眼前に開けてくることになるであろう。しかも、右の仮定は、現在われわれに起こり得る諸表象に限っている。そこでわれわれが無意識の内容、すなわちまだ意識されていない、あるいはもう意識されなくなってしまった内容まで含めて、その総体的な光景というものを想像してみると、どんな大胆な想像力も到底及ばないほどである。意識にとっては、その全体をとらえることなど全く不可能であるが、無意識という形態にとっては、意識下にあるあらゆるものが常に表象される可能性をもっているのであるから、それは一つの事実なのである。というのは、無意識とは、識閾下にあるすべての心的な要因の、見通すことのできない全体であり、潜在的本性の「相対的な光景」なのであるから。無意識は全体的な性向を形づくっているものであり、意識はそのつど、そこからきわめて小量の部分をすくいあげているにすぎないのである。

ところで、意識がその内容についてできるだけ空っぽになった場合、その内容は、一種の（少なくとも一時的な）無意識の状態になる。禅の瞑想の場合、この転換状態はたいてい、意識のエネルギーがその内容から抜きとられて、「空」の観念か、あるいは公案へと向かうときに生じる。空の観念にせよ公案にせよ、いずれも一定不変のものでなくてはならないから、意識の内容をなすイメージの継起は消えてゆき、それとともに、意識の動きを維持しているエネルギーも消滅する。こうして蓄積されたエネルギーは無意識領域へと向かい、自然にそこに充電されるエネルギー量を極限まで増大させる。それによって、無意識領域の中に含まれた諸内容が意識の表面へ侵入してくる用意ができあがる。しかし、意識を空っぽにし、活動を止めてしまうといっても、そう簡単にできることではない。そこで、無意識の諸内容が意識にまで入ってきて最終的な「突破」の状態をひき起こすまでには、極限的な緊張状態に至らなくてはならず、それには、特別な修行とともに不定の長い期間が必要になるのである。[*51]

意識面にまで「突破」してくる無意識の内容は、決して任意のものではない。精神病患者をあつかう精神科医の経験が示しているように、意識内容と、突然出現してくる妄想観念や精神錯乱の間には、一定した固有の関係がみられる。それは、正常人の目ざめた意識と夢の間に存在しているのと全く同じ関係なのである。その関係は、本質的に言って、一つの補償的関係である。[*52] 無意識の諸内容は、広い意味において補充するために、言いかえれば心の全体を意識的に方向づけるために必要な[*53]一切のものを、意識の表面へもたらすのである。無意識がさし出した、あるいは押しつけた断片を、意識的な生活の中に有意義に組みこむことができれば、そこから、個人の人格の全体によく対応した心の存在形態が生まれてくる。それは、意識的な人格と無意識的な人格の間に起こる無益な葛藤をなくした状態である。現代の心理療法はこのような原理に立っているわけであるが、そのためには、無意識というものは幼稚で道徳的に劣等な内容しかもっていないという歴史的偏見を捨ててかかる必要がある。たしかに無意識には劣等な隅の部分、つまり汚い秘密の物置のようなものも存在している。こういう秘密の部分は無意識に属するというよりも、むしろ意識によって隠されているものであり、またなかば忘れられているものにすぎない。こういう部分と無意識の全体との関係は、たとえば、一本の虫歯がその人の人格全体に対してもっている関係のようなものにすぎない。無意識というものは、すべての形而上的な表現、あらゆる神話とあらゆる哲学（ただし単に批判的な哲学は除く）、そしてまた心理学的な諸前提にもとづく生のすべての表現形態などを生み出す母胎なのである。

無意識の内容が表面化してくることとは、すべて、意識の一定の状況に対する応答のようなものである。この応答は、現に存在している諸表象の可能な全体から、言いかえれば、右に説明したように、心の存在形態に潜在的にともなっている同時的光景である無意識の全体的性向から生じてくるのである。意識には、個別的なものへの分化傾向、一面的になること、また断片的な特性などが、本質的に固有なものとしてそなわっている。全体の性向から生まれる反応は、区別する意識によって分断されていない本性に従っているので、常に、全体的な特性をもっている。[*54] だからこそ、その反応は、圧倒的な影響を及ぼすのである。それは予期することのできない、すべてを包んだ答えなので、全く十分に人を納得させてくれる。そしてこの答えは、意識が袋小路にはまりこんで、にっちもさっちもゆかなくなっている状態にあるときに現れてくるだけに、なおさら、悟りや啓示としてはたらくのである。[*55]

したがって、長い年月にわたる禅の瞑想ときびしい修行によって、悟性の合理的なはたらきを消滅させる努力を重ねるとき、本性そのものが一つの——唯一の正しい——答えを出すのである。これはたいていの禅の逸話からわけなく見てとれることだが、答えは本性のままであるということが明らかになる。ある逸話が語っているところでは、悟りを得た弟子が、お礼として師匠に平手打ちを食わせる話があるが、[*56] この例などは、何かしらひょうきんな快さをともなってわかるのである。犬の仏性についての弟子の問いに答える師匠の「無」Wuという言葉には、なんと多くの知恵が含まれていることであろうか。ただし、われわれはここで次のことは考慮に入れておく必要がある。公案による悟りの体験の背後には、才気あふれる機知と全くのナンセンスを区別することのできない人びとがたくさんいたということ、それと同時に、自分が一生のうちに出会ったすべての人間は馬鹿ばかりだと考えるほど、自分の悟りを独断的に信じて疑わない人たちも、同じようにたくさんいたということである（いわゆる野狐禅）。

禅と心理療法

宗教的な変容の過程を理解するにあたって、禅仏教のもっている価値はこのようにきわめて大きいのであるが、それが西洋の人間にとってどれだけ役に立つかという点になると、おそらくその価値は非常に小さいのではないかと思われる。なぜなら、西洋には、禅に必要な精神的前提条件が欠けているからである。一人のすぐれた師匠とその不可解なやり方に対して絶対的な信頼を寄せるような人間が、われわれ西洋人の中に誰かいるであろうか。すぐれた人間的個性に対してこのように尊敬を払う習慣は、東洋にしか認められないものである。途方もない逆説にみちた変容の体験を、しかも長い年月にわたって骨折って追求するほどの可能性を信じていると言い切れる者がいるであろうか。そして最後に、異端的な変容の体験に対して、一体誰が保証を与えるというのであろうか。そんなことができるのは、せいぜい信頼のおけない人間か、病理学的理由によって大言壮語癖におちいった人間ぐらいのものだろう。このような人間は、誰一人ついてくる者がいなくても、不平を言うだけの資格もあるまい。「師匠」が、機械的な口まね以上の答えを必要とする難しい課題を与えたとしたら、ヨーロッパ人はいつも疑念のとりこになるものである。というのは、ヨーロッパ人にとって、本来的自己になるための険しい道は、黄泉《ハデス》の国のように荒涼として陰うつに思われるからである。

私は、悟りの体験が西洋にもみられるということを疑ってはいない。われわれの世界にも、究極的な目標をとらえ、それに近づくためには、どんな苦労もいとわないという人たちがたしかにいる。しかし彼らは、経験したことについて沈黙を守るだろう。それは単なるはにかみによるのではなく、その体験内容について他人に伝えようとする努力が無駄だということを、知っているからである。西洋の文化伝統においては、悟りを得ようとする努力を歓迎するようなものは何もないし、宗教的価値の管理者である教会ですら、そんなことは喜ばないからである。それどころか、教会制度の存在理由《レゾン・デートル》は、個人による根源的体験の獲得にはすべて反対するところにある。なぜなら、教会制度を通さない根源的体験というものは異端でしかないからである。[*57] 西洋文化の内部で、このような努力をある程度理解でき、また理解すべき唯一の運動は、心理療法《サイコセラピー》である。この序文を書いている筆者が一人の心理療法家であるということは、決して偶然ではないのである。

心理療法というものは、根本において、医者と患者の間の一種の弁証法的関係である。それは、二つの魂全体の間で行われる対決であり、ここでは、知識はすべて単なる道具でしかない。その目標は人格の変容であり、それもその変容のしかたはあらかじめ予定されているわけではなく、むしろあらかじめ規定しにくい変化であって、その変化の唯一の尺度は、自我性が消滅することである。医者の側からどんなに努力してみたところで、このような変容の体験を力ずくで生み出すことはできない。医者が患者のためにできることといえば、せいぜい、決定的な体験に対してできるだけ抵抗しないような心がまえをつくり出すために、道をつけてやるぐらいのことである。われわれ西洋のやり方では、知識に対して重要な役割が与えられているが、このことは、禅の世界で、仏教の伝統的な精神的雰囲気が果たしている重要さと対応している。禅とその技術は、仏教の精神文化を基礎にしてはじめて成立することができたものであり、いつもそれを前提しているのである。この場合、合理的な知性があらかじめ存在していないとすれば、それを消滅させることは問題にならないはずである。言いかえれば、どんな禅の達人も、無知や無教養から生まれてくるわけではない。だからわれわれ西洋世界でも、しばしば次のような状況がみられる。自我性や合理主義を否定することを考えるより前に、まず治療法を通じて、意識的な自我と意識的で洗練された悟性の作用が必ずあらわれてくる。そればかりではない。心理療法は、禅僧のように、真理のためあらゆる犠牲を払う覚悟ができている人たちをあつかうわけではなく、逆に、ヨーロッパ人の中でも一番頑固な人たちとかかわり合うことが多い。したがって心理療法の仕事は、当然、禅の場合よりはるかに多様であり、またその長い過程で起こる個々の局面もずっと矛盾にみちているのである。

　これらの理由およびその他多くの理由から、禅を西洋的な状況へ直接に移植することは、推奨すべきことでもないし、そもそも不可能なことである。しかしながら、治療の目的についての問いと真剣に取り組んでいる心理療法家は、「たましい」の「治癒」、すなわち人間の「たましい」を完全なものにするための東洋的方法が、どのような究極的結果に到達しようと努力しているのかという点について、無関心ではいられないのである。よく知られているように東洋では、二千年以上にわたって、勇気ある精神の持ち主たちがこの問題に強く心を奪われてきたのであって、この点では、西洋にみられる同類の企てはすべて影が薄く見えるほど、すぐれた方法と哲学的な教えが発達してきたのである。われわれ西洋人のこの種の努力は、――ごくわずかな例外を別にすれば――すべて魔術的なもの（すなわちキリスト教的儀礼をも含めた宗教的秘密儀礼）であるか、あるいは知的なもの（ピタゴラスからショーペンハウアーに至る哲学）にとどまっている。例外としては、西半球世界ではわずかに、ゲーテの『ファウスト』とニーチェの『ツァラトゥストラ』の精神的悲劇が、全人格的体験というものについて予感的に把握した例として、目につく程度である。[58] しかもわれわれ西洋人は、ヨーロッパ精神が生み出したすべてのものの中で最も未来をはらんだ彼らの仕事が、結局のところ何を意味しているのかという点について、今日でもまだ何も知らないのである。彼らのやった仕事は、あらかじめギリシア的に形づくられた西洋精神[59]そのままの、物質性と具体性という重荷によって、おおい隠されているのである。われわれ西洋近代の知性は、高い天空から地上の小さなねずみを見つけて一挙に舞い下りてくる肉食鳥のような発見能力を、極度に発達させてきた。けれども、大地の重さは、われわれの知性をとらえて放さないのである。[60] そこでもし知性が、外にばかり獲物を探し求めることをやめて、一方のまなざしを内へと向け直し、そのように探し求めている当の主体を見出そうとするなら、そのとき、「因縁《サンスカーラ》」のくさりが知性をとらえ、混乱したイメージの世界に巻きこんでしまうであろう。実際、知性はそのとき、未知の恐怖や危険によってとりかこまれ、人を迷わす幻影や迷宮のような邪道によって脅かされ、悪霊にとりつかれた生の苦しみの中に落ちこむのである。果敢な人には最悪の運命が迫ってくる――彼が自分のときだというその時代のただ中に、底しれず物音ひとつしない孤独の運命がおとずれるのだ。ゲーテは『ファウスト』を「生涯の最大の仕事」とよんだが、彼をそういう仕事にまで駆り立てた動機について、またあの身ぶるいするような彼の「デュオニソス体験」について、一体、誰が知っているというのであろうか。[*61] 西洋の「救済の道」がたましいの全体性へと向かうときに出会う苦悩《カタストロフ》と破局に対して、これと比べることのできるような東洋の事例を見出そうと思うなら、われわれはチベットの死者の書である『バルド・テドル』を、私が提案したように、是非とも終わりの方から逆に読んでみなければならない。[*62] 重要なのは、このようにしてたましいの全体性をとらえることであって、良い意図だとか、有用な模倣だとか、知的な曲芸《アクロバット》とかは問題ではない。心理療法家は、性急で近視眼的な教条的意見から自由になったとき、わずかな示唆、あるいは大小の断片といった形で、たましいの全体性に直面するのである。彼がもしエセ生物学的信条の奴隷のような人だったら、彼は自分の見た事実をいつも月並みな既知のものにまで還元しようとし、それでもって合理主義的な共通分母を取り出そうとするだろうが、それはただ、錯覚に甘んじている人を満足させるにすぎないのである。すべての錯覚のうちでもその最たるものは、何かが人を満足させるということである。その錯覚は、すべての耐え難さの背後にあるとともに、すべての進歩の前面にあるものであって、それを克服することは最も困難な事柄に属している。心理療法家が、彼の有用な仕事の間に、少しばかりの反省のための時間をもつとしたら、あるいはたまたま、彼の身の上に彼自身のもっている錯覚を見抜かなくてはならないようなことが起こるとすれば、彼は次のようなことに気がつくであろう。それは、現に生成しようとしている生けるものに出会うとき、合理主義的な還元作業というものがいかに空虚で味気ないものであるか、それどころか、いかに生の事実にもとるものになるか、ということである。ところが、彼がこの生けるものに従うならば、「誰もがこっそりと通り過ぎがちな死の門を押し開くこと」[*63]がどういうことを意味しているか、ということに気づくのである。

たましいの全体性の体験としての個性化

以上に述べてきたところから、私が何かを推奨しているとか、あるいは勧告している、というふうには考えないようにしていただきたい。しかしながら私は、西洋でわれわれが禅について話をしようとする場合に、ヨーロッパ人に対して次のことを示すのが私の義務であると思う。それは、われわれの世界では、悟りに導くあの「きわめて長い道のり」の入口はどこにあるのか、そしてその道にはどんな困難が待っているか、ということを教えることである。この道は、西洋では、ごくわずかの偉大な人たちだけが歩んだ道である――それは高い山頂に立つ標識燈のように暗い未来を照らし出すであろうが、それがどんな困難によって一面におおわれているか、ということを教えることが重要なのである。悟り、あるいは「三昧《サマーディ》」が、その山の高みのどこか麓のあたりで見つけられるだろうと思うのは、見当違いもはなはだしい〔悟りは、はるかな高みに、隠れている〕。悟りはたましいの全体についての体験なのであるから、ほかならぬその全体よりも安っぽくてつまらないものであるはずはない。心理学的にみて、このことがどういう意味をもっているかということは、次のような点について少し考えてみればわかるであろう。すなわち、意識というものは常にたましいなるもの一般 das Seelische überhaupt の一部分にすぎないものであり、したがってたましいの全体性をとらえることはできない、ということである。このたましいの全体性には、意識の外に、無意識という無限定なひろがりが属している。この無意識というものは、しかしながら、巧みな公式で言いあらわすこともできないし、科学的な教義でしばりつけることもできないのである。なぜなら、それには何かしら運命的なものがつきまとっているからであり、『ファウスト』や『ツァラトゥストラ』が最もよく示しているように、それは時として大いなる運命そのものなのである。たましいの全体性に達するには、自己の存在のすべてを賭けることが要求される。この要求を値引きさせることは誰にもできない。もっと安い条件で手に入れることもできなければ、代用品を求めることも妥協することもできないのである。たましいの全体性、すなわち全人格的体験を追求した『ファウスト』と『ツァラトゥストラ』は、西洋ではきわめて高い価値を認められているものだが、それにもかかわらず、ヨーロッパ人にとって理解可能なものの限界に位置を占めている。その意味からいうと、われわれは、今ようやくたましいの暗い世界に耳を傾けはじめたばかりの現代の教養ある公衆に、次のことを期待するのはほとんど不可能である。私は、人間が全体になることを個性化過程Individuationsprozess[*64]とよんできたのであるが、その過程で起こるもつれの中にはまりこんでしまった人間の精神状態がどんなものであるかということについて、十分な理解をもってもらうことはとても不可能である。そのようなとき、人びとは病理学の辞書を引っぱり出して神経症や精神病という術語を使って自分を慰めるか、さもなければ「創造的な神秘」について口にするかのどちらかである――しかしながら、詩人でもない人間が一体何を「創造」するというのか。創造性についてのこういった誤解から、現代では少なからぬ人びとが、自分勝手に、自分は芸術家だと思いこんでいる。まるで、「芸術」はたましいの「能力」とは何の関係もなく生まれてくるかのようだ。しかしながら人は、たとえ何も「創造する」ことがなくても、おそらく自己自身を創造してゆくものなのである。

　禅は東洋人に対して、「全体になること」Ganzwerdungがいかに重要であるかということを教えている。禅の謎と取り組むことは、もしかしたら、小心なヨーロッパ人の背骨《バックボーン》を強くし、あるいは、その心の近視眼に一種の眼鏡を与えることになるかもしれない。その結果、彼は、彼の「陰気な暗い部屋」から出て、少なくとも、今まで霧におおわれて見えなかった、たましいの経験の世界の眺望を楽しむことができるであろう。ともかく、悪い結果にはなるまい。禅の不可解さに対してあまりに警戒しすぎる人は、禅の瞑想とは要するに「自己暗示」[*65]にすぎないという〝有益な〟考え方のおかげで、それ以上の破滅におちいることもないだろうし、それとともに、そこからすべての価値あるものを手に入れる道をも、自ら閉ざしてしまうだろうからである。しかしながら、注意深い共感を示す西洋の読者に対しては、私は、東洋の精神性を過小評価したり、また禅の背後には何かくだらないものがあるのではないかと邪推したりしないように、警告しておきたい。[*66] 東洋の思想的財貨に向かい合う場合、西洋人の中には、時として熱狂的な教条的信心深さがみられるものだが、これは禅の場合、とるに足りない危険である。というのは、禅の場合には幸運にも、インドの伝統にみられるような、驚くべき不可解な言葉は存在しないからである。のみならず禅は、複雑なハタ・ヨーガの諸技術をひねりまわすこともない。[*67] ハタ・ヨーガというものは、生理学的にものを考えるヨーロッパ人を誤った期待にひきこみ、ついには、体操によって精神を本当にわがものとし、吸いこむことができると思いこませてしまう。これに反して禅は、現実的であろうとするすべての偉大な事柄がそうであるように、知性と意志の力をも要求するのである。

〔注〕

＊1 （訳注）この論文は、一九三九年、鈴木大拙の英文著作『禅仏教入門』An Introduction to Zen Buddhismus, 1934. のドイツ語訳『大いなる解脱――禅仏教入門』Die grosse Befreiung: Einführung in den Zen Buddhismus, Leipzig, 1939. が発表されたときに、序文として書かれたもの。独訳者はハインリヒ・ツィンマーである。大拙のこの著作は邦訳され、『鈴木大拙全集』（岩波書店）第十四巻に『神学への道』と題して収められている。なお大拙は、彼の論文集『禅への道』第九章第五節に「ユング博士の禅観」（全集、第十三巻所収）と題してユングの序文の内容を訳して紹介している。

＊2 （訳注）ヤコブ・ベーメ Jakob Böhme（1575–1624） ドイツの神秘主義哲学者。独学で『曙光』という著書を書き、錬金術的自然哲学と神秘的汎神論を結合し、熱心な読者を得た。プロテスタント教会から執筆禁止を命じられる。ドイツ・ロマン主義思想などに影響を与えた。

＊3 神の起源は、東洋の著作家たちが自ら認めているように、仏陀の「花に托した説教」にある。これは、あるとき釈尊が、弟子たちの集まった集会の中で、黙って一つの花をねじって高くかかげたという話である。このとき、カーシャパ〔迦葉《かしょう》〕だけが師の言わんとすることを知ったのである（大峡秀英『禅――日本の生ける仏教』Shuei Ohazama, Zen: Der lebendige Buddhismus in Japan, 1925, S. 3.）。

（訳注）これはふつう「拈華微笑《ねんげ》」とよばれている伝説である。この伝説から、「不立文字」「以心伝心」（言葉による説明にたよらず、心から心へただちに伝える）というような考え方が生まれてきた。

＊4 Suzuki, Grosse Befreiung, 1958, S. 133.（鈴木大拙全集、第十四巻、岩波書店、二八八頁。以下、全集と略記）

＊5 l.c. pp. 124u. 128f.（全集、第十四巻、二一八頁以下、二八五頁以下）

（訳注）百丈懐海（720–814）は唐代の南宗禅の馬祖道一の弟子。江西省百丈山に禅院を設け、はじめて禅院の規則である「清規《しんぎ》」を定めた。百丈の悟りについて伝えられている逸話とは、次のようなものである。百丈が師の馬祖について外出したとき、野鴨が飛んでいるのを見た。馬祖は「あれは何だ」と問うた。「野鴨です」。「どこへ行くのか」。「もうどっかへ行ってしまいましたよ」。そのとき馬祖は、いきなり百丈の鼻をつかまえて、ぐいとねじった。百丈は痛さのあまり、あ、あ、と叫んだ。「これでもいないと言うのか、はじめからちゃんと、ここにいるじゃないか」。この一言で、百丈は悟ったのである。

＊6（訳注）この話は、伝燈録巻十八にある。鈴木大拙『禅』（全集、第十四巻所収、四五四頁参照）。ユングが読んだのは、英文のEssays in Zen Buddhism, 3vols, 1927–34. のvol. 1, chap. 6からと思われる。なお玄沙師備（895–908）は、福州出身、開元寺で雪峰義存より印可を受け、玄沙山に住んだ人。

黄山谷（1045–1105）は宋の詩人。北京の国子監教授や地方の知事などを務める。杜甫の風をつぐ江西詩派の祖。書もよくした。山谷は晦堂に禅の教えを乞うたが、なかなか悟りを得られなかった。あるとき二人が山中を歩いていたとき、木犀の花が満開で、香りがあたりにみちていた。「この香りがわかるか」。「わかります」。「自分は何も隠していないのだ」。このとき、山谷は悟るところがあったという。

＊7 忽滑谷快天『侍の宗教』Kaiten Nukariya, The Religion of Samurai, 1913, p. 133.

＊8（訳注）決疑法Kasuistik　キリスト教倫理学（特にカトリシズム）の用語。個々の具体的状況の下でとるべき行為のしかたを、一定の公理や系に従って細かに定める方法。ユングはここでは、もちろん、比喩的な意味で使っているので、禅の悟りを示す逸話や語録には、定められた規則などはない。

＊9「禅は心理学でもなければ哲学でもない」（Suzuki, Essays in Zen Buddhism, vol. 2, p. 84.）（訳注）大拙のこの著作は、邦訳全集で

は、ばらばらに分けて多くの巻に分散して収められている。

＊10（訳注）ルドルフ・オットー Rudolf Otto（1869–1937） ドイツのプロテスタント神学者、マールブルク大学教授。モロッコ、インド、日本などに旅行し、東西の神秘主義の比較研究などをした。主著『聖なるもの』Das Heilige, 1917. は有名（邦訳、岩波文庫）。ユングは、この書にみえるオットーのヌミノーゼ Numinose（神聖な次元を示す心理学的造語）の考え方を、好んで引いている。

＊11 大峡秀栄『禅』へのオットーの序文。R. Otto in: Ohazama, Zen, P. viii

＊12 それにもかかわらず、私は、以下に「説明」を試みるのだが、私は悟りの意味するところについて正しいことは何も言っていないということを、十分自覚している。けれども私は、われわれの西洋的な理解力を、できるだけ近い理解にまで近づける努力をしないわけにゆかなかった。そのようにすることによって、われわれは禅の精神に対していささか不正をはたらくことになるのだが、以下の説明は、そういう困難な企てなのである。

＊13（訳注）マイスター・エックハルト Meister Eckhart（1260–1327） ドイツの神秘家。ドミニコ会士。彼の神秘思想は、スコラ哲学、新プラトン主義、アラビアおよびユダヤ思想の影響を受け、汎神論的と評されているが、彼独自の神秘体験にもとづいているところに独自性がある。大拙は、禅の体験とエックハルトの類似性についてときどき説いている（たとえば全集、第十四巻、四三五頁以下など）。

＊14『十四世紀および十五世紀のドイツ神秘主義のテキスト』参照。Vgl. Texte aus der deutschen Mystik des 14. und 15. Jahrhundert, hrg. v. Adolf Spamer, 1912, p. 143.

＊15（訳注）スエーデンボリ Emanuel Swedenborg（1688–1772） スウェーデンの哲学者、神秘主義者。上院議員。神秘的視霊経験を得て、心霊研究に没頭。カントが『視霊者の夢』（一七六六）で、合理主義の見地から彼を批判したことはよく知られている。大拙は、明治末から大正はじめごろ、スエーデンボリについての著書（日本語）を書き、またその著作の邦訳も何冊か刊行している（全集、第二十四巻参照）。

＊16 William White, Emanuel Swedenborg, 1867, I, p. 243ff.（訳注）鈴木大拙『スエデンボルグ』（全集、第二十四巻、二五頁参照）

＊17「疑いもなく禅は、東洋の人間に伝えられている最も貴重な、また多くの点で最も注目すべき精神的財のうちの一

つである」（Suzuki, Essays in Zen Buddhism, I, p. 249）

＊18 ある禅の師匠〔青原惟信〕は次のように言った。「人が禅を学ぶ前には、彼にとって山は山であり、川は川であった。良き師の指導によって禅の真理を洞見しえたのちには、彼には山は山でなく、また川は川でなかった。しかしやがて彼が本当にやすらぎの境地に到った時には（すなわち悟りを得たならば）、山はふたたび山であり、川はふたたび川であった」Suzuki, Essays, I, p. 12.（全集、第十四巻、三八三頁以下。出典は読伝燈録、巻二二および五燈会元、巻一七、青原惟信章）

＊19 Nukariya, The Religion of Samurai, p. 123.

＊20 ibid., p. 124.「悟りは、その中に、自己の本性についての洞察を含んでいる。それは、自己についての迷妄から、心mimdを解放することである」

＊21 ibid., p. 132.

＊22（訳注）『ドイツ神学』Thelogia Germanicaともいう。十四世紀の著作であるが、著者は不明。ドイツ神秘主義の深い罪意識を示す作品といわれる。ルターはこの書から影響を受け、その一部を公刊した（一五一六）。のち完全な写本が発見された（一五一八）。

＊23『完全なる生に関する小冊子』Das Büchlein vom volkommenen Leben, hrg. v. H. Büttner, 1907, p. 4.

＊24 ibid., p. 8.

＊25 禅の場合にも、「突破」と似たような説明がみられる。ある師匠は、仏性はどこにあるかと問われたとき、次のように答えた。「桶の底がぶち抜かれたdurchgebrochen.」（Suzuki, Essays, I, p. 217.）。別の比喩は「袋の破裂」（ibid., p. 100.）である。

＊26 ibid., p. 220, p. 224. 禅は人間の根源的な本性を見通すこと、あるいは根源的な人間についての認識を意味している。この点については、またSuzuki, Die grosse Befreiung, p. 144. を参照せよ。

＊27『マイスター・エックハルトの著作と説教』Meister Eckharts Schriften und Predigten, hrg. von H. Büttner, 1912, I, p. 176f.

＊28 Suzuki, Die grosse Befreiung, p. 129.（全集、第十四巻、二八五頁。前出の訳注＊5の黄山谷の話を指す）

＊29　ibid., p. 124.（同前、二一八頁。訳注＊5の百丈懐海の話）

＊30（訳注）ロイスブルークJan van Ruysbroeck（1293–1381）　中世ベルギーの神秘思想家。ブリュッセル西南に修道院を創立。東方教会の影響を受けているといわれる。

＊31「そこに古い木があり、その根は上に向かって伸び、その枝は下に向かって成長する……それがブラフマン〔梵〕とよばれるものであり、ただそれだけが不死と言われている」（カタ・ウパニシャットKathā Upanishad, II Adhyāya, 6 Valli, 1.）

＊32　John of Ruysbroeck, The Adornment of the Spiritual Marriage, 1916, p. 47.　一二九三年に生まれた、このフランドルの神秘思想家が、このようなイメージをインドの文献から採用してきたというようなことは、おそらく仮定しにくいことであろう。

＊33　ibid., p. 51.

＊34　ibid., p. 57.

＊35　ibid., p. 62.

＊36「おお、仏よ。心の自性Self-nature of mindにもとづいた、あなたの教えを、私に説いて下さい。私に無我の教えを授けて下さい」（『楞伽経《りょうが》』Laṅkāvatāra-sūtraからの引用。Suzuki, Essays, I, p. 87.）

＊37　ある禅の師匠は、「仏陀とは心mindにほかならない。あるいは、この心を見ようと努めているその人である」と言っている。（ibid., p. 104.）

＊38　ガラテヤ人への手紙、二章二〇節「私は生きているが、しかし、もはや私ではなく、キリストが私のうちに生きているのである」

＊39　鈴木はこの変化について、次のように述べている。「古いものの見方が捨てられ、そうして世界は、ひとつの新しい意味を獲得する。彼ら（悟りを得た者たち）のうちの何人かは、彼らがこれまで迷妄のうちに生きてきた、もしくは彼らの古い知は忘れ去られるに至った、と言明した。また他の人たちは、彼らがこの時まで〝すがすがしい風〟あるいは〝光り輝く宝石〟の新しい美しさに何も気がつかなかった、と告白している」（Suzuki, Essays, I, p. 235.）。なお、Suzuki, Die grosse Befreiung, p. 122f. を見よ。

＊40（訳注）たとえば、プラトンやアリストテレスの倫理学では、プシケー（たましい、心）の形成によるアレテー（徳）について論じている。これは、ひろい意味で人格の変容transformationの問題であると言えよう。しかし、近代哲学における人格の概念（たとえばカント）は、すべての心理作用から離れたものとされており、人格の変容の問題は無視されている。

＊41（訳注）アンゲルス・シレジウスについては、本書七七頁、注＊11参照。

＊42 アンゲルス・シレジウスの詩『知天使のさすらい人』Angelus Silesius, Cherubinischer Wandermann. からの引用。（訳注）この詩は、ドイツ神秘主義の詩的あかしとされるものである。

＊43（訳注）イグナティウス・ロヨラ、および『霊操』については、本書七九頁、注＊25参照。

＊44（訳注）アナバプティスト（再洗礼派）や薔薇十字会などの例を考えているのではないか、と思われる。

＊45「悟りは、最も内的な個人的体験である」(Suzuki, Essays, I, p. 247.)

ある師匠は、弟子に向かってこう言った。「私がお前に伝えるものは何もない。もし私が、それでも何かを伝えようとしたら、私はお前に、後で私をあざける機会を与えることになるだろう。また、よしんば私がお前に何か教えることができるとしても、それは私のものであって、決してお前のものにはならないだろう」(ibid., I, p. 227.)

ある僧が師匠に言った。「私は仏を探し求めてきましたが、しかしどのように私の探求を続けたらよいのか、わかりません」。師匠は答えた。「それはちょうど、自分が乗っている牡牛を探すのと同じことだ」(ibid., I, p. 59.)

ある師匠は言った。「理解をしない理解、それが仏なのだ。それ以外のものではない」(ibid., II, p. 57.)

＊46 鈴木『禅僧の修行』Suzuki, The Training of Zen Buddhist Monk. 1934.（全集、第十七巻、『禅堂修行と生活』）。

＊47（訳注）この公案は、唐末の趙州従諗《じょうしゅうじゅうしん》（778-897）に由来するものとされているが、宋代の『五祖法演禅師語録』以後、有名となり、ふつう「趙州無字」の公案とよばれている（柳田聖山・梅原猛『仏教の思想7（中国禅）』角川書店、一七八頁参照）。

＊48 Suzuki, Essays, II, p. 74.

＊49 鈴木は文字通り、次のように言っている。「……禅の意識は成熟に至るまで発展しなければならない。それが完全

に成熟すれば、それは、無意識への洞察にほかならぬ悟りの形で発現するのである」（Essays, II, p. 46.）

＊50　禅の原則には「自己自身の本性の洞察と仏性の獲得」〔直指人心、見性成仏〕（ibid., p. 7, p. 204f.）について、次のように述べられている。

一人の僧が慧能 Hui-nêng（638–713）に教えを乞うたとき、彼は「お前が生まれる前の、お前の本来の面目を私に示せ」と言った（ibid., I, p. 210.）。日本の禅のある書物は、「お前が仏陀を求めるなら、お前はお前自身の本性をみるように努力すべきである。なぜなら、この本性が仏陀自身だからである」と言っている（ibid., I, p. 219.）。悟りの体験というものは、師匠に「根源的な人間」（ibid., I, p. 241.）を示すのである。

だから慧能は、次のように言ったのである。「善を思わず、悪をも思わず、この瞬間において、お前が出生以前からもっている、お前自身の本来の面目を見てとれ」（ibid., II, p. 8.）

＊51　中国禅の開祖である菩提達磨 Bodhidharma（?–528）は次のように言っている。「仏陀のたぐいない教えは、長くてきびしい修行の後に、たえがたい困難にたえ、実行しがたいことを実行することによって、はじめて理解することができる。貧弱な力と知しかもたない者は、それについて何も理解できない。そのような者たちの努力はすべて失敗するに決まっている」（ibid., I, p. 176.）

＊52　これは、単なる補完的な関係より以上にありそうなことである。（訳注）ユングのいう補償的関係 Kompensatorsche Verhältnis は、意識作用の偏向に対して、無意識がこれを是正する目的論的メカニズムをいう。

＊53　ここで「必要な」と言ったのは、一つの作業仮説である。この問題については、人びとの意見はさまざまでありうるし、事実、さまざまに分かれているのである。たとえば、宗教的な表象というものは、人間にとって「必要な」ものであろうか。これについては、個人的な人生経験、すなわち個別的なものに関する経験だけが決定を下すことができるのである。ここでは、抽象的な判断基準は一切存在しない。

＊54　「心 mind が区別するとき、多数の事物が成立し、区別しようとしないとき、心は、事物の真の状態を見るのである」（『楞伽経』から引用。Suzuki, Essays, I, p. 88.）

＊55　玄策 Hsüan-Tse は次のように言った。「お前たちの心は空間のようであるべきだ。空という考え方にとらわれてはな

らない。そうすれば、真理は、十分な力で妨げられることなく開けてくるであろう。そのとき、お前たちの意志のはたらきはすべて、無垢な心から出てくるであろうし、お前たちは無垢な人にも賢人にも、同じように振る舞うであろう」(ibid., I, p. 209.)

＊56 Suzuki, Die grosse Befreiung, p. 130.(全集、第十四巻、二八六頁)
(訳注)これは臨済義玄(?–867)に関する話。臨済が黄檗希運について学んでいるころは、いつも三十棒を食い、みじめな様子だったが、悟りを得ると、別人のようになった。再び黄檗に会ったとき、彼はその面上を平手打ちして、その恩に報いた。黄檗は深く満足した。この臨済の法系が臨済宗である。

＊57 (訳注)カトリック教会の正統教義では、カトリック教会だけがキリストの業を継いでおり、教会の公認した聖職者が与えた秘蹟(サクラメント)のみが有効とみなされた。マックス・ウェーバーのいう制度恩寵 Anstaltgnade の考え方である。

＊58 私はこの点に関して、イギリスの神秘家ウィリアム・ブレイク William Blake (1757–1827) について、ふれておきたい。ミルトン・パーシヴァルの『ウィリアム・ブレイクの運命』Milton O. Percival, William Blake's Circle of Destiny, 1938. にみえるすぐれた説明を参照。(訳注)ブレイクは画家、詩人。ミケランジェロやラファエロに影響を受け、幻想的神秘をたたえた版画に、自作の詩をつけて出版した。聖書、ダンテの『神曲』、ミルトンの作品などから題材をとったものが多い。予言者的言動によって、イギリスの詩画壇では異端者あつかいされた。

＊59 ギリシアの天才的知は、世界の物質性の中へ意識が侵入したことを意味する。このため、世界は、その本来もっている夢のような性格を奪われてしまったのである。(訳注)ギリシア哲学でいう「質料」と「形相」の関係を指す。世界の事物はすべて、質料に一定の形相(イデア、観念)が関与することによって経験される。ユングの解するところでは、イデア界というのは、元来、霊魂や神々の世界なのであり、したがって、夢と同じく深層心理の領域を指すのである。しかしイデアは、アリストテレス以後、物質に付着する観念のようにみなされるに至った。

＊60 (訳注)ユングは晩年に書いた自伝の中で次のように述べている。「われわれ〔西洋〕の観点から植民地化とか、異教徒への宣教、文明の拡張などとよんでいるものは、別の顔をもっている。つまり、残忍なほどの集中力で遠くの

獲物を探索する猛禽類の顔つきであり、海賊、野盗といった悪人どもにふさわしい相貌である」（『ユング自伝』2、みすず書房、六九頁）。知性を肉食鳥の発見能力にたとえたのは近代の学問の発展を指しているが、近代史に現れたヨーロッパ帝国主義の世界支配は、これと無関係ではない、とユングは考えている。近代の合理主義は、自らの知性の根底にある本能や無意識の欲求に気づかないからである。ユングが東洋の内向的精神の伝統を重視する理由はそこにある。なお「大地の重さ」Erdenschwereというのは、ニーチェの『ツァラトゥストラ』にみる語で、ユングはこれを、肉体と本能の象徴的表現と解している。

＊61（訳注）これは、『ファウスト』第二部の悪魔や妖精の世界を描いた部分を指すのであろう。ゲーテは、しばしば神秘体験をもった幻視者だったといわれる。デュオニソスは、ギリシアの酒神（バッカス）で、その祭りのときには、人びとは狂乱状態になって踊ったという。

＊62 エヴァンス＝ヴェンツ『チベットの死者の書』W. Y. Evans-Wentz, Das tibetanische Totenbuch（本書五三頁以下参照）

＊63『ファウスト』第一部第一景。（訳注）「死の門」と訳したのは、高橋義孝『ファウスト集注』（郁文堂）による。

＊64（訳注）ユングのいう「個性化」Individuationは、自我意識が、無意識領域の深部に潜在する本来の自己Selbstの力と結ばれてゆく変容Wandlung, transformationつまり人格形成の過程を意味する。それによって各人のもつ個性的素質が発揮されるという意味で、それは「個性化」といわれる。ただし、より根本的な意味においては、この過程は、自我が究極の次元を指示する本来の自己と不可分individualになることを意味している。Individuationという原語には、この二つの意味があることに注意されたい。

＊65 Suzuki, Die grosse Befreiung, p. 131. f（全集、第十四巻、二八四頁、二八八頁以下）

＊66（訳注）「禅は決して暇つぶしではない。むしろ、人生における最も真剣な課題である。暇な人間は、そんなことはせぬであろう」（Suzuki, Essays, I, p. 16. Die grosse Befreiung, p. 76.）

＊67「もしお前が結跏扶坐して仏を求めるならば、お前は仏を殺すことになる。お前がそういう坐禅のやり方から自由にならないかぎり、お前は決して真理に至ることはないだろう」と、ある師匠は言っている。（Suzuki, Essays, I, p. 222.）（訳注）ハタ・ヨーガは、身体の諸器官、特に四肢の訓練法を主にしたヨーガで、日本で現在普及している健康法や

美容体操としてのヨーガは、その初歩的な部分である。これに対して瞑想を主にしたヨーガはラジャ・ヨーガという。インドのヨーガは、複雑多様なテクニックを使うが、禅はこの点、簡素である。なお、ユングが引いた鈴木の言葉は、坐禅しながら坐禅していることすら忘れるのが、禅の目指す境位である、という意味であろう。

浄土の瞑想[*1]（一九四三）
——観無量寿経に寄せて

インド芸術にみられる実在の感覚

惜しくも若くして亡くなった私の友人ハインリヒ・ツィンマー[*2]は、『芸術形式とヨーガ』と題する著作[*3]の中で、インドの宗教建築とヨーガの間にみられる深い関係を強調している。一度でもボロブドゥール[*4]の遺跡を訪れた人や、バルフートやサーンチー[*5]の塔《ストーパ》を見た人なら、たとえそれまでインド人の生活についてあまり多くのことを教えられていなくても、ここには、ヨーロッパ人には近寄りがたい精神的態度やものの見方がはたらいている、という感じを受けざるをえないであろう。インドの精神からわき出る豊かさの無数の断面には、ギリシア的訓練を受けたヨーロッパ人の思考には、一見異様で近づきがたく思われるたましいのヴィジョンが反映している。われわれ西洋の悟性は、事物を外から眺める。つまり——ゴットフリート・ケラー[*6]の言い方をかりれば——「まつ毛が受けとめた、黄金のような世界の豊かさを、われわれの眼がのみこむ」——のである。そしてわれわれは、さまざまな外的なものの印象から、内的なものについて推理する。それどころかわれわれはさらに、「感覚の中にあらかじめ存在しなかったものは、悟性の中には何も存在しない」[*7]という原則にもとづいて、外にあるものの内容を導き出すのである。このような原則は、インドではあてはまらないようだ。インドの思考〔哲学〕と形成活動

〔芸術〕とは、感覚の世界にのみ現れるが、しかし、感覚から導き出されるわけではない。しばしばどぎつい感覚的表現をとっているにもかかわらず、それは、その真の本質においては、超感覚的とまでは言わないにしても、非感覚的なものである。それは、感覚や物体や色と音の世界でもなければ、また、インドのたましいの形成力によって変容されたり、写実的情熱《パトス》とともに再生させられた、人間的情熱といったものでもない。それはむしろ、形而上的な〔つまり形をこえた〕性質をもつ地下界あるいは天上界であって、そこから、異様な形をもったものどもが、地上のこの見なれた世界の中へ現れてくるのである。南インドのカタカリの踊り手たちが神々を表現しようとする、あの奇妙な印象を与える踊りをよく観察すると、そこには、ただの一つも自然な動作は見られない。すべてが奇怪で、人間以下でもあれば人間以上でもある。踊り手たちの歩きぶりは、人間のようではない。彼らはすべってゆくのだ。彼らは頭で考えるのでなく、両手の動きで考える。彼らの人間的な顔は、青いエナメルを塗った精巧な仮面のかげに消えてしまっている。われわれの見なれた日常世界には、このグロテスクな壮大さにほんの少しでも比べられるようなものは何もない。このような光景を見れば、人は夢の世界にでも連れこまれたような気分になるであろう。実際、これと似たような光景に出会う唯一の場所は夢の中しかない。しかし、カタカリの踊りや寺院の彫刻に見られるものは、夜の幽霊のようなものではない。それらは、力動感にあふれ、細部まで法則に従って形づくられ、あるいは有機的に成長してきた姿を示している。それらは、過ぎ去った現実の影法師や模像みたいなものではなく、むしろ、いまだかつて存在したことのない現実、つまり、いつでも存在の限界をこえて現れてくる潜在的な実在なのである。

心をこめてこのような印象に身をゆだねる人なら、このような姿は、インド人にとって夢のようなものではなく、現実に現れるものであることを、すぐに認めるであろう。それらは、生き生きとした驚きをともないながら、われわれの内なる何ものかを動かすけれども、われわれは、それを表現するだけの言葉をもっていないのである。それと同時に、人は、その光景に深く心を動かされれば動かされるほど、われわれの感覚世界の方が逆に夢のようにぼやけてゆき、まるで神々の世界ではじめて目ざめたような、直接的な現実にぶつかるのである。

ヨーロッパ人がインドに行ってまず見るものは、至るところに見られる外面的肉体性である。しかしそれは、インド人が見ているインドではない。つまりそれは彼らにとっての現実ではない。ドイツ語でいう「現実」Wirklichkeitとは、「現にはたらいている」wirkenもののことである。われわれにとって、「現にはたらいている」ものの本質は、外の現象の世界と結びついているものだが、インド人の場合には、それがたましいと結びついている。感覚世界は彼らにとって仮象であり、彼らにとっての実在は、われわれが夢とでもよぶようなものに近づくのである。

東洋と西洋の間にみられるこの奇妙な対立は、宗教的修行の場面に一番よく現れている。われわれは、宗教的な教化とか宗教的高揚について語る。われわれにとって神は宇宙の主宰者であり、われわれは隣人愛の宗教をもっている。そして天に向かってそびえるわれわれの教会には、「高い祭壇」Hochalterがある。これに対してインド人は、「禅定《ディヤーナ》」すなわち瞑想と内への沈潜について語る。神性はすべての事物の内部に、特に人間の内に宿っている。インドの古い寺院では、祭壇は、地面より二、三メートル深く沈んでいる。また、われわれが一番恥ずかしいものとして隠すもの〔性器〕が、インド人にとっては最も神聖なシンボルなのである。われわれは行為を信じるのに対してインド人は不動の存在を信じる。われわれの宗教的修行が祈りと畏敬と讃美であるのに対して、インド人にとって最も重要な修行はヨーガである。それは、われわれなら意識喪失とでもよぶような状態であるが、インド人はそれを、最高の意識状態として讃美する。ヨーガはインド精神の最も雄弁な表現であると同時に、このような独特な心的態度を生み出すために、常に用いられる道具でもあるのである。

観無量寿経の瞑想

ところで、ヨーガとは一体何であろうか。「ヨーガ」という言葉は、文字通りには「軛《くびき》をつけること」つまり、本能的な心の衝動、サンスクリット語でいうクレシャ〔煩悩《ぼんのう》〕を統制することを意味する。軛をつける目的は、人間を世界につなぎとめている力をコントロールするところにある。「煩悩《クレシャ》」は、アウグスティヌスの言葉でいえば、傲慢superbiaと欲求concupiscentiaにでも当たるだろう。ヨーガにはさまざまな形態があるが、目的はすべて同じである。ここでは、そのすべてを紹介するのはやめるが、ただ、純粋に心理学的な瞑想の訓練法のほかに、ハタ・ヨーガとよばれるものがあることに注意しておきたい。ハタ・ヨーガは一種の体操であって、主に呼吸の訓練法と特異な体位のポーズを保つ訓練法から成っているものである。この講義では、私はヨーガの心的過程に対する深い洞察を教えてくれる一つのテキストをとりあげて、説明してみたい。それはあまり知られていない仏教の経典で、中国語で書かれたものであるが、もとはサンスクリット原典からの漢訳である。著作年代は紀元四二四年にさかのぼる。それは『観無量寿経』Amitāyur-dhyāna-Sūtra——ドイツ語に訳せば「阿弥陀《アミターバ》の瞑想の経典」である。[*8]この経典は、特に日本で高く評価されているので、[*9]いわゆる有神論系統の仏教〔浄土信仰〕に属している。その教えは、原初の仏陀である「本初仏」Adi-Buddhaないし「大いなる仏陀」Mahābuddhaから現れてきた五つの瞑想の仏陀、つまり「禅定仏」Dhyāni-Buddhasないし「禅定の菩薩」Dhyāni-Bodhisattvasの説く教えである。この五つの瞑想の仏陀の一つが「阿弥陀」Amitābhaすなわち「無量光仏」——測ることのできないほどの光を放つ夕日の仏陀——なのである。[*10]この仏は、浄福の国土である「極楽世界《スカーヴァティー》」の主である。釈迦牟尼《シャーキャ・ムニ》つまり歴史的仏陀が現在世界の教師であるのに対して、阿弥陀仏は、現在世界の保護者である。阿弥陀崇拝には、面白いことに、聖別されたパンを用いる一種の聖餐《さん》式が見出される。この仏は、その手の中に不老不死の生命を与える食物か、聖水を入れた器をもった姿で、よく描かれている〔これは、阿弥陀仏の脇侍である観世音菩薩を指したものであろう〕。

テキストは、ある導入的な物語から始まっているが、ここでその内容について詳しく述べる必要はないであろう。ある皇太子〔阿奢世《アジャータシャトル》〕が彼の両親の生命を奪おうとし、苦悩にとらえられた王妃〔韋提希《ヴァイデーヒ》〕は仏陀に助けを求め、二人の仏弟子マウドガルヤーヤナ〔目蓮〕とアーナンダ〔阿難〕をよこしてくれるように祈る。仏陀は彼女の願いを聞き入れ、二人の弟子はただちに彼女の前に現れる。それと同時に、仏陀そのものである釈迦牟尼も、彼女の眼前に姿を現す。釈迦は、幻覚の中で、十方のすべての世界を彼女に示し、その中から、彼女が再生したいと望む世界を選ばせる。彼女は、阿弥陀仏の住む西方の国土を選ぶ。そこで仏陀は、彼女に、阿弥陀仏の国に再生することのできるヨーガを教える。釈迦は、いろいろな道徳的教えを与えたのち、彼女に向かって次のようにいう。

十三の瞑想のシリーズ――定善観

お前も、そしてまた他のすべての衆生（すなわち同じ気持ちをもっている者）も、思いを一つのことに集中して、西方の国土の知覚〔観〕を生み出すことだけを目標にしなければいけない。どうすればそのような知覚が得られるか、とお前はたずねるだろう。今、私はそれを説明しよう。一切の衆生は、生まれつきの盲目でないかぎり、視覚をもっているから、誰でも西に沈んでゆく太陽を見ることができる。お前はまず正しい姿勢で座り、西の方に眼を向け、お前の心をふるい起して、太陽に思いを集中する瞑想の準備をせよ。それからお前の意識をしっかりと太陽に結びつけ、心をそこにだけ集中して、じっと動かない太陽の知覚を得るようにせよ。太陽が今にも沈もうとして、あたかも空にかかった太鼓のように見えるのを見つめよ。このようにして太陽を見終わったら、このイメージを明瞭に固定し、眼を閉じても開いても、いつもありありと瞼に浮かぶようにしなければならない。これが太陽の知覚〔日想観〕であり、瞑想の第一段階〔初観〕である。[*11]

先に述べたように、沈んでゆく太陽は、不老不死の永遠の生命を与える阿弥陀仏を比喩的に示している。経典はさらに続く。

それからお前は、水の知覚を得るようにせよ。水の澄みきった有様を見て、そのイメージがはっきりと、いつまでも眼前にとどまっているようにせよ。お前の心が決して散らばったり、どこかへ行ったりしないようにせよ。〔第二の水想観〕[＊12]

すでに述べたように、阿弥陀仏は、不死の水を恵む者でもある。

このようにして水を見た後、お前は氷の知覚をつくり出すようにせよ。氷が輝き、透きとおっているのを見るとともに、お前は瑠璃《るり》の姿を想像しなければいけない。それが終わってからお前が大地を見れば、大地は瑠璃からできていて、内も外も透明で光り輝いているように見えるだろう。この瑠璃の大地の下には、七つの宝石やダイヤモンドなど（高価な石）をちりばめた黄金の旗〔幢《はたぼこ》〕があって、大地を支えているのを、お前は見るだろう。この旗は、コンパスが示す八つの方角へひろがり、このようにして、基底の八つの隅が完全にみたされる。八つの方角のそれぞれの側面は、百個の宝石からできており、その宝石の一つ一つが千の光明を放ち、その光明の一つ一つは八万四千の色彩をそなえ、その光明と色彩が瑠璃の大地に反射して、あたかも何億何千もの太陽が輝いているようである。その一つ一つをつぶさに見ることは難しい。この瑠璃の大地の表面には、縦横に交差した黄金の縄が張りめぐらされているが、その区画は七つの宝石をちりばめた紐で区別され、各部分は明瞭ではっきりしている。

この知覚がつくり出されたら、お前は、その各部分について、一つ一つ詳しく瞑想しなくてはならない。そして、そのイメージをできるだけはっきりさせ、眼を閉じても開いても、決して分散したり消失したりしないようにせよ。眠っている時のほかは、いつもこのイメージを、お前の心の眼の前に思い浮かべるようにせよ。このような知覚の状態に達した人は、最高の幸福の国（極楽浄土《スカーヴァティー》）をぼんやりと見た者とよばれる。ところが、「三昧《サマーディ》」の状態に達した者は、この仏の国を明らかにはっきりと見ることができる。このような状態は、とても説明しつくせない。これが大地の知覚〔地想観〕であり、瞑想の第三段階〔第三観〕である。[13]「三昧」Samādhiとは「内へ引きこもっていること」、すなわち、世界とのすべての結びつきが内面に吸収されてしまった状態である。[14]「三昧」は、黄金の旗が示しているように、八重になった道の第八番目である。

これに続くのは、阿弥陀仏の国土の宝石の木についての瞑想〔宝樹観〕であり、さらに水についての瞑想〔宝池観〕がそれに続く。

> 最高の幸福の国〔極楽国土〕には、八つの池に水がある。それぞれの池の水は七つの宝石〔七宝〕からできていて、その宝石は柔らかくしなやかである。池の水源は、宝石の王者ともいうべき望みをかなえる真珠〔如意珠王〕（チンターマニ）から来ている。……おのおのの池の中には、七つの宝石からできた六十億の蓮華の花がある。どの花も完全な円の形をしていて、大きさはすべて全く同じである。花の間には快いメロディーをひびかせて水が流れているが、その音は、苦・非存在〔空〕・無常・無我といったすべての完全な徳をあらわしている。この音はまた、あらゆる仏陀の完全性のしるし〔三十二相〕およびそれより下位の優秀さのしるし〔八十随形好〕に対する讃美を示している。[15] 宝石の王者（チンターマニ）からは、美しさこの上もない金色の光が発している。その光は百の宝石の色をもつさまざまの鳥に変わる。鳥の鳴きかわす声は甘く魅惑的で、「仏」への思いと、「法」への思いと、「僧伽」への思いを讃《たた》えつづけている。[16] これが八つの徳をそなえた水〔八功徳水〕の知覚であり、瞑想の第五段階である。[17]〔第五の宝池観〕

阿弥陀《アミターバ》そのものの瞑想については、仏陀は、王妃に向かって次のように教えている。「七つの宝石からできている大地の上に、蓮華の花の知覚を形づくれ」。この花には八万四千の花弁があり、そのそれぞれに八万四千の脈があり、その脈のそれぞれから八万四千の光明が出ていて、「その光明は一つ一つ、はっきりと見ることができる」[*18]

〔第七の華座観〕

それからお前は、仏陀そのものを知覚しなくてはならない。どのようにして、とお前はたずねるだろう。すべての仏陀如来《タターガタ》（完成した者）の霊的身体は自然の原理（「法身界」Dharmdhatūkāya）なのであるから、彼はあらゆる存在〔衆生〕の意識の中に入りこむことができる。[*19] したがって、お前が仏陀を知覚したときには、お前が仏陀において認める三十二の完全性のしるしと、それより下位の優秀性を示す八十のしるし〔三十二相八十随形好〕を、お前の意識は実際にもつことになる。結局は、仏陀になるのはお前の意識であり、それどころか、お前の意識が実際は仏陀なのだ〔是の心、仏となり、是の心、是れ仏なり〕。あらゆる仏陀のもつ真実で広大な知の海は、その源を、私たち自身の意識と思考の中にもっている。したがってお前は、一心不乱に思いをこめて、あの仏陀如来、覚者《アルハット》、神聖で完全な開悟を得た者たち〔三藐《みゃく》三仏陀〕について瞑想しなくてはならない。お前がこの仏陀の知覚を形づくるときには、お前はまずこの仏陀のイメージ〔像〕を知覚し、眼を開いても閉じても、それが見えるようにしなければならない。蓮華の花の上に座っている紫金色[*20] Jambūnada-Goldの仏像のような姿を見るようにせよ。

お前が座っている仏陀の姿を見ることができたら、お前の心の眼は明らかになり、お前はあの仏陀の国土の美しい様子を、はっきりと明らかに見ることができるだろう。お前がこれらの事物を見ているときは、お前の両方の手のひらのように、はっきりした形でその姿が現れてくるようにせよ。[*21]〔以上は第八の像観〕

このような体験を通過したら、お前は十方の世界のすべての仏陀たちを同時に見ることができるだろう。……

このような瞑想をやりとげた者は、すべての仏陀の身体を見た者とよばれる。彼らは、仏陀の身体について瞑想したのだから、仏陀の心をも知るであろう。仏陀の心とよばれているものは、偉大なる慈悲である〔仏心とは大慈悲、是れなり〕。すべてを包む慈悲によって、仏陀はすべての存在〔衆生〕をはぐくむ。この瞑想を習い覚えた者は、死んだのち、仏陀たちのいる前に再生して別の生を得、その後に生じてくるすべての出来事に対処する断念の心〔無生忍〕[*22]にまで達するだろう。したがって、知恵をもつ者は、思いを集中して、この阿弥陀仏《アミターユス・ブッダ》〔無量寿仏〕を瞑想しなくてはならない。[*23]〔第九の真身観〕

この瞑想を習った人は、もはや胎児的状態に生きているものではなく、すぐれた驚くべき仏陀たちの国々に自由にゆける、といわれている。〔決定往生〕

このような知覚を得たら、お前は、お前自身が西方にある最高の幸福の世界〔西方極楽世界〕に生まれ、そこで足を組んで、蓮華の花の上に座っている様子をイメージに思い浮かべなくてはならない。それから、この花が閉じてお前を中に包み、その後再び開く様子を、イメージに形づくるのだ。花が再び開くとき、五百の色彩の光が、お前の身体を包んで輝くだろう。お前の眼は開かれ、お前は、仏陀や菩薩たちが空いっぱいにみちみちている様子を見るだろう。お前は、水のせせらぎ、木々の葉ずれ、鳥のさえずり、そして多くの仏たちの声を聞くだろう。[*24]〔第十二の普観〕

仏陀はそれから、アーナンダと王妃のヴァイデーヒに向かって次のように語る。

純真な思いによって西方の国土に生まれ変わろうと望む者は、まず湖の水中にある蓮華の花の上に座っている十メートルあまり〔丈六〕の高さの仏陀のイメージを瞑想しなければならない。前にも言ったように、仏の実際の身体とその大きさは限りがなく、ふつうの考え方ではとてもとらえられない。しかし、この阿弥陀如来のかねてからの祈りのはたらき〔宿願力〕によって、仏を心にかけ、仏を思い出す者は、必ず目的を達成できるであろう」[*25]〔第十三の雑想観〕

テキストはさらに、次のように続いている。

仏陀がこの説教を終わったとき、王妃ヴァイデーヒは、五百人の侍女とともに、仏の言葉に導かれて、はるかに広がる幸福の国の光景を見ることができ、また、阿弥陀仏の霊的身体と二人の菩薩〔観音と勢至〕の身体をも、見ることができた。王妃の心は歓喜にあふれ、「このような不思議な光景ははじめてです」と言って讃えた。彼女はその場で全く悟りが開け、これからどんなことが起こっても耐え忍ぶことのできる断念の心〔無生忍〕に達した。彼女の五百人の侍女も、今、最高の完全な認識に達したと考えて、喜びにみたされ、かの仏陀の国に再生したいと願った。このとき、世界から尊ばれている者〔世尊、釈迦〕は、予言して、一同の者はかの国土に生まれ変わり、多くの仏たちが眼前に現れる三昧《サマーディ》〔超自然的な安らぎ〕の状態を体験できるであろう、と言った。[*26]

修行の及ばない者の往生――散善観

悟りを得られない者の運命については、補論の部分で、仏陀は、ヨーガの修行を総括しつつ次のように述べている。

けれども苦痛にとらえられている者は、仏陀のことを思うひまもないだろう。そんなとき、よい友人は、彼に向かってこう言う。仏陀を心に念ずる修行ができないなら、せめて「無量寿経《ブッダ・アミターユス》」の名前をとなえるがいい。純粋な気持ちで、声をとぎらせることなく、となえつづけるのだ。仏陀を念じつづけながら、〝南無阿弥陀仏《ナモ・ミターユシエ・ブッダーヤ》〟〔阿弥陀仏を敬し奉る〕と、十回くり返して、思いを述べるのだ。そうすれば、仏陀の名をとなえる効果によって、彼は、くり返しとなえるたびに、ふつうなら八十億劫《カルパ》もの長い間、生と死をくり返さなくてはならない運命に彼を巻きこむ罪を、すべて消してしまうことができるだろう。彼が死ぬときには、眼前に、太陽の円盤のような金色の蓮華を見るだろう。その瞬間、彼は、最高の浄福の世界である「極楽浄土《スカーヴァティー》」に再生するであろう[*27]〔九品往生のうち、下品下生の項〕。

以上が、ここでわれわれが関心をもっているヨーガ修行の主な内容である。テキストは十六の瞑想法[*28]に分かれており、ここでは、その一部分をあげただけである。しかしこれだけでも、最高の恍惚と悟りである「三昧《サマーディ》」へと高まってゆく瞑想の段階を説明するには十分であろう。

自己催眠から能動的想像へ

この修行は、沈んでゆく太陽に精神を集中することから始まっている。南方の熱帯地方では、沈んでゆく太陽の光線でも非常に強いから、しばらく見つめているだけでも、強い残像が生じる。そのときには、眼を閉じても、まだしばらく太陽を見ることができる。よく知られているように、催眠術の方法の一つに、ダイヤモンドや水晶のようなまぶしい物体を見つめるやり方がある。太陽を見つめることも、同じような催眠的効果をもたらすと考えていいであろう。もちろんそれは、眠気をもよおすようなものであってはならず、太陽の「瞑想」をじっと続けていなくてはならない。瞑想は、太陽についての思念であり、太陽を自ら明るくし、その形、その性質、およびその意味を現実化することである。この後に続く瞑想のシリーズの中で、まるい形が重要な役割を果たしていることからみれば、まるい太陽円盤は、それに続く円形の幻覚イメージを生むためのモデルの役を果たしていると考えていい。それはまた、その強い光によって、あとに続く光の放射のヴィジョンを準備している。このようにして、テキストが述べているように、「知覚がつくり出される」のである。

次の水の瞑想は、もはや感覚の印象にもとづくものではなく、能動的想像の方法[29]によって、光を反射する水面のイメージをつくり出す。誰もが経験するように、水面は、太陽の光を十分に反射するものである。ここで、水が「光り輝く透明な氷」に変わる様子を思い浮かべなくてはならない。このようにして、太陽の残像の物的でない光は水という物質の形に変わり、それはついに固い形をもった氷に変わる。この訓練の目的は、明らかに、ヴィジョンを具体化して形を与えるところにある。それによって、われわれが日常よく知っている物質的自然の世界に代わって、幻覚形成の物質化作用が現れる。それはいわば、心という素材からつくり出された別の現実なのである。この透明な氷は、当然青い色をしているが、やがて青い瑠璃《るり》に変わり、固い宝石の像になり、それはさらに「大地」になる。その「大地」はむろん、「光り輝いて透明」である。この「大地」とともに、変化することのない、いわば絶対に現実的な基盤がつくり出されたわけである。この青い透明な大地は、ガラスでできた湖のようなもので、その透きとおった底の深みまで見ることができるのである。

この深い底から、今や、いわゆる「黄金の旗」が光りつつ登ってくる。ここで注目すべきことは、「旗」を意味するサンスクリット語の「ドヴァジャ」dhvajaが、ふつう「しるし」とか「象徴《シンボル》」という意味をもっていることである。[30]そこでわれわれは、シンボルの出現について述べることができるであろう。このシンボルは、ここでは明らかに、「コンパスの八つの方角に」ひろがっているから、大地の底は八方へひろがる放射状の体系をしている〔いわゆる元型としてのマンダラである〕。テキストが述べているように、「基底の八つの隅」は、旗によって「完全にみたされ」ている。この体系は「何億何千もの太陽」のように光り輝く。輝く太陽の残像は、こうして放射するエネルギーを十分に獲得し、はかりしれない光のパワーにまで高まったのである。この体系の上に「黄金の縄」が網の目のようにはりめぐらされているというイメージはちょっと奇妙であるが、これはおそらく、この体系がこのようにしっかりと結び合わされ、固定されたので、もうバラバラになることはない、という意味であろう。残念なことに、テキストは、この瞑想法が失敗することもあるということや、その誤りのために起こるイメージの拡散現象については、何も述べていない。しかし専門家からみれば、能動的想像の過程でこのような攪乱現象〔つまり病的な幻覚〕が起こることはありえないことではない。それどころか、そういう現象が起こる方がふつうである。したがって、ヨーガのヴィジョンにおいて、金色の縄によってイメージをいわば内的に固定するやり方をしているのも、驚くにはあたらない。

　テキストははっきり述べていないが、八方へ放射するこの体系は、すでに阿弥陀仏の国土なのである。そこには、天国にふさわしいすばらしい木々が茂っている。特に重要なのは、阿弥陀仏の国の水である。八角形の大地にふさわしく、水は、八つの池の形をしている。この水の水源は、中心の宝石であるチンターマニ、すなわち願望をかなえる真珠〔如意珠王〕であるが、それは「達しがたい宝」と最高の価値を象徴している。*[31]中国の芸術には、しばしば、龍と結びついた月の形が見られる。*[32]流れる水の妙なる「ひびき」〔音〕は、仏教の基本教義である二組の対比概念をあらわしている。それは「苦・非存在〔空〕・無常・無我」で、すべての存在は苦しみにみちており、自我的なものはすべて過ぎゆくもの〔無常〕である、ということを語ろうとしている。こういう迷いから人間を解放するのが、非存在〔空〕と非我存在〔無我〕なのである。ひびきを立てる水の流れは、したがって、仏陀の教え全体を示しているものと言ってもよい。それは、救済を与える知恵の水であり、オリゲネス*[33]の言葉を用いれば「教えの水」aqua doctorinae である。この水の源泉である比類なき真珠は、如来《タターガタ》である仏陀そのものである。そこで、仏陀の像〔イメージ〕を想像力によって再現する訓練が行われるわけであるが、この作業を行うことによって、仏陀とは瞑想の場ではたらいているヨーガ行者のたましい、つまり瞑想する者自身にほかならない、という洞察が生まれてくるのである。「自分自身の意識と思念」から仏陀の姿が現れてくるばかりでなく、そういう思念されたイメージをつくり出すたましいが仏陀そのものなのである。

本来の自己として現れる仏陀

仏陀の姿は、八角形の阿弥陀の国土の中央で、まるい蓮華の中に座って瞑想している。仏陀は、その「すべての衆生を包む」大いなる慈悲によって際立っている。したがって、ヴィジョンの中で内なる本質としての仏陀が現れ、それが瞑想する者の本来の自己として開き示されるのである。彼は、自分自身の本来の自己を、宇宙で唯一の存在者として、またまさに仏陀であるところの最高の意識として、自ら体験するのである。この最終目標に達するためには、苦しみにみちたこの世界の仮象を生み出す盲目的な自我意識から解き放たれて、逆にこの世界そのものが幻影として拒否されるようなたましいの反対の極に至るために、心の構造をつくりかえる訓練の長い困難にみちた道を、歩まなければならないのである。

ヨーガの根本精神

われわれのテキストは、博物館に保存されている古い文献の断片といったものではない。それはインド人のたましいの中に、さまざまな形で今も生きており、ヨーロッパ人には全く異様にみえる生活の細部にまで、彼らの生活と考え方の全体に浸透しているのである。このインド人のたましいを形づくり、教化したのは、仏教ではなくてヨーガである。仏教そのものも、ヨーガの精神から生まれたものであって、ヨーガは、仏陀による歴史的改革よりも古く、また広く普及していたのである。インドの芸術・哲学・倫理をその内面から理解しようとする人は、いずれにせよ、ヨーガの精神に親しむ必要がある。われわれの習慣になっている外側からの理解は、ここでは役に立たない。そういうやり方は、インドの精神性の本質には全く不適当である。特に私が警告しておきたいと思うのは、西洋人の間に、東洋の修行法をそのまま模倣し、共感しようとする態度がしばしばみられることである。そういうやり方では、ふつうは、われわれの西洋的悟性に無理を加えて曇らせてしまうような結果にしかならないのである。もちろん、あらゆる点でヨーロッパを拒絶し、倫理的な面でも実際的な面でも、すべての点で実際にヨーガ行者になりきってしまい、埃っぽい菩提樹《バンヤン》の木陰に鹿の皮を敷き、結跏扶坐して身をすりへらし、名もない無のような存在のまま生涯を終えることができるような人がいれば、そういう人はヨーガをインド的に理解したと言ってもいいだろう。それができない人は、ヨーガを理解したようなふりをしない方がよい。彼は、その西洋的悟性を捨てることはできないし、また捨てるべきでもない。むしろ反対に、形の上での模倣やセンチメンタルな傾倒はやめて、真剣に、われわれの悟性に可能なかぎりで、ヨーガを理解しようと努めるべきである。ヨーガの秘密はインド人にとって、キリスト教の信仰の神秘がわれわれにもっているのと同じくらいの、あるいはそれ以上の意味をもっている。われわれは、異教徒がわれわれの信仰の秘儀mysterium fideiを笑いものにするようなことは許さないであろう。それと同じようにわれわれも、インドの一見奇妙な考え方や修行を馬鹿にしたり、非合理な迷妄だと考えたりしない方がよい。そんなことをすれば、ありのままの理解に至る道をふさいでしまうことになる。実際、われわれはヨーロッパの中でさえ、こういうやり方をひろくもちこんだため、キリスト教教義の精神的内容は合理主義と啓蒙主義の霧の中に閉じこめられ、今ではとり返しがつかないまでに消滅してしまったのである。知りもしないし、理解もできないことを馬鹿にするくらい簡単なことはない。

もともとわれわれが理解しようとする場合には、ヨーロッパ的なやり方でしかできないのである。人はたしかに心情によって多くのことを理解することができるが、その場合には、悟性は、理解された内容に適切な表現を与えるような知的形式をつくり出すのに、困難を感じることが少なくない。反対に頭を使って理解するやり方、特に科学的思考によるやり方もあるが、その場合にはしばしば、心情は無視されてしまう。そこでわれわれとしては、あるときは一方のやり方を、またあるときは他方のやり方をとって、あとは読者の好意ある協力にまかせなくてはならないことになる。そこで、ここではまず頭を使うことにして、ヨーガのヨーロッパ的理解へ導けるような隠れた橋を発見するか、あるいは新しく架けるように試みることにしたい。

象徴の体系としての各イメージの意味

この目的のために、われわれはもう一度、先に述べたシンボルの系列についてとりあげてみなければならない。ただし今度は、それらの意味内容について考えてみることにしよう。まず瞑想のシリーズの最初に出てくる太陽であるが、これはあたたかさと光の源泉であり、目に見えるわれわれの世界の中心点であることは疑いない。したがって太陽というシンボルは、いわばいつでもどこでも、生命を与える者として、神性そのもの、あるいは神性のイメージという意味をもっている。キリスト教的観念の世界でも、太陽はキリストの比喩的表現として愛好されている。生命の第二の源泉は水であり、これは南方の諸国で特に目立っている現象であるが、このシンボルも、キリスト教の比喩体系の中で重要な役割を果たしている。たとえば、天国から流れ出る四つの川のイメージとか、神殿にある山腹からわき出る泉（エゼキエル書四七・一二）などである。わき出る泉のシンボルは、キリストの脇腹の傷口から流れ出た血に比べられた。この点の関連から連想されるのは、キリストが泉のほとりでサマリアの女と対話したという伝承（ヨハネ、四・六）、およびキリストの身体から流れ出る生ける水のシンボル（ヨハネ、七・三八）である。太陽と水についての瞑想は、必ず、こういった種類の〔心理的観念の上での〕意味連関をよび起こすものであり、瞑想する者はそれによって、次第に、眼に見えている現象の外面からその背後へ、つまり瞑想の対象の背後に存在している精神的意味へと、導かれてゆくのである。こうして瞑想する者は、内なる心的領域へと移される。そこでは、太陽と水はその物的対象性をとり去られ、心の内容を示すシンボル、つまり各人のたましいにおける生の源泉を示すイメージになってしまっているのである。もともとわれわれの意識は、自らをつくり出すわけではなく、われわれに知られない深みからわき上がってくるものである。意識は、子供のころから次第に目ざめてくるものであり、また大人になってからも、毎朝、無意識の状態である深い眠りの中から目ざめてくるものである。それは、無意識という母胎から毎日生まれてくる子供のようなものである。それどころか、意識の過程をもっと厳密に研究してみれば、それが無意識から影響を受けているばかりでなく、たとえばひとりでに浮かんでくるいろいろな思いつきといった形で、たえず無意識の内容が意識面に流れ出ている、ということが明らかになる。したがって、太陽と水について瞑想することは、たましいの源泉へ、つまりほかならぬ無意識そのものへ下降してゆく、という意味をもっているわけである。

　ここにはむろん、東洋の精神と西洋の精神の違いが見出される。それは、われわれがすでにとりあげた区別、すなわち「高い祭壇」と「深い祭壇」の区別と同じ違いである。西洋人はいつも高揚することを求めるが、東洋人は沈潜すること、あるいは深まることを求める。ヨーロッパ人は、インド人に比べると、物体性と重さの精神をともなう外界の現実から、強く、またするどく影響を受ける。そのためについに、西洋人は世界の上へ高まろうとするのだが、インド人は、母なる自然の深みに帰ることを好むのである。

　ところで、キリスト教の黙想では、たとえばイグナティウス・ロヨラの『霊操』Exercitia Spiritualia にみられるように、[*34] あらゆる感覚を使って、神聖な姿をできるだけ具体的につかまえようとするが、ヨーガ行者の場合も、彼が観察する水をまず氷に変え、ついで瑠璃に変えて固定し、それによって彼のいう堅固な「大地」をつくり出す。彼はいわば、彼のヴィジョンに堅い実体を与えるわけである。それによって彼は、内なるもの、すなわち彼のたましいの世界の形態に具体的な実在性を与え、これが外界にとって代わるのである。さしあたり、彼が見ているのは、湖や海の表面のような、光を反射する青い水面でしかないが、湖や海というものは、われわれの夢の中では、無意識のシンボルとしてよく現れてくるものである。光を反射する水面の下には、暗く秘密に閉ざされた未知の深みが隠れているのである。

　テキストが述べているように、青い石は透明であるが、このことは、瞑想する者のまなざしがたましいの秘密の深みの中まで入りこんでゆくことができる、ということを意味している。彼は今や、最初は見ることのできなかったもの、つまり意識されていなかったものを、そこに見出すのである。太陽と水は生命の物質的源泉であるので、それは、無意識に内在する生命の本質的秘密を示すシンボルになる。また旗は、ヨーガ行者が瑠璃の大地を通して見出すシンボルであるが、彼はそこに、それまで見ることのできなかった、また一見何の形もないように思われた意識の源泉が開き示す姿ともいうべきものを見出すのである。「禅定《ディヤーナ》」すなわち黙想による沈潜と深まりによって、無意識が一種の形をとって現れてきたかのようである。意識の光は、外なる感覚世界の対象を照らし出すのをやめて、今や、無意識の暗黒を照らしているかのようである。感覚世界とその世界に関する思念がすべて消えてしまうと、内なるものがはっきりと表面に浮かび上がってくる。

無意識の探求にともなう困難

ここでこの東洋の経典は、ヨーロッパ人にとっては無限の困難を課する一つの心的現象をとびこえてしまっている。ヨーロッパ人の場合には、もし外界の表象を追放し、外的なものにかかわる心を空っぽにすれば、彼はたちまち主観的空想《ファンタジー》のとりこになってしまうのだが、このテキストの説明は、そういう空想については何もとりあげていない。空想は何の評価も受けていない。それは安っぽく無価値なものであり、したがって無益で無意味なものとして、しりぞけられている。それは「煩悩《クレシャ》」、つまり無秩序で混沌とした衝動の力であり、ヨーガとはそれに「軛《くびき》をつける」ことなのである。ロヨラの『霊操』も同じ目的を追求している。この二つの方法はいずれも、観想するための対象を瞑想者に与えることによって、効果を達成しようとしている。つまり、無価値な空想を排除するために、思念を集中すべき一定の価値あるイメージを瞑想者に課する、というやり方をとっているのである。つまり、この二つの方法は、東洋の場合も西洋の場合も、直接的なやり方で目的を達成しようとしている。瞑想の訓練が宗教的雰囲気をもった状況の中で行われる場合には、私も、それが成果をあげ得るだろうということは疑わない。しかし、そういう前提条件がない場合には、事はうまく運ばないのがふつうで、悲しむべき結果におちいることさえあるのである。無意識が照らし出されると、人はたちまち混沌とした個人的無意識の領域に入りこむが、そこには、忘れたいと思っていることや、どんなことがあっても自分にも他人にも認めたくないことや、それがそもそも真実であるとは信じたくないことなどがすべて含まれている。そこで人は、この暗い隅の部分をできるだけのぞかないようにすれば、それからうまく逃れられる、と信じるのである。しかし、そういうやり方をしても、この隅から発する力をよけることはできないであろう。そういうやり方では、ヨーガが約束しているものの片鱗にふれることさえできない。この暗黒領域をつきぬけてゆく者だけが、何らかの展望を開くことを期待できるのである。私は原則として、ヨーロッパ人がヨーガの修行法を無批判に採用することには反対である。というのは、ヨーロッパ人には暗い隅の部分を避けようとする傾向があることを、私はよく知っているからである。そういう態度ではじめたのでは、全く意味がないし、何の価値もない。

われわれ西洋の世界では（イエズス会士の『霊操』をきわめて例外的な場合として除外すれば）、ヨーガに比べられるようなものは何も発達しなかったのであるが、その深い理由は、実はここにある。われわれ西洋人は、個人的無意識の恐ろしい光景に対して、底しれない恐怖心をもっている。そこでヨーロッパ人は、自分のことはさておいて、むしろ他人に向かって「どういうふうにすべきか」と一般化して言う方を好むのである。全体をよくすることは個人から、いやまず自分自身から始まるのだ、ということが、ちっとも頭に入っていないのである。多くの人たちは、自分自身の内面をのぞきこむようなことは病的な態度であって、そんなことをすれば憂うつ《メランコリック》になってしまうとさえ考えている。いつか、ある神学者が私に向かって、はっきりそう断言したこともある。

私は先ほど、ヨーガに比べられるようなものは、西洋では何も発達しなかったと言った。これは厳密な言い方ではない。西洋では、ヨーロッパ的見方に対応した形で、「煩悩《クレシャ》」を特にとりあげる医学的心理学（精神分析）が発達した。われわれはそれを「無意識の心理学」とよんでいる。フロイトによってはじめられたこの運動は、人間性の影の部分の重要性と、それが意識に及ぼす影響とを認識して、無意識の問題に没頭した。この心理学は、われわれのテキストが沈黙を守り、解決済みのこととして前提している事柄を、まさに研究対象にしているのである。ヨーガは、「煩悩」の世界についてよく知ってはいるが、その宗教は自然に結びついた性格をもっているので、「煩悩」がわれわれ西洋人に対して意味するような道徳的葛藤については何も知らないのである。倫理的ジレンマは、われわれ自身をわれわれの影の部分から分離する。インドの精神は自然から生い立つのに対して、西洋の精神は自然に対立するのである。

個人的無意識領域からの超越

そこでわれわれの場合には、瑠璃でできた大地も透明ではない、ということになる。自然〔本性〕の中にある悪の問題について、まず答えなくてはならないからである。この問題は答え得るものであるが、しかし、底の浅い合理主義の論法や知的おしゃべりによったのでは、決して答えられるものではない。ある一つの悪について個人が倫理的責任を負うならば、それなりに一つの正しい答えを与えることができる。しかし、そういう外形的悪を生み出す内心の悪に対する一般的な処方とか免許といったものはありえないのであって、その場合は誰しも、最後の一銭まで支払うほかはないのである。そのときはじめて、その人にとって、瑠璃の大地は透明になり得るのである。われわれの経典は、われわれの個人的空想から成る影の世界、すなわち個人的な無意識の領域は踏み越えられたものとして、さらに一つの象徴的な形について説明している。このシンボルは、われわれには一見奇異な印象を与える。それは放射状の、八つに分かれた幾何学的図形、〔グノーシス主義者のいう〕いわゆるオグドアス、つまり「八つのもの」[*35]である。その中心には、仏陀の座った蓮華の花が現れている。そして決定的な意味をもつ体験は、瞑想者自身が仏陀であるという認識である。それによって、導入部の物語によって結ばれた運命のもつれは解決することになる。中心への集中によってつくられたこのシンボルは、明らかに高度の思念集中の状態をあらわしているが、そういう状態に到達するには、先に説明したように、感覚世界の印象と客体に結びつけられた表象への関心をぬぐい去り、それを意識の背後にさしむける訓練を徹底して行わなくてはならない。客体と結びついている意識の世界ばかりではなく、そういう意識の中心である自我までも消え失せるとき、そこに、阿弥陀仏の世界の光明が、輝きを増しつつ現れてくるのである。

心理学的にいうと、このことは、個人的な空想と衝動の世界の背後あるいは下の方から、無意識のもっと深い層が現れてきたことを意味している。この深い層は、「煩悩」の混沌とした無秩序状態とは反対に、最高の秩序と調和を示している。また「煩悩」の多数性とは反対に、「菩提マンダラ」bodhimandalaすなわち悟りを示す「呪術的な輪」がすべてを包みこんだ統一性を示している。

ここでは、個人的無意識の暗黒が透明になってくるとともに、いわば超個人的な、世界を包みこむような無意識が現れてくるのであるが、このようなインド人の主張に対して、われわれの心理学は何と言えばよいものであろうか。われわれの現代心理学は、個人的無意識というものが単なる表層にすぎず、その下には全く違った性質をもつ基層があることを知っている。この基層をわれわれは集合的無意識とよぶのである。なぜこのような名称をつけるかといえば、この深い無意識の領域では、個人的無意識やその純粋に個人的な内容とは違って、はっきりした神話的性格を示す象徴的イメージが現れてくるからである。言いかえれば、そういうイメージは、その形式と内容からみて、至るところで見出される神話の基礎にある原初的観念と一致しているのである。それらはもはや個人的なものではなく、純粋に超個人的な性質のものであり、したがってすべての人間に共通である。したがってそれらは、あらゆる民族とあらゆる時代の神話や民話に現れてくるとともに、神話について何の知識ももっていない個々人の体験にも現れてくるのである。

われわれ西洋の心理学は、実際上、ヨーガが達したのと同じ地点に来ており、無意識のより深い統一的な層を学問的に証明することができるのである。無意識の探求によってその存在が証明されるさまざまの神話的主題は、それ自体としては多様さを示しているが、結局は、一つの中心をもった、あるいは放射状の体系に帰着するものであって、それがまさに、集合的無意識の中心あるいは本質を成しているのである。ヨーガの洞察と心理学的探求の成果の間にみられるこの注目すべき一致から、私は、この中心をもつシンボルに「マンダラ」という術語を与えたが、このサンスクリット語は「円」をも意味している。

人はこう問うにちがいない。一体どうして、科学がそういう結論にまで至れるのか、と。そのためには二つの道がある。第一は歴史的な方法である。たとえば中世の自然哲学〔錬金術〕の内観的方法を研究してみると、中心的原理を象徴するために、円、それも多くの場合、四分割された円のモチーフが、いつもくり返し用いられているのがわかる。これは明らかに、教会で用いられた四一性Quaternitätの比喩によるもので、たとえば四福音書の作者をまわりに配した「栄光のキリスト」rex gloriaeとか、天国の四つの川とか、四つの風などといったさまざまのイメージに現れている。

第二の方法は経験的——心理学的なものである。心理治療のある段階で、患者はときどき自然発生的に、そういうマンダラ図形を示すことがある。夢にみる場合もあれば、心の混乱を補償したいという欲求を急に感じて、きちんとした統一をもつ図形を描くこともある。たとえば、われわれスイス人の国民的聖者であるニクラウス・フォン・デル・フリューエ師も、このような種類の経験をもったのである。[*36] ザクセルンの管区教会にある三位一体の幻視像をみれば、彼が経験した状態を今でも見ることができる。彼は大きなおそろしいヴィジョンによってたましいの底まで揺り動かされてしまい、あるドイツの神秘家の小著の中にあった円の図形の助けをかりて、やっとそれを受け入れることができたのであった。

しかしながら、蓮華の花の中に座っている仏陀について、われわれの経験心理学は何というだろうか。理論的にいえば、西洋のマンダラの中心には、冠をいただいたキリストがいるはずである。先に言ったように、中世では、西洋でもそういう象徴的な形をとっていたのである。けれども、多くの人びとの体験から生じてきた現代のマンダラ図形——それらは外からもちこまれた観念や暗示なしに自然発生的に生まれてきたものである——には、キリストの姿もなければ、まして蓮華の中に座った仏陀などはみられない。ただし、ギリシア正教の等辺形の十字〔✚〕や、はっきりと仏教のスヴァスティカ〔卍《まんじ》〕の形を暗示している例がしばしばみられる。この奇妙な事実は、それ自身大変興味あるものであるが、ここではとりあげない。*37

キリスト教のマンダラと仏教のマンダラの間には、微妙な、しかし大きな違いが見出される。キリスト教徒は、黙想の中であっても、私はキリストであるとは言わず、パウロとともに「私が生きているのではない、キリストが私の中に生きているのだ」（ガラテヤ人への手紙、二章二〇節）と告白するであろう。ところがわれわれの経典は、「お前は、お前が仏陀であることを知るであろう」（是の心、仏となり、是の心、是れ仏なり）と言っている。根本的にいえば、この二つの告白は同じものである。なぜなら、仏教徒がこのような認識に達するのは、彼が「無我《アナートマン》」つまり自我をもたないでいるときに、はじめて可能になることだからである。けれども、この二つの表現のしかたには非常な違いがある。キリスト教徒は、キリストにおいて終わりに達する。これに対して仏教徒は、彼が仏陀であることを認識するのである。キリスト教徒の生は、たえず移りかわる自我中心的な意識界から出てくるのに対して、仏教徒は、今でも、内的自然という永遠な根底の上に安らっている。人間の内的自然は、神性ないし普遍的存在と一つであるという考え方は、インドの他の宗教にも見出すことができるものである。

〔注〕

＊1（訳注）『スイス東アジア文化友の会会報』第五集 Mitteilungen der Schweizerischen Gesellschaft der Freunde ostasiatischer Kultur, V, 1943. に発表された。原題は、『東洋的瞑想の心理学のために』Zur Psychologie östlicher Meditation. 執筆の動機は語られていないが、冒頭に言及されている友人ハインリヒ・ツィンマーの死がこの年（一九四三）であるところから察して、この友の死を悼む気持ちから書かれたものではないかと思われる。ツィンマーは、本書第三論文『禅の瞑想』のもとになった鈴木大拙の英文著作の独訳者であり、また第五論文『インドの聖者』も、ツィンマーの遺作に寄せられ

たものである。

＊2（訳注）ハインリヒ・ツィンマー Heinrich Zimmer（1890–1943）ドイツのインド学者。バルチック海岸のグライフスワルドで生まれ、その地で教師となった後、ハイデルベルク大学教授、オックスフォード大学兼任。ユングと親交を結ぶ。ユダヤ系のため、ナチスによって大学を追放され、一九三九年亡命、一九四〇年アメリカに渡り、コロンビア大学でインドの哲学と芸術を講じた。Philosophies of India, Myth and Symbols in Indian Art and Civilization など、多くの著書がある。

＊3『インドの儀礼像における芸術形式とヨーガ』Kunstform und Yoga im indischen Kultbild, Berlin. 1926.

＊4（訳注）中部ジャワの大乗仏教遺跡。八世紀ごろの建築であるが、十九世紀に発見され、世界に紹介された。

＊5（訳注）北インドの有名な古代仏教遺跡。『自伝』によると、ユングは、一九三八年インドを訪れた際に、サーンチーの仏跡に行っている。

＊6（訳注）ゴットフリート・ケラー Gottfried Keller（1819–90）スイスの作家、抒情詩人。健康な自由主義とユーモアのある小説で知られる。ユングが引いている句は、『眼の歌』という詩の一節。

＊7（訳注）ロックに代表される近代経験論の立場を示す言葉。

＊8『東方聖書』Sacred Books of the East, Vol. XLIX, Part. II, p. 161 ff.（translated by Takakusu）（訳注）この叢書はマックス・ミュラー編。観無量寿経は高楠順次郎訳。なお、『観無量寿経』の梵本は発見されていない。五世紀に西域僧の畺良耶舎《きょうりょうやしゃ》が訳した漢訳があるのみである。詳しくは『大乗仏典6　浄土三部経』（中央公論社）所収の観無量寿経の項を参照されたい。

＊9（訳注）『観無量寿経』は平安仏教で重視され、日本の浄土信仰の発展に大きい影響を与えた。恵心僧都源信の『往生要集』はこの経典の影響を強く受けている。また法然は、唐の善導の『観無量寿経疏』を読んで回心し、彼の信仰を確立した。

＊10（訳注）阿弥陀の語源は「無量光」Amitābha または「無量寿」Amitāyus とされている。「数えきれない」（無量）を意味する amita に、ābha（光）または āyus（生命、年数）をつけた形と考えられている。

＊11（訳注）『大乗仏典6　浄土三部経』（中央公論社）一九五頁以下。以下に述べられるのは、「定善観」とよばれる十三の瞑想のシリーズの説明である。

＊12（訳注）同前、一八八頁。

＊13（訳注）同前、一八八～一九〇頁。

＊14（訳注）*samādhi* の語源は *sām*（正、集、同、等）＋*ādhā*（持つ、支える）、つまり、内なる心の動きを、じっと変わらずに正しく持つ、という意味。

＊15（訳注）ふつう「三十二相八十種好」などといわれ、仏陀の身体がもつすぐれた特性を数えあげたもの。

＊16（訳注）いわゆる三宝（仏・法・僧）に帰依すること。原文は「常讃念仏、念法、念僧」

＊17（訳注）前掲書、一九六～一九八頁。なお、第四の宝樹観は略されている。

＊18（訳注）同書、二〇一～二〇五頁。第六の宝楼観は省略。

＊19（訳注）これは大変有名な句である。もとの文は「諸仏如来は是れ法界身にして、一切衆生の心想の中に入る」

＊20 *Jambunada* はジャンブーの木の樹液。*Jambunadi* は、ジャンブーの果実の液の流れで、スメールの山（須弥山《しゅみせん》）のまわりをめぐってまたもとの木にかえる。

＊21（訳注）前掲書、二〇七～二一〇頁。

＊22（訳注）「無生忍」は断念 Verzicht, resignation と訳されているが、この語は、すべてのものには生も滅もないことを悟る、という意味である。

＊23（訳注）前掲書、二一三～二一六頁。

＊24（訳注）同書、二二八頁。

＊25（訳注）同書、二三〇～二三二頁。

＊26（訳注）同書、二六二頁以下。この部分は、流通分（経典の終わりの部分）にみえる「諸仏現前三昧」とよばれている箇所である。テキストの順序からいうと、次に説明される「九品往生」の部分よりあとである。

＊27（訳注）同書、二五九～二六一頁。この部分はふつう「散善観」とよばれ、いわゆる「九品往生」の説が述べられて

いる。善導と法然はこの部分を重視し、どんな悪人をも救うのが阿弥陀仏の願いであるという解釈を打ち出した。

＊28 (訳注) 定善観は十三、散善観は三つ (上品、中品、下品) の部分に分かれている。ただし瞑想の方法を述べているのは定善観の部分だけである。

＊29 (訳注) 能動的想像 aktive Imagination 無意識からのイメージをよび出して活性化し、定着させる方法。ユング派の心理療法では、描画などの補助手段を用いる。この用語は、タヴィストック講演 (一九三五) ではじめて用いられたといわれるが、これと同じ考え方は、一九二九年に刊行された『黄金の華の秘密』にみえる (邦訳『黄金の華の秘密』、人文書院、四七頁以下)。これらの点からみて、ユングのこの方法は、東洋研究と深い関係があることがわかる。

＊30 (訳注) dhvaja は「表相」と訳される場合があり、「しるし」の意味がある。

＊31 『リビドーの変容と象徴』Wandlungen und Symbole der Libido, 1912, p. 161. または新版『変容の象徴』Symbole der Wandlung, 1952, p. 279. その他を参照。

＊32 『心理学と錬金術』所収の第六一図参照。(訳注) これは唐代の方形銅鏡の裏面の彫刻で、四頭の神獣が中央のまるい紐の部分 (天を示す) を囲んだ図柄である。

＊33 (訳注) オリゲネス Origenes (185–254) 古代東方教会の代表的な教父。アレキサンドリア教会の指導者。プラトンの影響を受け、グノーシス主義の考えをとり入れたキリスト教解釈を説いた。のちの神秘主義思想に影響を与えた。

＊34 (訳注) ロヨラと霊操については、本書七九頁注＊25を参照。

＊35 (訳注) オグドアス (八つのもの) は古代エジプト神話に由来する観念で、地上から隠れた光の神々の世界、つまりグノーシス主義者のいうアイオーン界を象徴する言葉。エジプト神話では、宇宙創成のはじめに、男女四組の八神が生まれたと伝えられており、ここから「八つのもの」が神性の次元を象徴するようになったらしい。

＊36 シュテックリー『故クラウス師の幻視』P. Alban Stöckli, O. M. Cap: Die Visionen des Seligen Bruder Klaus, Einsiedeln, 1933. (訳注) ユングは『クラウス師』Bruder Klaus (1933) という論文 (全集11巻) を書いている。

＊37 『心理学と宗教』Psychologie und Religion (邦訳『人間心理と宗教』日本教文社、一六〇頁以下) を参照せよ。

インドの聖者[*1]（一九四四）

ハインリヒ・ツィンマー[*2]は、長年、ティルヴァンナマライ[*3]にある聖者《マハリシ》に関心を抱きつづけてきた。私がインドから帰ってきたとき、彼が真っ先にあびせた質問は、この南インドの聖なる賢者のことだった。私がそのシュリ・ラーマナ師を探訪しなかったことを、わが友は許しがたい罪と感じたか、それとも理解に苦しむと思ったか、今となっては知る由もない。彼だったら、きっと師を訪ねたにちがいない、と私は思う。この聖者の生涯と思想に対して寄せた彼の関心は、それほど熱烈なものだった。ツィンマーがどれだけ深くインドの精神に身をひたしていたかを熟知している私にとって、これは驚くにあたらないことである。インドを自分の眼で見たいという彼の強い願いは、不幸にもみたされなかった。ただ一度訪れたその機会は、第二次大戦の起こる直前に永久に去ってしまった〔ナチスの迫害によってツィンマーが亡命した事件を指す〕。彼がインド精神に対して抱いたヴィジョンは、そのために一層壮麗なものになった。私たちのこの共著の中で、彼は、東洋のたましいに対するはかり知れない深い洞察を教えている。その豊かな学識ばかりでなく、何よりも、インド神話の意味と内容についてのそのすばらしい直観によって、彼は私を啓発してくれた。不幸にも、神々に愛された人びとは若くして死ぬ、という運命の言葉が彼をとらえた。そして残された私たちには、単なる専門学者の域をこえて、人間性に対して「永遠の果実」

ともいうべき幸福な贈り物をしてくれた、この一つの魂が失われたことを悼むすべしか今は残されていない。

インドでは、神秘的な、また哲学的な知恵を伝えてくれる人間は、太古以来、〝聖者《ハイリゲ》〟であった――もっとも、西洋で用いられるこの言葉は、東洋の同類の人間の本質と形態を示すには全く不適当なものであるが。彼らの姿は、インド精神の化身ともいうべきものであって、文献の中にはいつもくり返し登場してくる。ツィンマーが、このような人間類型の生きた最良の具体例をシュリ・ラーマナの現実の人格に見出して、これに熱烈な関心を寄せたことは、何も不思議ではない。彼はこのヨーガ行者の中に、伝説的であるとともに歴史的な、何世紀もの時間をこえた、魂の見者であり哲人でもある「聖仙《リシ》」[*4]の姿の真の化身を見ていたのだ。

インドの大地が語りかけるもの

私は、シュリ・ラーマナを訪問すべきだったかもしれない。しかし私は、もう一度インドへ旅して今回逸したチャンスをつぐなえるようなことになったとしても、やはり同じような結果になるのではないかと感じている。疑いもなく並外れたこの人物と親しく接する機会が、二度とないことはわかっていても、私にはそうはできないのである。実のところ、私は、彼の独自性には疑いをもっている。彼は、過去に常に存在し、また将来も存在するであろうところの、一つの類型なのである。したがって私は、彼を探し求める必要などなかった。私は、インドの至るところで彼を見た。ラーマクリシュナ[*5]の姿に、またラーマクリシュナの弟子たちの姿に、仏教の僧侶たちの姿に、そしてインドの毎日のありふれた無数の光景の中に、私は彼を見たのである。そして、彼の知恵の言葉は、インドの精神生活の「暗示」sous-entendu であった。シュリ・ラーマナは、その意味で、インドの大地が生んだ「人の中の人」hominum homo であり、真の「人の子」である。[*6] 彼は〝本物〟であり、その上にまた、ヨーロッパ人の眼から見れば、たしかに際立っていると言っていい〝現象〟である。しかしインドでは、人はあまりに多くものを見てしまうので、最後には、できるだけ少なく見ることを望むようになる。土地と人間のあまりの多様さが、完全な単純さへの渇望を生み出すのである。そういう単純さも、そこにはたしかにある。それは、インドの精神生活に、快い香気かメロディーのようにしみわたっているものである。それは、どこでも同じものではあるが、しかし、単調なものではなく、無限の多様さをたたえている。それを知るためには、ウパニシャットか仏陀の教えの一つでも読めばいい。そこで聞こえてくるものは、至るところで聞こえてくる。それは、無数の眼から語り出され、無数の姿の中にあらわれている。どんな村や田舎道にも、広く枝分かれした大木があって、その木陰では、自我を滅するためのたたかいが行われており、多様な事物の世界が「全にして全一なる存在」の中に没している。この階調は、インドにいる間中私の耳に聞こえていたので、まもなく私は、その呪文のような力をふり払うことができなくなってしまったほどである。そこで私は、どんな人間だってこれをのりこえることはできない、特にインドの聖者にはできないのだ、ということを確信するに至ったのである。シュリ・ラーマナが、もしこのメロディーに合わないようなことを何か言ったり、それ以上のことを知るようにもし要求するとしたら、疑いもなく彼の語りは誤りにちがいない。インドの古い調子でうたうときには、聖者は正しい。しかし、彼が別な調子でうたうときは誤っている――南インドの暑熱にふさわしい、この力みのない低音の論調が、私に、何のためらいもなく、ティルヴァンナマライを訪ねることをやめさせたのである。

それにもかかわらず、インドの深みは、やはり私の性に合った形で、聖者を探し求めることなしに聖者に出会うようにと、私を導いた。トラヴァンコールの首府トリヴァンドラムで、私は、この聖者《マハリシ》の一人の弟子に出会った。彼は、背の低い謙虚な人で、社会的地位は小学校の教師とでもいったところであった。彼の姿は、アナトール・フランス[*7]の小説に出てくるアレキサンドリアの靴屋のことを、生き生きと思い出させた。この小説では、靴屋は天使に導かれて、彼よりはるかに偉大な聖者たちの一人である聖アントニウス[*8]に出会うのである。靴屋と同じように、わが小さき聖者は、多くの子供たちを養育しなければならず、長男の教育のために特に犠牲を払っていた（ここでは、二つの関連し合った問い、つまり聖者というものは常に賢いものであるのかどうか、また逆に、すべての賢者は必ず聖なりといえるのかどうか、という問いには立ち入らないでおく。この点には疑問の余地がある）。いずれにせよ、私は、彼のつつしみ深く、親切で、子供のように敬虔な心情に接して、聖者《マハリシ》の知恵を全き献身をもって吸収した一人の人に出会ったのである。そればかりか、彼は、その賢さと神聖さ以上に、彼の生活の中で「俗世をわがものとして食べてしまっている」という点で、彼の師をもこえていたのである。私は、彼との出会いを、深い感謝の思いをこめて認めるのである。これ以上のことは、私には起こりえなかった。まじりけのない全くの聖者とか、全くの賢者などというものは、私には、トカゲの骸骨でも眺めるような興味をひき起こすだけであって、心を揺り動かすようなことはない。これに対して、幻影《マーヤ》の現世をこえて宇宙的な本来の「自己」Selbstの中に生きつつ、しかもこの黒い大地に多くの根を豊かに下ろしている生の人間的弱さが生み出す、この常規を逸した矛盾――それはインドの変わることなきメロディーとして、いつもヴェールを織り成しつづけ、そしてまた引き裂きつづけてきたものであるが――この矛盾こそ、私を強くとらえてしまうのである。人間は、影というもののないところで光を見ることができるであろうか。音というもののないところで沈黙を聞き得ようか。そして、愚かさというもののないところで、知恵に達し得るであろうか。聖なるものについての体験は、何よりも、苦しみにみちみちたものである。私が会った人物は――まことに幸いなことに――一人の小さな聖者にすぎなかったのである。彼は、暗い深渕の上に光り輝く尖頂でもなければ、自然のたわむれが生んだ驚くべき異種でもなかった。彼はただ、人間性が、賢い神聖性との間でどのようにして「調和して共存する」ことができるか、という一つの実例を示していたのである。かくも意味深く、生き生きと、感動的に、何の力みもなしに、何一つ変わったこともせず、何の驚きもひき起こすことなく、センセーショナルなことは全くなしに、特別なメッセージなど何も必要とせず、しかも、明るい海風に向かって葉をひろげた椰子のやさしいつぶやきの中で、彼は年を経た古い文化を語っていた。彼は、存在のひしめき合うこの世の幻影の中にある「意味」というものを、また束縛のただ中にある開放というものを、そして敗北のただ中にある勝利というものを、示していたのであった。

まじりけのない全くの知恵とか全くの神聖さというものは、せいぜい文献の中で見つけ出せるものであって、それらが評判を傷つけないでいられるのも、そのおかげではないかと私は疑っている。老子は『道徳経』の中で、まことに絶妙に語っている——山の西側の斜面で踊る少女とともに、生命の夕暮をたたえる老子の姿は感動的である。しかしそれにしても、美というものが神の創造の中でも最もすぐれたものの一つであることを信じるほかないとすれば、誰しも、まったき聖者の衰え果てた肉体をよしとするわけにはゆかない。*9

自我と自己の矛盾としての生

シュリ・ラーマナの思想は、読んでいて美しい。そこに見出されるのは、純粋にインド的なものだ。この世界をこえた、世界から取り除かれてしまった永遠の息吹が、長い年月を経たあの調べが、無数の存在の中から、夏の夜にすだくこおろぎの声のように、くり返しひびいてくる。このメロディーは、一つの偉大な主題の上に立てられている。それは、その単調さを無数の色あざやかな反映の中に包みつつ、つかれることも知らず、インドの精神の内なるそのものを、終わることなくよみがえらせている。その現代に現れた若き受肉が、シュリ・ラーマナその人なのである。それは、アハンカーラ Ahamkara（我執、直訳すれば〝自ら《アハム》をつくり出すもの〟、〝すなわちわれ Ich の意識〟）が、アートマン（本来の自己、われなきもの Non-ego）に向かい合いつつ、しかもそれと分かちがたく結ばれている生のドラマである。彼はまたアートマンを「われなるわれ」Ich-Ich という、意味するところ深い言葉でよんでいる。隠れた「自己」とは、まことに「主体の主体」として体験されるものである。それは、自我の真の源泉であり、導きであり、自我の（誤った）努力がたえず自立そのものをかち取ろうとするのに対して、「自我」に向かって、本来の「自己」そのものから告げている声である。

この相剋関係は、西洋でも知られていないわけではない。それは、人間の神に対する関係である。私が親しく経験し、調べてみたところでは、近代的なインド人は、ヨーロッパの言語習慣を採用して、「自己《ゼルプスト》」とか「アートマン」という言葉を、本質的に「神」と同義語に使っている。しかしインド人は、西洋の「人と神」という対照的区別の代わりに、「自我と自己」という対比(あるいは対応)を用いる。インド人のいう「自我」は、西洋でいう「人」にあたるわけだが、これは明らかに心理的な概念である。したがって彼らのいう「自己」も――われわれ西洋の考え方からすれば――心理的なものであるということになる。したがってわれわれは、インドでは、「人と神」という形而上的な超越の問題が心理学の平面に移されてしまった、と考えるようになるのである。しかし、もっと深く立ち入って考えてみると、決してそうではないということがわかる。インドの「自我」と「自己」という対比概念は、たしかに心理的なものである。と同時に――もし、そう言ってよければ――それは、「人と神」という形而上的な対比でもあるのである。インド人は、われわれ西洋の宗教的言語の習慣が示しているような、認識批判的観点を欠いている。いわば、彼らはいまだに「カント以前」なのである。認識批判にみられるこの錯雑とした関係〔すなわち形而上的存在と形而下的存在、あるいは超越と人間経験の相互否定的関係〕は、インドでは知られていない。ということは、実は、われわれ西洋人にとっては、その関係はより一層未知であるということにほかならないわけである。インドが「自己」について語るとき、この概念は、実は〝心理学以前〟である。インドは、そういう隠れた「自己」というような事実を、はっきり実在するものとしてはじめから認めるのである。心理学にはそんなことはできない。心理学は、どんな意味においても、心の内部に起こる劇的な相剋状態の存在を否定しない。そして、「自己」については何も知らないままに、心の世界の貧しさとか豊かさについて語る権利を保持する。われわれは、隠れた「自己」が示現する、特異な、矛盾にみちみちた現象的諸様相についてはよく知っている。しかしわれわれは、われわれの用いることのできる限られた手段を使って、本質的には知られざるこの何かを洞察し、それを心理的構造として表現にもたらそうと企てる。しかしそれは、知られざるものの性質には実はふさわしくないことなのである。

こういう認識批判的限界があるので、われわれ西洋人は、本来の「自己」とか「神」といったものから距離をとるようになってしまう。自己＝神という方程式は、ヨーロッパ人にはショッキングに思える。シュリ・ラーマナの教えやその他多くの人びとが語っているように、それはきわめて東洋的な洞察であり、心理学はこれに対してはただ、この両者〔自己と神〕を区別することは心理学の権能の外にある、というよりほかにないのである。心理学的観点からはただ、本来の「自己」についての経験的事実が宗教的な諸徴候を示すということ、そしてそれは、「神」という言葉に結びつけられた体験言表領域の場合にみられるのと同じである、という事実を確認できるだけである。〝宗教的高揚〟〔憑依〕という現象は――あらゆる情動的現象を知と共有したものであるが――しかし、あらゆる認識批判の企て〔すなわち主観と客観の対立にもとづいた知的反省的態度〕を、比べる余地なく超えたものなのである。けれども人間の認識欲というものは、「神に反抗する」ような、いわば「悪魔的」頑固さと自我中心性をもっているために、いかんともしがたい必然性によって、そういう見方が思考する人間にとって得になるか損になるかということを、常に問題にしようとする〔こうして宗教的高揚という現象は、主観―客観関係に即してとらえられるようになる〕。人間は、遅かれ早かれ、そこに起こった出来事を説明するために、認識するもの〔主観としての理性〕を、憑依状態〔認識対象としての情動〕と対立させ、自らをとらえてしまう情動の力から、身をしりぞけてしまうのである。もし彼がその際、慎重に、また良心的に熟考してゆくならば、彼は必ず、少なくとも彼の体験の一部分は、主観的制約を受けた「解釈」なのであるということを認めるであろう。たとえば、イグナティウス・ロヨラが[*10]、多くの眼をもった蛇の幻覚を見たとき、彼は最初、それを神聖な源泉に由来するものとみなしたが、後になってそれを、悪魔的起源のものだと考え直したのである〔「ヨハネの第一の手紙」四章一節に述べられている「すべての霊を信じることはせず、それらの霊が神から出たものであるかどうかを調べなさい」という忠告を参照せよ〕。インド人にとっては、たましいの源底としての「自己」は、神と区別されるものではなく、したがって人間は、「自己」の中に存在しているかぎり、彼は神の中に包まれているばかりでなく、現実に神そのものでもあるのである。シュリ・ラーマナの考えは、この点については明快である。この〔神＝自己という〕等置が「解釈」であることは疑いない。同様に、本来の「自己」とは最高の神であるとか、それは欲求し達成するに値する価値ある目標を意味する、とみなすことも、一つの解釈である――ただし、そういう体験の現象学的様相が示しているように、こうした特質は、人間のたましいの内にアプリオリに内在しているものであって、それが宗教的高揚の不可欠の構成要素を成しているという事実そのものは疑えない。しかしこの事実は、批判的知性が、こうした心的特性の正当性を疑問に付することを妨げはしない。もっとも、この問いに対して知性はどのように答えることができるのか、ということは、見通しにくい。というのは、知性には、そのために必要な基準が全く欠けているからである。答えを得るための何らかの基準として役立つようなものは、正当性についての批判的設問をさしむける当の主体そのものの側にしか見出せないからである。したがってここで決定を下すことができるのは、ただ、心的事実そのものの重みだけなのである。

修行における人間形成

東洋の修行の目標は、西洋の神秘主義の目標と同じである。それは、重力の中心を自我から自己へ、人から神へと移すことである。このことは、自我が自己の中へ、人が神の中へ消滅することを意味している。シュリ・ラーマナは実際に、隠れた「自己」によって吸収されつくしたか、あるいは少なくとも、彼の自我を本来の「自己」の中に消滅させるように長い間真剣な努力を重ねた、ということは明らかである。ロヨラの『霊操』Exercitia Spiritaliaもまた、同じような努力を示している。それは、人間の「固有の所有物」すなわち自我存在を、できるかぎり、キリストによる所有に従属させようとしている。シュリ・ラーマナの先輩の同時代人であるラーマクリシュナも、「自己」に対する関係については同じ態度をとっている。ただ彼の場合には、自我と自己の間の矛盾した関係が一層はっきりした形をとっているようである。シュリ・ラーマナは、彼の弟子たちの世俗的職業に対して「理解ある」寛大さを示す反面、精神的努力の本来の目標である自我の消滅については断固として強調している。これに対してラーマクリシュナは、この点については少しためらう態度を示している。ラーマクリシュナはこう言う。「自我に依存した探求が続くかぎり、知恵（jñāna真理の認識）も、解放（mukti魂の解脱）も不可能であり、誕生も死も、探求の終わりを意味することはない」。しかしながら彼は、アハンカーラ（自我をつくるもの）の運命的な頑強さを認めざるをえない。[*11]「合一（Samādhi三昧）に達して、この自我（アハム）から自由になることのできる人は、はなはだ少ない。それはごくまれにしか可能ではない。[*12]どんなに論じつくしてみても、やはり――それにもかかわらず、この〝われ〟はくり返し立ち戻ってくる。[*13]今日、ポプラの枝を切り落としたとしても、明日になればまた新しく生長しているのを、私たちは見ることであろう」。[*14]彼は、自我の破壊不可能を示唆するところまでゆく。彼はこう言っている。「この〝われ〟がどうしても絶滅できないものならば〝われ〟を神の召使いとしてあつかいなさい」。[*15]「われ」に譲歩するこのようなラーマクリシュナの態度に比べれば、シュリ・ラーマナの方は、はっきりと徹底している。言いかえれば、彼はインド的伝統の意味において、より保守的なのである。先輩のラーマクリシュナの方がより近代的であるが、これは、彼がシュリ・ラーマナよりも、西洋の精神的態度からより深く影響を受けているところに理由があるようである。

　われわれが「自己」を、心の全体性すなわち意識と無意識の全体にとって本質を成すものとみなすのは、隠れた「自己」が、事実において、心の成長のいわば目標を成しているからである。この事実は、意識がもつどんな意見や期待をも、全くこえたものである。「自己」とは、ふつう意識の限界外で起こっている過程の内容的主題を成すものであって、その存在は、それに対する長い間の心的経験の効果によってしか知られえない。この自然な過程に対して反省的態度をとるときに、われわれは、自己＝神という定式によってはじめから排除されていた問いを、はっきりと立てることができるようになる。つまり自己＝神というこの定式は、自我がアートマンの中に解消することを、宗教的倫理的な唯一の目標であるとみなしているわけである。シュリ・ラーマナの生涯と思想はこの例証である。この点は、キリスト教神秘主義の場合も明らかに同じであって、東洋哲学との違いはただ用語だけの問題にすぎない。その結果、当然、生理的・心理的な人間というもの（すなわち、生きた身体とアハンカーラ）に対して低い評価を与え、それを滅ぼし、霊としての人間を高く評価することになる。たとえばシュリ・ラーマナは、彼自身の身体を「この丸太の棒がここに……」とよんでいる。これに対して心的経験（情動＋解釈）の複雑な性質を考慮に入れるとすれば、われわれは認識批判的な観点から、「われ」の意識が果たす役割の重要性を認めなくてはならない。というのは、アハンカーラなしには、そこに起こっている出来事を知るものはどこにもないのであるから。聖者《マハリシ》の個人的な「われ」は、経験の場では、この「われ」に属する「丸太の棒」（＝身体）とともにしか与えられないわけだから、その個人的「われ」がなければ、シュリ・ラーマナというものも存在しないわけである。仮に、彼の言うところに従って、そこにはもはや彼の自我はなく、アートマンそのものが語っているのだとしても、そういう言葉による伝達を可能にするのは、身体と結びついた心的意識構造なのである。この生理的・心理的な人間というものは、たしかに厄介な問題をひき起こすものであるが、それがいないことには、「自己」というものも全く対象になりえないのである。アンゲルス・シレジウス[*16]が次のように言っているとおりである。

私は知っている。私なしには
神は一瞬も生きていることはできない、
もし私が無に帰するとすれば、彼もまた
必ずや、霊であることをやめなくてはならない。

アプリオリに存在する「自己」が、人間完成の目標としての性格をもつこと、および、この目標を実現しようとする衝動は、先にも言ったように、意識の参与を条件としているわけではない。言いかえれば、それらを否定することはできないが、しかしそれと同様に、われの意識なしですませることもできないのである。われの意識がその要求を断固として詰め寄ると、しばしば、「自己」の力の発達に対抗した形で、はっきりした、あるいは目につきにくい対立が生じる。実際上は、ごくわずかな例外を除けば、「自己」の活力《エンテレキー》は終わることのない妥協の道にあるものであって、自我と自己は、万事がうまくいくように、努力してバランスを保っているのである。一方あるいは他方にふれすぎるということは、したがって、よく考えれば、人間がいかにそうしないか、ということの例証にほかならぬわけである。このことはしかし、両極端のケースが自然な形で生じた場合、その事実自体eo ipsoが悪いことだということではない。われわれが、それらの現象の意味をよく吟味するならば、それらを正しく用いることになるであろう。そしてそれらは、感謝に値するやり方で、そのための十分なチャンスを与えてくれてもいる。個体の枠の中に慎重に囲われ、閉じこめられた例外的な人間の力というものは、常に自然の贈り物であって、われわれを豊かにし、われわれの意識の限界をひろげてくれるものである。ただしそれは、われわれの熟慮の力が難破しない場合に限るのである。「宗教的高揚」〔憑依〕は、神々からの真の贈り物であるか、そうでなければ、地獄から生まれた怪物である。それと結びついた意識の眩暈《めまい》によって、最高の目標への到達がほとんどわが手の中にあるようにみえたとしても、そこに必ず伴う「際限のなさ」とともに、やがて破滅が始まるのである。したがってわれわれが保持することのできる本当の収穫物は、高められ、広げられた、生についての「熟慮」Besonnenheitだけなのである。

とはいうものの、——通俗的凡庸さはしばらく別にしても——残念なことに、ただちに逆転されてはいけないような、哲学的ないし心理学的命題などはない。そこで、「熟慮」というものも、それが自己目的化されてしまった場合には、混沌たる極限状況の紛糾の中に踏みとどまりえないかぎり、単に一つの制約にすぎなくなってしまう。それはちょうど、単なる「動き」それ自体が、愚かさに導くだけであるのと同じことである。どんなものであれ、それが存在するためには、それの反対物を必要とする。そうでなければ、それは無に消え去ってゆく。自我は自己を必要とするし、自己は自我を必要とする。この二つの偉大なものの間の相互変化する関連のしかたは、東洋の内省的認識が、西洋の人間にはほとんど達しえない程度にまで開拓した経験の領域を成している。東洋の哲学は、われわれの哲学とは無限に異なったものであるが、われわれにとっても、大いに価値ある宝なのである。むろん、「それをわがものとするには努力しなくてはならない」。ツィンマーが、彼のペンからの最後の贈り物として、みごとなドイツ語でわれわれに伝えてくれたシュリ・ラーマナの言葉は、インドの精神が長い年月の間に、その内面的洞察によって貯えた最高のものを、今再び、よみがえらせている。そして聖者《マハリシ》の個人的生涯とその仕事は、「根源」を解放しようとするインド民族の深い努力を、今再び明らかにしている。私は「今再び」と言った。それは、インドが今や一つの国家となって、世界の諸民族の共同体の仲間入りをすべく運命的な歩みを踏み出しつつある今日〔イギリスが第二次大戦末期、インドに独立を与える方針を決めたことを指す〕、従来の諸民族の指導原理が、すべて、俗世の欲望からの「離脱」と心の平和と言った原理にはもとづいていない、という事実があるからなのである〔そこに、インドが現代の世界に与え得る宝がある〕。

東洋の伝統が教えるもの

東洋の諸民族は今日、彼らの精神的諸価値の急速な崩壊に脅かされている。そして、それらにとって代わったものは、必ずしも西洋精神が産み出した最良のものには数えることのできないものである。このような観点からみれば、近代の予言者としてのラーマクリシュナとシュリ・ラーマナの姿は、かつて旧約聖書の予言者たちがイスラエルの「不信仰」の民に対したと同じような、つぐないの役割を果たしているとみることもできるであろう。彼らは、彼らの同胞に対して、インドの年古りた精神文化を思い起こさせているばかりでなく、それをまさに体現してもいる。こうして彼らは、西洋文明の新奇さとその物質的—技術的で商業主義的な俗世志向にとらえられて、魂の要求を忘れてしまわないようにと、深い洞察にみちた警告をしているのである。政治や社会や知の領域にみられる息せききった力の獲得衝動は、みるからにとどまるところを知らぬ西洋的人間の魂の衝動をむしばみつつあるものだが、今やそれは、とどめようもなく東洋に広がってゆき、はかりしれない損失をもたらしつつある。インドのみならず中国においても、かつてそこに魂が生き、仕えた多くの価値がすでに失われてしまった。文明の外面化は、一方で多くの災いを取り除いた。災いの除去はきわめて望ましく有益なものにみえるけれども、この進歩は他方、経験が示しているように、精神文化の喪失というあまりにも高い代価をもってあがなわれたものである。きちんと整った、衛生設備のいい家で暮らすことは、たしかに大変快いことである。しかしそういう技術は、その家に誰が住むかという問いに答えてくれるわけではない。また、外面的生活に役立つきれいな家と同じように、そこに住む人間の魂が、きちんとして清らかであることを人生の喜びとするかどうか、という問いに答えてくれるものでもない。経験の示すところでは、外面的なものを求める人間は、たえず、もっと多く、もっと良いものを欲しがり、彼の先入観的見方に従って、それをいつも自分の外部に求めようとするのである。彼はそのとき、外形的成果を得たからといって、彼自身の内面には何の変わりもないという事実を全く忘れてしまう。したがって、他の多くの人びとが自動車を二台もっているのに、自分はたった一台しかもっていないといって、わが身の貧しさを嘆くのである。たしかに、人間の外面的生活は、多くの改良と美化をもたらし得るものであるが、これらの事実は、内面的人間がそれにともなわなければ、全く意味を失ってしまうのである。〝必要なもの〟で満足するのは、疑いもなく、はかりしれない幸福の源泉である。内面的人間の要求はそこから出発するが、その要求は、外面的財貨によっては決してみたされることはないものである。現世の栄光を追い求める競争のために、このような声が聞かれなくなるほど、内面的人間は、期待とは全く違った結果をもたらす生活条件のただ中におかれて、それが説明できない不運と理解されることのない不幸の源泉になる。生の外面化はこうして、癒しがたい苦しみとなってしまうのである。なぜなら、どうして人間は、自分自身が生きてゆくことについて苦しまねばならないのか、誰にも理解できなくなるからである。自分の欲に気づく者は誰もおらず、それを正しい権利だと思いこんでいるので、そういう世俗的な精神的栄養が、最後にはたましいの平衡を失わせる重大な結果にまで導くということについて、全く考えもしないのである。これこそ西洋的人間の病であり、彼は、全世界を彼自身の休みなき欲望の中に引きずりこむまで、それをやめようとはしないであろう。

東洋の知恵と神秘は、したがって、彼ら固有のわれわれにまねのできない言葉で語っているにもかかわらず、われわれにとっても、多くの語るべきことを示している。彼らは、われわれが、われわれの文化の中にも同じようなものを有していながら、それをすでに忘れ果ててしまっているということ、そして、われわれがつまらぬものとして捨ててしまったもの、すなわち内面的人間の運命に対して注意を向けるようにと、われわれに対して教えてくれている。シュリ・ラーマナの生涯と教えは、インド人にとってばかりでなく、西洋人にとっても意義深いものである。それは単なる「人間記録」document humainにとどまるものではない。それは、無自覚と無秩序の混沌の中に自らを失おうとしている人間性に対する警告のメッセージなのである。したがって、ハインリヒ・ツィンマーの最後の著作が、あたかも遺言のように、かくも印象深くたましいの変容を具現した一人の近代インドの予言者の生涯の仕事について、われわれに伝えてくれたということは、深い意味において、決して偶然事ではないのである。

〔注〕

＊1（訳注）ハインリヒ・ツィンマーの遺作『本来の自己への道——インドの聖者ティルヴァンナマライのシュリ・ラーマナ尊師の教えと生涯』Der Weg Zum Selbst: Lehre und Leben des indischen Heiligen Shri Ramana Maharshi aus Tiruvannamalai (Zurich, 1944.) に付せられた序文。この書は、ツィンマーの死を悼んで、ユングが編集し出版したもの。本文は、シュリ・ラーマナ（1879–1950）という聖者の教えを英文で書いた小冊子を、ツィンマーがドイツ語に訳したものである。ツィンマーは一九四三年、亡命先のニューヨークで死去、エミール・アベッグがこれをユングに報じた。ユングは

この書を出版して、亡き友を追悼した。
＊2（訳注）ツィンマーについては、本書二〇一頁注＊2を参照。
＊3（訳注）南インドのマドラスの近くにあるタミル・ナドゥ州の地名。現在、シュリ・ラーマナを記念した大きい道場が建てられている。
＊4（訳注）リシ rishi は、霊感を得た魂の見者ともいうべき人。聖典や偉大な教えを人類に伝えた過去の聖者たちを指す。一般的な尊称としても用いられ、マハリシ（偉大なリシ）と言うこともある。
＊5（訳注）ラーマクリシュナ Ramakurishna Paramahamasa（1834–1886）近代インドの哲学者、宗教家。ベンガル出身。カーリ女神への熱烈な信仰から修行生活に入り、ヒンズー教の改革を志す。イスラム、キリスト教なども研究し、一切の宗教の本質は同一であるという無我・平等の教えを説く。ラーマクリシュナの教えは、イギリスで学んだヴィヴェーカナンダ Vivekānannda（1862–1902）に受けつがれ、アメリカをはじめ世界各国にひろまった。
＊6（訳注）「人の子」というのは、福音書でイエスを指すために用いられた言葉。
＊7（訳注）アナトール・フランスについては、本書七七頁注＊6参照。
＊8（訳注）聖アントニウス St. Antonius（c. 251–356）エジプトの隠修士。キリスト教の修道院制度の最も古い創始者の一人とされている。
＊9（訳注）訳者が調べたかぎりでは、『老子』（道徳経）の中には、このような場面は見当たらないようである。あるいは、第二十章あたりの文を読んだ記憶がこのようなイメージになったものかと思われる。
＊10（訳注）イグナティウス・ロヨラについては、本書七九頁注＊25参照。
＊11　ラーマクリシュナ『師の言葉』Worte des Meisters, Zürich, 1940.
＊12＊13　強調は私（ユング）による。
＊14　ibid., P.85.
＊15　ibid., P.85.
＊16（訳注）アンゲルス・シレジウスについては、本書七七頁注＊11参照。

易と現代[*1]（一九四八〜一九五〇）

このたび、ヴィルヘルム訳『易経』の英語版が完成し、英訳者〔ベインズ夫人〕から、序文を書くように求められた。私は中国学者ではないので、私の書く『易経』（訳名「変化の書」[*2] the Book of Change）への序文は、この偉大で奇異な書物についての、私の個人的経験にまつわる推薦の言葉といったものにならざるをえない。そのおかげで、故人となったわが友リヒアルト・ヴィルヘルム[*3]の思い出のために、もう一度感謝の言葉を述べる機会を得たことをうれしく思っている。彼は、『易経』を西洋世界に移し植え、われわれに説明する仕事が、重要な文化的意義をもつということを確信していたし、実際彼の訳は、西洋世界では比べるもののない良い版である。したがって私も、易経を英語圏の読者に伝えるためにできるだけの努力を払うことが、私の義務であろうと感じている。

もし易経の意味が容易にわかるものであれば、この訳書に序文をつける必要もないであろう。しかし実際はそうではない。易経にはあいまいなところが多いので、これまで西洋の学者たちは、それを古い〝魔術的呪文〟の寄せ集めにすぎないとかたづける傾向があり、さっぱりわけがわからないとか、こんなものには何の価値もない、とか言ってきたのである。マックス・ミュラー編の叢書『東方聖書』Sacred Books of the East に収められたレッグの英訳は、この書を西洋人の理解に近づけるのには、ほとんど何の役にも立たなかった。[*4] これに対してヴィルヘルムは、このテキストの象徴体系を理解するためにあらゆる努力を惜しまず、道を開いていてくれたのである。彼は、労乃宣《ラウナイシユアン》[*5]師について親しく易経の哲学とその効用を学んでいたので、この仕事をするには適任者であった。それればかりでなく、彼は長い間、この変わった占いの技術を実修してきたのである。このため彼は、文字を移しかえるだけの翻訳とは違って、テキストの中にある生き生きした意味について、彼の感受性を示すことができた。彼の訳には、中国哲学に対するアカデミズムの閉鎖的知識からはとても得られない、深い視野がそなわっている。

占いが当たることにはどんな意味があるか

私は、占いの実際面についての洞察を含めて、ヴィルヘルムが、易経に含まれた複雑な問題について、きわめて価値ある解明をしてくれたことに対して深く感謝している。実は私自身も、この占いの方法が心理学的にみて重要なものであると思ったので、易の占いを試みていたのであった。一九二〇年代のはじめごろ、ヴィルヘルムにはじめて会ったころには、私は、易経についてすでにかなりよく知っていたのである。しかしながら、占いをするヴィルヘルム自身の姿に現実に接し、彼がそれを実際に役立てたのを目の当たりに見ることができたとき、それは私にとって、一つの体験であった。私は、無意識の心理学についての私の知識が、目的にかなった有効なものであるということを確認できて、大いに満足したのである。

私は中国語を知らないし、中国へ行ったこともないので、当然のことながら、易経の実際的側面から近づくとしかできない。私の唯一の問題は、易経の占いの方法が実際に利用できるかどうか、そしてそれが有効であるかどうか、ということであった。私は中国学について全く知識がないので、易経の文章のわかりにくい象徴的表現だけでは、とても興味がもてなかったろう。しかしヴィルヘルムのおかげで、私はテキストについての言葉の困難は気にしないで、易経で使われている方法の中から、心理学的にみて有益と思われるものだけに、努力を集中することができたのである。

ヴィルヘルムが、そのころチューリッヒにいた私の家にしばらく逗留していたとき、私は彼に対してある質問を出し、われわれの心理学協会で占いの実験をして、その質問に答えてくれるようにと頼んだ。そのとき占ってもらった問いの状況は、私がその内容をよく知っているもので、彼の方は全く知らないものだった。ところが、彼が占ってから下した診断は、あっけにとられるほど的確だった。そればかりではない。彼はそのとき、一つの出来事について予測を述べたのであるが、その予測は後になってみごとに的中した。その出来事は、私自身も予見できなかったことであった。いずれにせよ、私自身にとっては、この事実は、何も驚くべきことではなかった。というのは、私はそれ以前に、同じ方法で占ってみて、何度も、はっきりした経験をしていたからである。はじめ私は、五十本の西洋ノコギリ草の茎[*6]〔筮竹《ぜいちく》〕を使って正式のやり方で占ったが、そのうち、占いが有効であるということについて見通しがついてきたので、その後は、もっと簡単な擲銭法〔三枚の硬貨を投げ、その表裏で陰陽の爻《こう》⚊⚋を決める方法〕を使うようにしたが、それで十分であった。時が経つにつれて、結局、占いで問われている状況と、占って出た卦《か》が意味する内容との間には、いわば規則的に、一種の関連がみられるということが明らかになってきた。これは一見奇妙なことと言わなければならないし、まぐれ当たりは別として、ふつうありきたりの前提条件からは起こりえないことであろう。しかし私は、自然の明確な法則性に対するわれわれの信念にもかかわらず、われわれはいつも、偶然という概念をかなり用いているということを指摘しておきたい。心理学的知識のある人なら本当は偶然でないということがはっきりわかっている場合にも、われわれはふつう、多くの心理現象を「偶然だ」と言っているのである。読者に思い出してもらいたいのだが、フロイトは、言い間違いとか、読み誤りとか、失念といった現象が決して偶然に起こるわけではないということをすでに解明している。そこで私は、易経の占いなどまぐれ当たりにすぎない、という考え方に対しては批判的である。私の経験した明白な的中数は、偶然による蓋然性をはるかにこえたパーセントに達しているように思われる。要するに、易経において問題になっているのは、偶然性ではなくて規則性であるということを、私は信じて疑わない。

さてそこで、われわれは、「このような規則性の主張はどうすれば証明できるのか」と問わなくてはならない。しかしここで、私は、読者に失望を与えなければならなくなる。その立証は、全く不可能でないとしても、ひどく困難であり、私はむしろ不可能と考えた方がいいだろうと思うからである。合理主義的立場からみれば、こういうやり方は全くどうしようもないものにみえるにちがいない。また私は、占われた状況と占って出た卦の間に一定の規則性があるなどと言ったため、軽率な判断を下したという非難を受けることも覚悟している。私は心理療法家としての長い臨床的経験から、一定の心理的な問題に対して証拠をあげることが、どんなに困難であり、あるいは不可能であるかということを知っている。もしそういうことも知らずに軽率な意見を述べるとしたら、私は自分自身を非難しなければならないであろう。実際生活の中でやっかいな問題が起こったときは、われわれはいつも、理解力、感受性、情緒、直観、確信などにもとづいてそれを処理する。しかし、こういう能力が果たして有効なものかどうか、あるいは適用できるものかどうか、といった点になると、「科学的な」立証などとても不可能である。それにもかかわらず、このような状況におかれた人びとは皆、そういう解決策で満足している。実際に起こる心理的状況は、たいてい、「科学的に」十分な調査など全く不可能な、とても見通しのつかない複雑さをもっており、せいぜい、いくらかの蓋然性を期待することができる程度である。それも、その状況にかかわる人たちが、できるかぎり誠実に行動してくれるばかりでなく、善意である場合にしか、正しい見通しは立てられない。しかし一体、われわれは、いつも申し分なく誠実であり十分に善意をもっている、などと言えるだろうか。われわれが高い程度に誠実であり善意であり得るのは、われわれの意識が及ぶかぎりでのことにすぎない。その際われわれが無意識でいる事柄については、もはやわれわれのコントロールは及ばない。言いかえれば、われわれの意識は、自分が誠実で善意であることを信じて疑わないでいるとしても、無意識は、外見上の誠実や好意の裏に別な内面が隠されていることを、知っているかもしれないのである。無意識というものがある以上、人間とその心理的状況をつくりあげている要因について残りなく数えあげ、それらをすべて把握することは到底不可能であるし、またそういうものを現実に証明することも不可能である。一定の狭く限定された現象についてなら、場合によっては、膨大な経験的材料を集めて、統計上蓋然性をもつということを証明できるかもしれない。[7]しかし、個人的で一回的な、大変複雑な心理的状況については、たとえそういう蓋然性が見出されたとしても、まるで何も証明されなかったと同じである。そういう一回かぎりの状況には、その性質上、実験をくり返して証明できるようなものは、全く何も見出されないからである。易経の占いは、こういう一回かぎりの、くり返しのきかない状況にかかわっているのである。とにかく、そのような状況の下では、何かがありそうにみえるか、それともありそうもないか、ということだけが頼りなのである。たとえば、誰かが、かなり長い準備をした後に、考えぬいた一つの計画を実行する決心をする。しかしそのとき、この一歩を踏み出せば、他の人びとに迷惑をかけるかもしれない、ということに突然気がついたとする。こういう場合、彼はこのどっちつかずの状況の中で占いを立てて、次のような答えを得ることになるかもしれない[8]〔卦の第四十一「損」䷨〕。

已《いや》す事は遄《すみや》かに往《ゆ》けば、咎《とが》なし。
酌《く》みてこれを損《へら》すべし。[9]〔初九〕

仕事を済ませ、急いで出かけることは、何も咎められることではない。
しかし、どの程度まで他の人たちに損をさせてよいか、よく考えてみる必要がある。

右の命題は、占われた状況とぴったり相応しているけれども、それが質問者の心理状態と何らかの関係があるかどうかということを、科学的に証明することなど決してできない。したがって、占って出た卦が質問者のおかれた状況と非常によく一致していることに驚くか、あるいはこの外見上の一致を馬鹿馬鹿しい偶然としてかたづけるか、それともそのようなものを全く否定するかという決定は、質問者自身にまかされている。もし彼が占いを信じる場合には、第二爻に進むことになる。それには次のように述べられている。

征《ゆ》けば凶。
損《へら》さずしてこれを益《ま》せ。[*10]〔九二〕

何かある事を企てるのは、災いである。
自分が損をすることなしに、他の人びとを益することができる。

彼は、この教えの知恵を認める場合もあるだろうし、あるいは、こんなことはつまらないと考えて、見過ごすかもしれない。前者を選んだ場合、彼は、そこにはどんな偶然もないとみなすことになる。後者の場合は、これは偶然にちがいないと考えるか、あるいは、それどころか全然ナンセンスだと考えるわけである。しかしどちらの場合にも、ここには推理的に論証されるべきことは何もないのである。そこで私は、ここでは、易経の独特なやり方を少しでも信用する気のある人たちのためにだけ、この序文を書くことにする。

右に例をあげたような「文字通り」の一致がみられる場合は、それほどまれというわけではないが、圧倒的多数だというわけでもない。意味上の関連が認められる場合は、ふつう比較的ゆるやかな関連であるか、あるいは間接的な関連にすぎないから、ここではやはり、占いを信用するという態度が要求されるのである。問いの出発点になる心理状態がそれほど明瞭な形をとらず、おぼろげだったり、一面的にしか自覚されていない場合には、殊にそうである。そういう状態の下では、質問者がさらに進んで、彼のおかれた状況に別な側面から光をあてて見直すなら、卦との間に、いくらか象徴的なつながりを認めることのできる場合が生じてくる。私はここでわざと慎重な言い方で述べているのだが、それは、何らかの関連をどうしても à tout prix つくり出さなければならない、というような印象を読者に与えたくないからである。そういう手のこんだことをしてみても無益だし、また不健全な思弁におちいることになるだけである。易経の方法は、あらゆる乱用に対して全く無防備である。この方法はしたがって、精神的に未熟な、幼稚で遊び半分の人間には向かない。また主知主義的で合理主義的な性格の人にも適しない。それは、こういう人たちとは逆の性格をもった人びと、つまり自分の為すことや自分の上に起こる事柄について熟慮することを好む、瞑想的で自省的な人びとのために役立つものである。ただし熟慮するということは、ヒポコンデリー的な悩みをもつこととは全く別である。ヒポコンデリーは熟慮の病的乱用を意味する。易経は、人におもねるために証明したり、結果を呈示するようなことはしない。それは自分を吹聴することもなければ、進んで意にそうようなこともしない。それは要するに、自然の一部のように、誰かが発見してくれるのを待っているだけである。それはどんな知識も能力も提供するわけではないが、しかし、自己自身を知ることを求め、思索と行為のための英知――もしそういうものがあるとすれば――を愛する人びとにとっては、易経はまさしく真実の書であるように思われる。それは何も約束しないし、したがってまた、何一つ保持しておく必要もない。また、誰かがそこから誤った結論を導き出したとしても、それに対して何の責任もないのである。ただしその方法を用いるのには、少しばかりの知性が要求される。言うまでもないことだが、無知であるほど容易なことはない。

心理的出来事と物理的出来事の対応

そこでわれわれは、この書の内容は全く無意味なものではないということ、そして、占う人がテキストの意味を解釈する場合にも、全くの自己暗示だけで解釈するわけではないということを前提しておくことにしたい。この場合、西洋の哲学的また自然科学的訓練を受けた人間なら、たとえ占いをまじめに信用しようと思っても、事実に即して問いを立てるときには、やはりどうしても疑問が生じることであろう。というのは、そのとき、占いによって少しでも何か役に立つことを知りたいという気があれば、私たちは否応なしに、次のような事実に直面しなくてはならなくなるからである。つまり、四十九本の西洋ノコギリ草の茎を偶然に選んで分割することによって、あるいは、それ以上に偶然な硬貨投げによって、一つの心理状態がそこに出現してくるということ、いやそればかりでなく、一つの全体性の中である種の意味連関が見えてくるということを、私たちは認めなくてはならないのである。こういう結論は、東洋人とは全く違った思考習慣をもっているわれわれ西洋の考え方からすれば、何とも納得のゆかないことである。われわれにとっては、そんなことはありえないと拒否した方が、ずっとわかりやすいのである。占いの卦に精通している人間なら、質問に応じて「無意識のうちに」、筮竹をたくみにつかんで分けるということも、全く想像できないわけではない。しかし硬貨投げの場合は、こういうわずかな可能性も見出せないのである。この場合は、無数に多くの外的諸条件（硬貨が落下したときの支点の具合とか、回転のしかたなど）がそこに作用するので、少なくともわれわれの考え方に従えば、質問者にうまくあてはまる心理的傾向がそこに現れる、などということは考えにくいからである。したがって、この方法によって何らかの一致がみられたとすれば、われわれは、心理的な出来事と物理的な出来事との間には、ある種の予期できない平行現象が存在するという事実を、受け入れざるをえなくなるのである。このような考え方は、たしかに「ショッキング」なものだが、しかしよく考えてみると、われわれにとって、こういう種類の経験ははじめてのものというわけではない。たとえば、ワインの外見と味をみただけで、ぶどう園の場所や、ぶどう畑の土地の状態や、その製造年まで的確に当てる鑑定家がいる。ワイン通でない人には、これはびっくりさせられることである。また骨董品や家具類を眺めただけで、全く気味が悪いほど正確に、製作の年代と、場所と、製作者まで当てる古物愛好者がいる。また、あなたの誕生日について何の予備知識もないのに、あなたの誕生の瞬間に太陽と月の位置はどうなっていて、そのとき地平線上にはどんな星座が上っていたか、ということまで、ぴたりと当てる星占い師もいる。誕生時の星座の位置によって性格を判断する現代の星占いは、特に、中国の占いと同じ種類の現象である（なお、占星術によって測定されるのは、誕生時の実際の星座の位置ではなくて、その誕生の時間なのである。もちろんその時間は、物理的手段を借りて定められ、測定されるわけであるが……）。[*11] この場合、もし星占いによる性格判断が事実と一致しているとしても（この点については多少の蓋然性が認められるが）、それはワインの鑑定以上に不思議なことというわけではないだろう。有能な星占い師なら、私に会っただけで、私の誕生の時刻に太陽と月がどの宮（星座）に入っていたとか、また私の誕生時の運勢を示す宮はどれか、といったことを教えることができるのである。――ともかく、易経の占いの基礎になると考えられるような種類の現象は、心理―物理的な平行現象を示すものであるから、星占いによる性格判断に何らかの価値を認めるとすれば、易経の占いは星占いと同じ種類の事象にもとづいたものであって、ただその外見が違っているものにすぎないだろう。ヨーロッパでは大勢の人びとが星占いをやっているし、彼らがこの占いの仕事によっていろいろな知識を得ていることも否定しがたい。彼らはふつう、熟考するたちの人たちで、また心理学的な関心をもっている。もっとも、この場合にも、乱用の可能性は常にある。

　こういう議論をしていると、私の学問的守備範囲を大きく踏み越えてしまうことになりそうだが、右に述べた問題については、ここで答えておきたいと思う。ただし私が確証できるのは、次のことだけである。神託を願う者は誰でも、自分の内部で経験されている出来事と外部に起こる出来事、つまり心理的事象と物理的事象との間には、ある種の必然性をともなった平行現象が存在する、という仮定を認めているわけである。彼が占いの結果にほんの少しでも価値を認めるとすれば、彼はすでに、そのような心理―物理的平行現象の存在を認める態度をとったことになるのである。――この種の事柄については、私はいつも実用的《プラグマティシュ》な態度をとってきた。こういう実用的な態度が実際的であり、また有用であるということを私に教えたのは、心理療法と医学的心理学であった。現代の学問のうちで、この分野ほど、未知の事柄を考えに入れなくてはならない領域はほかにあるまい。またわれわれ臨床家は、現実に効果のある方法であれば、たとえそれがなぜ効果をあらわすかという理由が容易にわからなくても、その方法を適用することを学ぶ必要があるのである。いかがわしい療法によって思いがけなく病気が治ったり、逆に、信頼できると思われている方法によって失望させられることも少なくないのである。無意識を研究していると、われわれは、合理主義者なら嫌悪の情を示すような、また、後からきかれたらそんなことなど見なかったと否定するような、奇異の感を与える出来事によく出会うものである。人間の生というものは非合理にみちたものなので、たとえ従来のすべての理論——理論とは、ああ、また何と短命なものか——に反していても、またさしあたっては何とも説明しがたいことであっても、事実は事実として決して退けないようにするという態度を、私は学んだのである。たしかにわれわれは、羅針盤が正しい方位を示しているかどうかわからないので、不安な状態におかれている。しかし、安全、確実、安逸の中にいたのでは、どんな発見もできない。この中国の占いの方法も、そういった種類の事柄である。それは、いつも迷信的な使われ方をともなうものであるとしても、その基本目的は明らかに、自らを知ることを追求している。無知で劣等な人間にとっては、自らを知ることはマイナスである。誰も彼らの主観的思いこみを妨げることはできない。しかしながら聡明な人たちは、この方法によって、もしかしたらすばらしい経験を得るかもしれないという可能性の方に賭けるのである。

因果性といわゆる偶然性

ただし私は読者にうけあってもいいが、この中国思想の記念碑に正しく近づく方法を見出すことは容易でない。古代中国の考え方は、われわれの考え方とは全くかけ離れているからである。こういう書物の何たるかを理解するには、まずわれわれのもっているある種の西洋的先入観を捨ててかかる必要がある。中国人のように才能に恵まれた知的な民族が、われわれのいう科学を発達させなかったことは奇妙な事実である。ただしわれわれの近代科学は、因果性の原理にもとづいてきたものであって、因果性というものは従来、公理のように動かしがたい真理だと考えられてきた。しかし今日では、われわれの見方にも大きな変化が兆している。カントの『純粋理性批判』がなしとげられなかったことが、現代物理学によって完成されつつある。因果性の公理はその基礎を揺さぶられているのである。今日ではわれわれは、われわれが自然法則とよんでいるものが単なる統計的真理にすぎず、例外を認めなくてはならないということを知っている。自然法則の不変な妥当性を証明するには、厳重な管理下におかれた実験設備を必要とするわけであるが、われわれは従来、この事実が何を意味するかということを十分考慮に入れてこなかったのである。もし事態を自然のままにまかせるとしたら、非常に違った状況が生まれてくることであろう。すべての過程には、部分的あるいは全体的に、偶然が介入するわけであるから、自然な状況の下では、一定の法則に全く支配された出来事が起こるということは、ほとんど例外的なケースだと言っていいのである。

易経を検討して知り得たところからいうと、中国人の精神は、事象の偶然的側面に強い関心を払ってきたように思われる。この独特な精神にとっては、われわれが暗合（偶然の一致）coincidenceとよぶような事柄が主要な関心事であって、われわれが因果性として尊重しているような事柄はほとんど注意をひいていない。偶然というもののもつ非常な重要性についてはたしかに語るべきことがある、という事実を、われわれは認めなくてはならない。偶然がもたらす災厄や危険とたたかってこれを制限するために、これまで計算できないほどの人間の努力がついやされてきたのである。偶然がもたらす実際的結果に比べると、原因と結果についての理論的考察というものは、しばしば精彩を欠き、色あせたものにさえみえる。石英の結晶は六角柱である、とわれわれはいう。それは結構だ。しかし自然の中では、たとえすべての結晶が間違いなく六角柱をしていても、人は全く同じ形の結晶を二つ見出すことはない。中国の賢者が関心を寄せたのは、理想的な形よりも、そういう現実の形であったように思われる。因果的説明の場合はふつう、出来事を正しくとりあつかうためには、その出来事をつくりあげている要素を一つ一つ分離してゆかなくてはならないが、彼らにとっては、そういう因果的な説明よりも、経験的現実を構成している自然法則の乱雑さを、まるごとあつかうことの方が意味があったようである。

易経が現実を見ようとするときのやり方は、われわれの因果的なやり方をしりぞけているように思われる。古代中国人の見方にとっては、現実の観察されている瞬間の状況は、因果的連鎖にともなって明確に規定された結果であるよりも、偶然の的中にかかわるものであったらしい。彼らの関心の対象となる事柄は、観察の瞬間において偶然の出来事が形づくる状況の配置であって、その偶然の一致を説明するように思われる仮説的理由づけには、何の関心も払われていない。西洋の精神は、慎重にふるい分け、測定し、選び、分類し、分離するのに対して、瞬間についての中国人の見方には、すべての事柄が、微小で無意味な細部までもらすことなくとり入れられる。なぜなら、そういう構成要素のすべてが、観察された瞬間の状況というものをつくりあげているからである。

こうして、三枚の硬貨を投げるか、四十九本の筮竹で勘定したりするとき、これらの偶然の細部は観察された瞬間についての外的表現の中に組みこまれ、その一部を——われわれ西洋人にとっては無意味なものだが、中国人の精神にとっては非常に深い意味のある一部を——形づくるのである。一定の瞬間に起こったことは何であれ、不可避的に、その瞬間に特有な性質をもつという主張は、(少なくとも表面的には)われわれにとって陳腐で、ほとんど意味のない説明であろう。しかしこれは抽象論ではなく、実際から生まれた議論なのである。ワインの鑑定や星占いはこれと同じことである。こういった事実に直面すると、瞬間というものは長く持続する痕跡を残し得る、という事実を認めるほかないのである。

言いかえれば、易経の著者が誰であるにせよ、一定の瞬間に占われた卦の形は、その時間ばかりでなく性質においても、占った瞬間と暗合しているということが、信じられているのである。この著者にとっては、卦の形は占われた瞬間の指数であった——瞬間は、時計が示す時間やカレンダーの刻みが示し得るよりはるか以上のものであった。というのは、卦の形は、その卦が出た瞬間を支配している本質的状況を指示するものと考えられているからである。

偶然の一致の意味——同時性

この仮定は、私が同時性《シンクロニシティ》synchronicityと名づけたある奇妙な原理を含んでいる。同時性というのは、因果性の観念と全く対立する見方をあらわす概念である。因果性の観念は、単に統計的な真理であって絶対的なものではないから、それは、出来事がどのようにして次々に展開するかということについての一種の作業仮説なのである。これに対して同時性は、空間と時間における複数の出来事の間の暗合を、単なる偶然以上の意味をもつものと考える。つまり、客観的な複数の出来事の間にみられる特異な相互依存関係を、単数または複数の観察者の主観的（心理的）状態まで含めて、とりあげるのである。

古代中国の精神が宇宙について観察するやり方は、現代の物理学者の見方に比べられる。現代物理学は、世界に関するモデルは明らかに心理—物理的な構造をもっている、ということを否定できない。つまりミクロ次元の物理的出来事は観察者をも含んでいるものだが、ちょうどそれと同じように、易経がとらえる現実は、その瞬間的状況の全体の中に、主観的な、つまり心理的な諸条件をも含んでいるのである。因果性が出来事の〔時間的〕系列を記述するのと全く同じように、同時性は、中国人の精神にとって、出来事の〔ある瞬間における空間的〕暗合についてとりあつかうのである。因果的な見方は、われわれに対して、Dという出来事がいかにして存在するようになったかということについて、ドラマティックに教えてくれる。それは、Dの起源をDに先立って存在していたCに求め、CはさらにBという生みの親に由来する、といった具合になる。これに対して同時性に立った見方では、暗合関係について、同じように意味のある全体像を見つけようとする。つまり、A′、B′、C′、D′などのすべては、どのようにして、同じ瞬間に、同じ場所で現れるのか。こういうことが起こるのは、まず第一に、物理的出来事A′およびB′が、心理的出来事C′およびD′と同じ性質をもっているからであり、さらには、それらすべてが一つの同じ瞬間的状況を示す指数であるからである。この状況は、明瞭な、あるいは理解可能な像を表出するものと仮定されている。[*12]

ところで易経に示された六十四の卦は、これによって六十四の違った典型的状況の意味を決定する道具である。この卦のしかたは、因果的説明と等価のものである。因果的な関連は統計的に決定され、実験に付される。各状況は唯一のものであり、くり返しのきかないものであるから、同時性に関して実験を行うことは、ふつうの前提条件のもとでは不可能であるように思われる。易経の場合、同時性の考え方が妥当であるかどうかを判定する唯一の基準は、観察者の意見、つまり卦についてのテキストの説明が自分の心理状態を正しく表現しているかどうか、という点についての〔占ってもらった人の〕判断である。投げた硬貨の裏表、あるいは筮竹の束を切ったときの結果は、所与の状況の中に必ず含まれなくてはならないものであり、その瞬間に起こったことは何でも、全体の不可欠の部分を成すものとして、その瞬間の状況に属する。一束のマッチ棒を床にばらまけば、それは、その瞬間に特有な模様をつくり出す。しかしこのようなわかりきった真理でも、もしその模様の意味をよみとることができ、またその解釈を検証することができるなら、意味のある性質をあらわすことになる。それが可能になるのは、一部は主観的であるとともに客観的である、状況についての観察者の知識であり、また一部はその後に起こる出来事の特性によるものである。こうしたやり方は明らかに、事実の実験的検証や事実上の証拠に慣れた批判的精神に訴えるやり方ではない。けれども、古代中国人が見たような角度から世界を見てみようとする人にとっては、易経はやはり興味をひくものであろう。

占いの方法自体は、容易で単純なものである。困難なのは、先に述べたように、占った結果を〔テキストに即して〕どう解釈するかというところにある。テキストの象徴的表現を理解することは、ヴィルヘルムのすぐれた注釈に頼っても、必ずしも簡単ではない。読者が無意識の心理学について知識をもつようになれば、この作業は次第に容易になってゆくであろう。根本的な困難はむしろ、一般の人びとが自分の人格の劣等部分について無知である、というところにある。人格の劣等部分は、影の領域、つまりその大部分が抑圧されたコンプレックスから成り立っているものである。イエスが語ったように、人は、隣人の眼の中にある小さなちりは精密に見るが、自分の眼の中にある大きな角材には気がつかないものである。人間はいつもこのように、自分自身の犯している誤りを見ることができないので、このことが、易経を研究し理解するにあたって非常な妨げになるのである。何度占いをくり返しても何も理解できないようであれば、どこかにひどい盲点があると言っていいだろう。——現代心理学の立場から、孔子がやったように、個々の卦のかたちについて注解をつけることは、やりがいのある仕事であろう。[*13]しかしそのような仕事は、単なる序論の範囲をはるかに越えるものだし、大変な努力を要する課題になってしまう。そこで私は、少し別なやり方をしてみようと決心した。

易経への問い

古くからの伝統に従えば、筮竹に意味のある答えを出させるのは、神秘な形ではたらく「神霊的作用」である。[*14]そういう力は、いわば、易経の生きたたましいともいうべきものであるから、伝統に従えば、人は易経に向かって問いを発し、よい答えを得ることを期待できるわけである。そこで私は、易の占いの実際をお見せすることが、手ほどきを受けていない読者には興味をひくことだろう、と思いついたのである。この目的のために、私は、厳格に中国のやり方に従って、一つの実験を行ってみた。つまり私は、ある意味でこの書物を人間に見立て、彼が現在おかれている状況、つまり英語圏の読者に向かって彼を紹介しようとする私の意図について、彼の判断を請うたのである。

この序文を書くにあたって、私は、前もって易経に向かって占うことなしには、この文章を書くまいと決心していた。この書物を新しい読者にわかるようにすることが大事なのであるから、易の方法を、私の意図した通りに読者に示すチャンスを与えるのが当然だろう、と思われたのである。このような擬人的なやり方は、道教の哲学の前提にもたっぷり取りこまれているもので、われわれ西洋人にはなんとも奇怪に思える。けれども私は、狂者の妄想や未開人の迷信の奇妙さにさえ、これまで何のショックも受けたことはない。私はいつも、先入観をもたず、好奇心をもつようにしてやってきた――「我は新しきものを熱望す」rerum novarum cupidus. というわけである。生命あるものとされている古代の書物と対話を試みていけないわけはあるまい。そこには何の害もないはずである。そして読者は、何千年にもわたる中国文明をつらぬいてくり返し行われてきた心理学的操作に立ち会うことができるだろう。それは、孔子や老子のような人に対しても、精神的権威の崇高な表現と哲学的謎とを提出したものである。私は擲銭法を用いた。得られた答えは第五十番の卦「鼎《てい》」〔䷱〕であった。

質問を出したとき、私は、易経自身がものを言う人間であるかのようにあつかったが、卦についての説明も、同じ前提に従わなくてはならない。言いかえれば、易経氏は、自分を鼎、つまり料理した食物を入れた儀式用の容器である、と説明したわけである。ここでは、中に入っている食物は、精神的な栄養と考えるべきであろう。ヴィルヘルムはこれについて次のように述べている。

> 洗練された文明に欠かせない道具である鼎は、有能な人にとって栄養になるものであり、その栄養は国家の利益に役立つ。……ここでわれわれは、この文明の極致は宗教にあることがわかる。鼎は、神に犠牲をささげるために用いる道具である。……神の崇高な啓示は、予言者と聖者を通じてあらわれる。彼らを尊敬することは、神を真に尊敬することである。彼らを通して現れる神の意志は、謙虚に受けとらねばならない。

ここでは、われわれが想定したところに従って、易経は〔予言者としての〕自分自身について語っている、と考えなくてはならない、

占って出た卦の線〔爻〕のどれかが六〔老陰〕または九〔老陽〕になったとき、それらは特に強調されている爻であって、解釈にあたって重要なものである〔いわゆる変爻〕。[*15] 私の得た鼎の卦〔䷱〕では、「神霊の作用」は、第二爻〔この卦の下から二番目の陽の⚊〕と第三爻〔下から三番目の線⚊〕を九〔老陽〕の爻として強調している。テキス

トによると、まず九二〔第二爻〕の意味は次のとおりである。

鼎に実あり、
わが仇、疾《やまい》あり。
我に即く能はず、
吉なり。[*16]

鼎の中には、食物がある。
仲間たちは嫉妬する。
しかし彼らは、私に手出しすることはできない。
幸運である。

つまり易経氏は、自分自身について、「私は〈精神的な〉栄養を所蔵している」と言っているわけである。また、何か大きなことに関係すると、いつも嫉妬する人が出てくるから、嫉妬する者の声も、[*17]この大きな価値の一部をなしている。嫉妬する者は、易経から、その偉大な所有物を奪いとろうとしている。すなわち彼らは、易経から意味を奪いとり、あるいはそのもっている意味を破壊しようとしている。しかし、彼らの敵意も無駄である。それのもつ豊かな意味は保証されている。つまり彼は、それがもつ積極的成果について、誰もその価値を奪えないと確信しているのである。続いてテキストは、九三〔老陽の第三爻〕について次のように言っている。

鼎の耳革《あらた》まる、

その行《みち》、塞《ふさ》がる。
雉の膏《あぶら》あれども、食はれず、
方《まさ》に雨ふらば悔いを虧《か》かん、
終に吉なり。[*18]

鼎の把手《とって》はとりかえられる。
彼の生きる道はふさがれている。
雉の脂肉は食べられないままである。
一度雨が降ったら、悔いは尽きるであろう。
最後には幸運がやってくる。

把手（ドイツ語ではGriff）は、鼎を運ぶときに握る（gegriffen）部分である。したがってこれは、易経（鼎）について人びとがもっている概念（Begriff）を示している。[*19] しかし時の経過とともに、この概念は外見上変化し、今日ではわれわれはもはや、易経について把握する（begreifen）ことはできなくなっている。こうして「彼の生きる道はふさがれている」のである。われわれはもはや、神託の賢明な助言と深い洞察から助けを得ることはない。したがってわれわれはもはや、運命の迷路とわれわれ自身の本性のわかりにくさを突破してゆく道を見出せない。雉の脂肉、つまり料理の中でも一番よくて栄養のある部分は、もはや食べられないのである。しかし、乾いた大地がいつか再び雨を受ければ、つまりこういう現在の欠乏状態が克服されるならば、「悔い」すなわち知恵が失われたことについての悲しみも終わり、長く待っていた機会がやってくる、というのである。ヴィルヘルムはここで次のように注釈を加えている。「これは、高度に発達した文明の中にいる人間が、誰も彼に注目したり認識しようとしたりしない場面におかれている状況を説明したものである。これは彼のもつ能力に対する重大な妨害である」。易経氏はいわば、彼のすぐれた性質が認められないまま、ほうっておかれていることに対して、嘆いているのである。しかし彼は、自分の価値は再び認識されるだろうという希望によって、自ら慰めているわけである。

易経の答えの意味

私が易経について問うた質問に対して、右の二つの爻に示された答えは、解釈するための特別な技巧は何もいらないし、何の工夫も特殊な知識も必要としない。少しでも常識のある人なら、右の答えの意味はわかるだろう。それは、自分自身の価値について少なからぬ自負をもっているが、その価値を一般に認められず、広く知られてもいない人物の答えである。答える人物はここで、自分自身について興味ある考え方をしている。彼は自分自身を、神々にささげる供物、つまり神々がとる儀式用の食物の入った容器であるとみなしている。つまり彼は、自分自身を、無意識の要素ないし能力（「神霊の力」）に対して霊的な栄養を供給する儀式用道具である、と考えているのである。無意識の諸力は、神々の姿に投影される――というのは、個人の生活に対して神々がその役割を果たすためには、人びとの注意力を無意識の諸力に向ける必要があるからである。事実、これが「宗教」religion という言葉のもっている元来の意味なのである。religio とは、注意深く観察すること、そして（結びつけること religere によって）聖なるものについて熟考すること、を意味している。[*20]

易経の方法は、事物や人間の中にある隠れた個人的資質、また人間自身の無意識の部分をも考慮に入れている。私は易経氏に向かって、「私はあなたを友達に紹介しようと思っているのだが、あなたはどう思うか」ときいたのである。つまり私は、そのことは彼にとって受け入れられることかどうか、ときいたわけである。彼はそれに答えて、自分の宗教的意義と、現在はそれが知られておらず、誤った判断を受けていること、また自分は名誉ある地位に回復する希望をもっていることなどを私に告げたのである。私は、この序文を書きはじめる前にこの占いをした。したがって右の第三爻の答え〔最後には幸運がやってくる〕は、私がこれから書こうと思っている白紙のままの序文を、彼が横からじろりと眺めながら、特にこの英訳の未来の運命について、語っている言葉なのである。こうしてみると、右の二つの答えは、同じような状況におかれた人物から期待できる、全く筋の通った反応であると言えよう。

しかし、こうした反応はどうして生まれてくるのだろうか。易経はどうして、このように人間らしく私に向かって答えることができるのであろうか。理由は簡単で、私が三枚の小さな硬貨を空中に投げ、あとはそれが落下し、転がり、停止し、成り行きまかせで表が出たり裏が出たりしたからである。私は六十四の卦の中のどれが出てくるかは、全く予期していなかった。こういう奇妙な事実——一見全くナンセンスにみえる技術から、それにもかかわらず一つの意味のある反応が出てくるという事実こそ、易経の偉大なる成果なのである。私が今あげた例は、特に変わったものではない。意味のある答えが出るのが原則なのである。西洋の中国学者や立派な中国の学者たちは、私に向かって、易経など全く古くさいナンセンスな「魔法の呪文」の寄せ集めだ、と説いてきかせたものだ。ところがそんな会話の中で私がしゃべった相手は、しばしば、占い師——ふつう道教の道士である——に占ってもらったことがある、と白状したのである。[*21] これこそ「ナンセンス」にほかなるまい。しかも、得られた答えがはっきり質問者の心理的盲点をついてくるというのは、はなはだ不思議である。

西洋式の思考習慣に従えば、私の質問に対しては、多くの答え方が可能である。このことは私も認めるし、別な答えは意味がなかった、と主張することなど、私にはできない。けれども易の占いでは、答えが与えられるのはただ一度きりなのである。われわれは、その他の答えについては何も知らない。その答えは、私を喜ばせ、満足させた。同じ質問を二度くり返すことは許されない無礼であり不敬であるから、私はしなかった。「君子に二言はない」のである。非合理な現象に対するとき、あらかじめ考えた合理的な鋳型にあてはめて、知ったかぶりをすることを誇る学者先生的センスというものは、私には、低級な啓蒙主義の文化段階を示す呪わしい特徴である。

実際、右に得た答えのような事態は、それが最初に現れたときの状態のままにあるべきものである。なぜなら、その時にのみわれわれは、人間のお節介によって攪乱されない場合、自然は自らに対して何を語るか、ということを知るからである。人は、生命について学ぶためには、死んだ物体になってはいけない。のみならず、実験のくり返しは不可能なのである。理由は簡単で、はじめの状況はもはや再現できないからである。したがって、どういう問いの場合でも、最初の答えがただ一回、与えられるだけなのである。

先の卦にかえる。「鼎」の爻のすべてが、先の二つの重要な爻が提示した主題を補足しているということは、別に不思議なことではない。[*22] 初爻は次のごとくである。

鼎、趾《あし》を顛《さかしま》にす、
否《ひ》を出すに利あり。
妾を得て、その子あり。
咎なし。[*23]〔初九〕

鼎の足はひっくり返された。
つまった屑を出してしまうのに都合がよい。
子供をつくるために妾をとる。
非難はない。

ひっくり返された鼎は役に立たない。したがって易経は、使わない鼎のようなものである。それをひっくり返すことは、この爻が言っているように、腐ったものを取り除く役に立つ。妻に子がないときは妾をおくと同じように、人は、他に道がないときに易経に頼るのである。中国では、妾は一定の制度的地位をもっていたけれども、実際は、少々不細工な間に合わせにすぎなかった。同じように、占いの魔術的なやり方は、高い目的のための方便なのである。それは非常手段であるが、非難されることではない。

第二爻と第三爻については先に述べた。第四爻は次のように言う。

鼎、足を折る。
公の餗《こながき》を覆《こぼ》す。
其《そ》の形、渥《おく》たり。〔渥は、濡れる、赤くなる、などの意〕
凶。[*24]〔九四〕

鼎の足が折れる。
君主の食物はこぼれてしまった。
そして彼の身体はびしょびしょに汚れた。
不運である。

ここでは、鼎は用いられたのだが、明らかに、大変無器用なやり方で使われた。つまり、占いを乱用したり、あるいは誤って解釈したりしたのである。こうして、神聖な食物は失われてしまった。人は自らに対して恥じるべきである。レッグは次のように訳している。「その人は恥ずかしさのために赤面するのであろう」。つまり、鼎のような祭祀の道具を悪用することは、重大な冒瀆である。易経はここでは明らかに、儀礼用の祭器としての彼の威厳を主張し、俗っぽい使い方を戒めているのである。

鼎、黄耳あり、金絃《げん》あり。
貞《ただ》しきに利あり。〔六五〕

鼎には黄色い把手と、運ぶための金色の鉉《つる》がついている。
もっと忍耐すれば利が得られる。

易経は、新しく正しい（黄金色の）[*25]理解に出会ったようである。つまり、それをつかむための新しい概念（Begriff）に出会った。この概念は価値あるもの（金色）である。すなわち、ここには新しい英語版があり、この書物は、これまでよりも西洋世界に近づきやすいものになるだろう。新しい把手はまた、私の長い間にわたる易の心理学的研究という新しい観点とも関連しているようである。
第六爻はこう言う。

鼎、玉鉉あり、
大吉。
利、あらざるなし。[*26]〔上九〕
鼎には玉でつくられた把手がある。
すばらしい幸運である。
好都合に運ばないはずはない。

中国の玉は、その美しさとやわらかな輝きによってすぐれている。運ぶためのつるが玉でつくられていれば、容器全体は、美しさ、気品、価値を増す。易経はここで、自ら十分に満足しているだけでなく、大変楽観的でもある。人はただ、将来の出来事を待つことしかできないわけだし、今のところは、易経氏がこの新しい版を評価している、という喜ばしい結論に満足しておけばよいのである。

私は以上で、できるだけ客観的に、占いのやり方の一例を示した。もちろん卦の解釈は、質問のしかたによっていくらか違ってくる。たとえば、ある人が混乱した状況におちいっている場合には、彼自身〔にはたらく神霊の作用〕が託宣の語り手になる。あるいは、もしその質問が他人のことに関係しているならば、その他人が語り手として現れるか、質問の種類によっては、その他人が占いの問いの主体にさせられることもある。しかしながら、誰が語り手であるかということは、質問がなされるやり方に全く依存しているというわけではない。元来、われわれの隣人に対する関係は、常に他者の状態によって決まるというわけのものではない。われわれの人間関係は、われわれが全く無自覚であっても、とりわけわれわれ自身のとる態度に依存しているものである。したがって、もしある人が、人間関係における彼の役割について無自覚であれば、彼にとっては、占ってみてびっくりする、という場合もあるかもしれない。彼の予想に反して、彼自身が主役として現れるかもしれない。これは、テキストがしばしば、誤りなく指示していることである。また、われわれが状況を真剣に受けとりすぎて、それを極度に重要だと考えているのに、易経に問うてみたら、その問題の中にひそんでいる別の思いがけない側面に注意を促すような答えが得られる、という場合も起こり得るのである。

こういう例をみると、最初のうちは、占いなど馬鹿げていると考える人もあるかもしれない。孔子は生涯にただ一度、適切でない答えを受けとった、といわれている。それは、第二十二番の卦「賁《ひ》」という、全く美的な卦である。この逸話は、ソクラテスが彼の守護霊《ダイモン》から与えられたという忠告を思い出させる。彼は、「ソクラテス。お前はもっと音楽を学ばなくてはならない」と言われて、横笛を習ったのである。孔子とソクラテスは、合理性と人生に対する教育的態度において、人類の歴史ではたぐいない二人の人間である。しかし両者とも、この卦の第二爻が忠告しているような、「あごにひげを賁《かざ》る」〔実質にかざりをつける〕ようなことに熱中するような人物ではなさそうである。不幸にして、理性と教育は、しばしば魅力と優美さとに欠けるものだ。してみれば孔子に対する易経の託宣も、結局のところ、誤ってはいなかったのであろう。

もう一度、われわれの卦に戻ってみよう。易経は新しい版に満足しているばかりでなく、楽観的な見方をはっきり表明しているけれども、この新版が訴えようとしている読者層に対してどういう影響を及ぼすかという点については、まだ何も語っていない。われわれは今、易経が自分自身の将来の運命について、どういう予知をしているかということを知ろうとしているわけである。われわれの卦〔鼎〕では、九〔老陽〕で示される二つの陽の爻〔第二、第三爻〕が重要なものとして強調されていた。古代中国の考え方に従うと、六〔老陰〕あるいは九〔老陽〕で示される爻は、内的緊張を帯びていて、それらはやがて反対のものに変わる。つまり、陽yanから陰yinへ、または陰から陽へ、という具合である〔これを変爻という。ここでは九の老陽から六の老陰の爻に変わることによって、次の卦が導かれる〕。この変化によって、われわれは、現在の例では、第三十五番の卦「晋《しん》」（すすむ）を得る。*27

この卦の主人公は、上へのぼろうとする際に出会う、あらゆる運命の変動に耐えなくてはならない人物である。そしてテキストは、彼がどのように身を処すべきかということについて説明している。易経は今、この人物と同じ状況にいるのである。彼は、太陽のようにのぼり、自ら信念を述べているが、挫折し、頼るものを見出せないでいる――「晋如たり、愁如たり」（進みつつあるが、憂いの中にいる）という状態である。しかしそれは、「茲《こ》の介《おお》いなる福を其《そ》の王母より受けん」（大いなる幸福を祖先の女から得るであろう）という〔以上は晋の六二〕。心理学は、このわかりにくい句を解明する役に立つ。夢や民話では、祖母や祖先の女はしばしば、無意識をあらわしているものである。男性の場合、無意識は、たましいの女性的構成要素〔アニマ〕を含んでいる。もし易経が意識によって受容されない場合でも、少なくとも無意識はなかば受け入れている。なぜなら易経は、意識の合理的態度よりも、無意識と密接に結ばれているからである。無意識のはたらきは、夢の中ではしばしば女性の姿で現れるので、ここでも、そういう説明があてはまるだろう。女性というのは、この書に対して母性的な配慮をしてくれた英訳者を指しているとも言えようし、このことは、易経にとって当然「大いなる幸福」であろう。彼はここで、一般に理解されることを予想しているけれども、しかし誤用を恐れてもいる——「晋如たる鼫鼠《せきそ》、貞《てい》なれば厲《あやう》し」（前身は野鼠のむさぼりにあうようだ。こういう態度を守ってあらためなければ、その地位は危ない）〔九四〕。しかし、彼は、忠告をよく心得ている——「失得、恤《うれ》ふる勿《なか》れ」（損得を心にかけるな）〔六五〕。彼は、どんな「党派的動機」からも自由である〔六二の象伝に「茲《こ》の介《おお》いなる福を受けんとは、中正なるをもってなり」とある〕。つまり易経は、誰に対しても、自分の価値を無理に押しつけようとはしないのである。

このように易経氏は、アメリカの書籍市場における自分の未来を冷静に受け止めて、このような論争的な著作の運命については、良識ある人のように自分自身を表現している。落下する硬貨の偶然のいたずらから生まれたこの予言は、立派な良識をそなえた冷静なもので、これ以上に適当な答えを考えることは難しいほどである。

解説者としての私の立場

ここまではすべて、私が現在のパラグラフを書く以前に起こったことであった。ここに至って私は、新しい状況に対する易経氏の態度について知りたい、という興味を感じた。状況は、私がこの序文を書いたことによって変わってしまった。今や私自身が舞台に入りこんだわけだし、したがって私は、私自身のとった行動について、彼の意見を聞きたいと思ったのである。実をいうと私は、これまで、この序文を書いている間、あまり楽しい気分を感じていなかったことを、読者に告白しなければならない。というのは、学問に対して責任をもつ一人の人間として、私は、自分が証明できないことや、少なくとも理性に受け入れられる形で示しえないことについて、あえて主張するような習慣はもっていないからである。批判的な現代の読者に向かって、古代的な「魔術的呪文」

の寄せ集めを多少なりと受け入れてもらうために解説するということは、何ともおぼつかない仕事である。私ならずとも、こういう場面におかれた人なら、誰しもあまり好ましくない課題に立ち向かっている、と感じることであろう。私がこの仕事をあえてしたのは、古代中国の考え方には、みかけより多くのものがあると思うからである。とはいうものの、読者に対して結論的な証明と学問的に水も漏らさぬ説明を与える代わりに、読者の好意と想像力とに訴えなければならないということは、私にとっては当惑させられることである。残念ながら私は、この年古りた託宣の技術に対して反対論が向けられるだろうということを、十分よく承知している。われわれは、未知の大海へわれわれを運んでゆく船が、どこかで水漏れしていないかということについても、確信はできない。古いテキストはそこなわれてはいないだろうか。ヴィルヘルムの訳は正確だろうか。われわれの解釈は、自分をだましているのではないだろうか。

易経は一貫して、自己自身を知ることを強調している。私はもちろん、自己を知ることの価値については、十分に確信をもっている。けれども、長い年月にわたって、人間の中でも最も賢者と目された人たちが自己を知ることの必要性を説きつづけてきたのに、何の成果もなかったというのなら、私ごときがそういう洞察を推奨してみたところで、何の役に立つであろう。偏見にみちた眼から見てさえ、この書が人間に対して、自分自身の性格、態度、動機について注意深く吟味するように、長い忠告を与えている、ということは明らかである。私が印象づけられたのは、易経にみられるこのような基本的態度であり、私にこの序文を書く気を起こさせたのも、その点なのである。私は以前、たった一度だけ、易経の問題について意見を述べたことがある。それは、リヒアルト・ヴィルヘルムをしのぶ記念集会で講演したときのことである。[*28] それ以外は、私は、分別を守って沈黙してきた。易経の根本にあるような、浮世離れした神秘的な心性の中に入ってゆく道を感じとることは、決して容易なことではない。けれども、孔子や老子の示している思想の特質を少しでも評価できる人なら、彼らのような偉大な精神を簡単に無視することはできない。まして、易経が彼らの霊感の主要な源泉だったという事実を見逃すことはできないのである。以前なら私も、確信のもてない事柄について、自分の意見を断定的に述べるようなことはひかえたであろう。しかし、私も今は齢《よわい》八十に近く、世の人びとの変わりやすい意見などあまり気にならなくなってきたので、このような危険をあえて犯す気になったのである。私には、現代の西洋精神の移り気な学界的偏見よりも、古代の賢者たちの思想の方がずっと大きな価値がある。

　こういう個人的心事を述べることで、読者をわずらわせたくない。しかし、すでに示したように、占いの中にはしばしば、質問者自身のパーソナリティまで含まれてくるのである。そこで、私の新しい質問を提出するにあたって、私は、私のとった行動について直接に批評してくれるように、占ってみたのである。答えは、第二十九番の卦である「坎《かん》〔䷜〕すなわち、底しれぬ穴であった。爻が六〔老陰〕で示されるという事実〔変爻〕から、第三爻が強調されていた。そこには次のように述べられている。

来《きた》るも之《ゆ》くも坎々《かんかん》たり、
険《けん》にして、且《か》つ枕《ちん》なり。〔枕は首かせ〕
坎、窞《たん》に入る、〔窞は、穴の中にある小穴〕
用《もち》ふること勿《なか》れ。[*29]〔六三〕

前を見ても後を見ても、底しれない穴また穴が続いている。
こういう危険の中では、まず立ちどまって待て。
そうしないと、穴の中でまた底しれぬ深みに落ちこむことになる。
そのように行動するな。

以前の私なら、「そのように行動するな」という忠告を無条件に受け入れただろう。そして、私には何の意見もないという理由で、易経について自分の意見を述べることはことわっただろう。しかし今は、この忠告は、易経のはたらきを示す一例として役立つであろう。実際、今の私は、先に進むことも後へ戻ることもできない。私が占いについてこれまで述べた以上のことを説明することもできないし、後戻りして私の見解を全く捨てることもできない状態にいるのである。もし人が易経について考えはじめるなら、易経の諸問題はまさに「底しれない穴また穴」であって、人はどうしても、限界のない無反省な思弁の危険のただ中におかれ、「まず立ちどまって待つ」よりほかはないのである。さもなければ、人は実際、暗闇の中で道を見失ってしまうであろう。真理を見ているのか幻を見ているのかもわからないで、可能性が証明もされていない薄い空気の中でただようことほど、不愉快な状態というものがあるだろうか。これが易経の夢のごとき雰囲気であり、そこでは人は、自分自身の誤りやすい主観的判断以外に、何一つ頼るものはないのである。私は、右の爻辞が、この文を書いているときの私の感情を実にぴたりとあらわしていることを認めざるをえない。同じ卦の最初にある言葉――「孚《まこと》有り、維《こ》れ心亨《とお》る。行けば、尚《たっと》ばるること有り」（もしお前が自分に対して誠実であるならば、お前は、お前の心において、やがて成功を得るであろう）――は、全く同じように適切で、慰められる言葉である。この言葉が教えているのは、ここで重要なのは外からの危険ではなくて、主観的条件である、ということである。つまり、人が自分自身をかえりみて「誠実」であると信じ得るかどうかが重要である、と、この爻辞は教えているのである。

　この坎の卦は、右のような状況の下でとるべき柔軟な行動のしかたを、流れる水の様子に比べている。「水は流れて盈《み》たず。険を行きて其《そ》の信を失はず」〔彖伝〕。水はどんな危険な場所も恐れず、崖をのりこえ、行く手にある穴をすべてみたしてゆく（坎は水をもあらわしている）。これが徳の高い人間のやり方である。「君子、以て徳行を常にし、教事を習《かさ》ぬ」（すぐれた人物は正しく行為し、教えることを続ける）〔大象〕。そこで私は、穴が意味するすべてのもの――自己欺瞞、不確実さ、疑わしさ、誤解などといった、人がおちいるかもしれない危険を恐れずに、読者に対して易経の教えを伝えるように努力しなければならない。
「坎」はたしかに、望ましくない卦の一つである。それは、主人公があらゆる種類の落とし穴に落ちこむ大きな危険におかれているような状況について説明している。私は臨床家として、強力な無意識の力〔水〕の支配下におかれ、精神病的症候の出現に脅かされているような患者には、「坎」の状態がしばしば現れてくることを発見した。信じやすい人は、そういう状態におちいると、症状に対して必ず何かの意味をつけようとする。しかし夢の解釈にあたっては、できるだけ厳密に夢のテキストに従わなくてはならないのと同じように、占いに助言を求める場合にも、質問を出す形式をよく心にとめておく必要がある。というのは、それが、答えを解釈するにあたって決定的な限界を設定するからである。私が最初占いに助言を求めた場合には、私は何よりも、この新版にどういう意義があるかということと、私がこれから書く序文が、易経にとってどういう意味があるかということについて考えていた。そこで私は、この書物を前景におき、いわば易経氏を行為の主体にしたてたのである。しかし私の第二の質問では、行為の主体は私である。この場合に易経を主体にすることは筋が通らないだろうし、そればかりでなく、解釈が理解不可能なものになるだろう。右に述べた解釈は、もし私が主体だとすれば、私の心理状態にとって十分に意味のあるものである。それは、私の心中にある否定できない不確実さと危険の感情を表現している。もし人がそういう不確実な根拠に立って冒険をすれば、それと知らないまま、無意識の影響下におかれて、たやすく危険な状態におちいってしまうからである。

　この卦の第一爻〔初六〕は、危険が存在することに注意している。「坎、窞《たん》に入る。凶」〔深い穴の中でつまずいて、また小さい穴に落ちる〕。第二爻〔九二〕も同じことを述べ、さらに忠告をつけ加えている。「求むれば小《すこ》しく得らる」〔小さいことだけを達成するように努めるべきである〕。私はこのような忠告を十分に予想していたので、この序文では、易経が中国人の心にどのようにはたらきかけるかという点について、具体例を示すことだけに限定した。依頼を受けた当初は、この書物全体について心理学的注解を書くという、もっと野心的な企てが念頭に浮かばなかったわけではないが、こういう企てを放棄することによって、私は右の忠告を先取りしたわけである。私の限定された仕事は、第四爻に単純化した形で述べられている。

樽酒《そんしゅ》、簋貳《きじ》あり、
缶《ふ》を用《もち》ひ、
約《やく》を納《い》るるに牖《まど》よりす、
終《つい》に咎《とが》なし。〔六四〕

小さい樽の酒に、二皿ほどの飯をそえる、
それも素焼の土器に入れて、
窓を通して、そっと手渡す。
このやり方には何の非難もあるはずはない。

ヴィルヘルムはここに、次のような注釈をつけている。「ふつう役人の間の習慣では、官職に任命される前に、役につくための贈り物と挨拶状をさし出す決まりになっているが、ここでは万事できるだけ簡素にされている。贈り物は質素なものであるし、彼を援助してくれる者は誰もいない。彼は自己紹介するだけである。しかしそこに、危険なときには互いに助け合うという正直な意図がありさえすれば、こういったことは全く恥じる必要はない」

次の第五爻は、ここには制約があるということについて、ひきつづいて次のように述べている。水の性質を調べてみれば、水はまず穴のふちまでみたし、それから外へ流れ出す、ということがわかるであろう。そうすれば、水は穴の中にそのまま止まってはいない。

坎《かん》、盈《み》たず、
既《すで》に平《たいら》かなるに祗《いた》る。〔九五〕

深い穴は、あふれるまでには至らない。
それは、ふちまでみたされるだけである。

しかしそれなのに〔まだ十分に水が増えてないのに〕もし危険に挑む気になったり、確信がもてないのに、特別に努力して詳しい注解のようなものをつけるといった無理をすれば、人はただ困難に足をとられるだけであろう。これは最後の第六爻が非常によく説明しているように、しばりつけられて、檻に入れられたような状況である。「係《つな》ぐに徽纆《きぼく》を用ひ、叢棘《そうきょく》におく」〔上六〕（丈夫な黒い縄でつながれて、牢獄の中に入れられる）。実際、卦の第六爻はしばしば、質問者が卦の意味を心に刻みつけないときに起こる結果を示すものなのである。

われわれの卦〔坎☵☵〕では、その第三爻に六〔老陰〕が来ている。この陰yinの爻〔下から三番目の⚋〕は、内的緊張力、つまりエナンティオドローミア〔状況の交替〕*30による上昇力をもっていて、やがて陽yangの爻に変わり、将来の新しい可能性、ないしはそれに向かう傾向を示す新しい卦を生み出す〔変爻の原理〕。そこでわれわれは今や、第四十八番の卦である「井《せい》」〔☵☴〕すなわち井戸を得ることになる。水というテーマは明らかに継承されているが、穴はもはや危険を意味せず、むしろ役に立つ水のわき出る井戸になるのである。*31

君子、以《もっ》て民を労《ねぎ》らひ、
勧《すす》めて相《たす》けしむ。〔大象〕

こうしてすぐれた人間は、人びとがはたらくように励ます。

そして、彼らが助け合うようにいましめる。

互いに助け合う民衆のイメージは、井戸を再建することを意味しているようである。井戸は壊れ、泥がいっぱいつまっている。動物でさえ、そこで水を飲んだりしない。そこには魚が住んでいて、それをつかまえることはできるが、井戸は飲用、つまり人間の必要に用いられることはない。この説明は、ひっくり返されて使われなくなった鼎が、新しい把手を必要としている状況を思い出させる。この井戸も同じように浄化される必要があるのだが、今は鼎と同じように、誰もそこから水を飲もうとしない状態なのである。

井《せい》、渫《さら》へども食《くら》はれず、

我が心の惻《いた》みを為《な》す。

用《もっ》て汲むべし。〔九三〕

井戸は、きれいにされても、誰も飲む者はいない。

これは私の心の悲しみである。

誰かが、そこから飲んでもらいたいものだ。

先の卦では、危険な水の穴、あるいは深みは易経を指していたが、井戸の場合もこれは同じことである。しかし、井戸には積極的な意味がある。それは生命の水を蔵している。水は無意識であり、一方では危険を、他方では救いを意味する。井戸は修復して用いるべきものである。しかし人びとは、それについてのとらえ方（概念

Begriff）つまり水を運ぶための道具をもっていない。壺は壊れていて、水が漏れてしまうからである。「甕《かめ》、敝《やぶ》れて漏《も》る」〔九二〕（つるべは壊れて水が漏れる）。鼎に新しい把手とそれをつかむためのつるが必要であったと同じように、井戸も、まわりを新しく配置しなおさなくてはならない。「井、甃《いしだたみ》す。咎《とが》なし」〔六四〕（井戸の内壁を、瓦を積んで修繕すれば、災いを免れる）。なぜならそれは、「井、洌《いさぎよ》し。寒泉なり。食《くら》はる」。つまり、井戸は飲むことのできる、きれいな冷たい水を蔵しているからである。そして、それを飲むことができるのは、「寒泉の食《くら》はるるは中正なればなり」〔九五象伝〕（冷たい泉が飲まれるのは、それが信頼できるからである）

この予測的診断でも、語り手が易経であることは明らかで、彼は自分のことを、生命のわき出る泉だと言っているのである。先の卦〔坎〕は、思いがけなく深い穴の中に落ちてつまずく人物が出会う危険について、詳しく説明していた。彼は、そこから脱出する道を求めなければならない。穴は古い壊れた井戸で泥に埋まっているけれども、修復すればもう一度使えるということを、人は発見しなくてはならないのである。

私は、二つの質問を擲銭法による偶然にまかせた。この場合私は、第一の質問に対する答え〔鼎、晋〕について私の分析を書き終えてから、あらためて第二の質問を発したのである。第一の質問は、いわば直接に易経氏に向けられていた。「序文を書くという私の意図に対して、あなたはどう思いますか」と問うたのである。第二の質問は、私自身の行為にかかわるものである。あるいはむしろ、最初の卦〔鼎〕について論じた私が行為主体であるような状況について、あらためて問うたのである。第一の問いに対して、彼は答えて、自分を鼎、つまり革新を必要としている儀式用の祭器、言いかえれば一般からは疑問をもってあつかわれている容器になぞらえた。第二の質問に対する答えは、私が困難な状況におちいっている、というものであった。つまり易経は深い危険な水の穴のごときものをあらわしており、その中に入る人間はたちまち動きがとれなくなってしまうだろう、と言うのである。しかし、この水は実は古い井戸であって、それはもう一度、有益な目的に供するために新しくする必要がある、ということが明らかになったのである。

以上にとりあげた四つの卦〔鼎、晋、坎、井〕は、大体において、その主題（容器、穴、井戸）に一貫性がある。またその知的内容についても、――私の個人的意見に従えば――それらは良識的で意味あるものである。もしこのような返答をする人がいたら、私は精神病医として、ここに示された材料だけからでも、彼は健全な心の持ち主であると診断するだろう。むろん、右の四つの答えの中に、精神錯乱、知的障害、あるいは統合失調といった症候を発見することはできない。易経氏が大変年をとっていることや、彼が中国生まれであることを考えに入れれば、彼の古風で、象徴的で、文飾の多い異様な言葉づかいも、病的なものとは言えない。むしろ逆に、私は、この想定された人物に向かって、私が内心疑問を抱きつつ表に出さなかった心理状態まで彼が見ぬいたことに対して、すばらしい、とお祝いを述べなくてはなるまい。私は彼の洞察の中に、卓越した直観力をみるばかりである。これに対して、頭の切れる秀才なら、すべての説明をひっくり返して、私が卦の象徴体系の中に私の主観的内容を投影したやり口をあばくこともできるだろう。そういう批判は、西欧的合理性の観点からすれば決定的なものであろうけれども、易経のはたらきには何の傷も与えない。むしろ逆に、中国の賢者は微笑をたたえながら、私にこう言うだろう。「易経というものがどんなに有益なものか、おわかりになりましたか。この深遠な象徴体系にあなたの質問を適用してみて、あなたがこれまで気づかなかったことがわかったのではありませんか。あなたは、そうすることによって多くの誤解がまき起こることにも気づかないで、よくこの序文をお書きになれたものですね」

読者に

中国人のやり方は、占いの結果を実行するにあたってその人がとる態度には、何の関心も示さない。われわれは時間をこえ、またわれわれの先入観である因果性の考え方までこえてしまったのであるから、困るのはわれわれだけなのである。東洋の古い知恵は、知ある人は彼自身の考え方そのものに気づく、ということを強調するが、彼がその認識にもとづいてどのように行為するかという点については、何の関心も示さない。つまり、易経の理論については考えこまない方が、ずっと安らかに眠れる、というのである。

先入観をもたない読者であれば、以上に述べた実例にもとづいて、易経のはたらきについて、少なくともさしあたりの判断を下すことはできるようになったものと思う。[*32] 簡単な序文では、これ以上のことは望めない。

以上の説明によって、私が易経の心理学的現象学について明らかにできたとすれば、私の目的は達せられるのである。この風変わりな書物がまき起こす無数の問い、疑い、批判については——私は答えられない。易経は、証明や結果までそえて示すものではない。それは、自らを誇ることもないが、近づきやすいものでもない。それは、自然の一部であるかのように、自分が発見されるまで静かに待っている。彼は、事実を与えるわけでもなければ、力を与えるわけでもない。しかしながら、自己を知ることを愛し、知恵を知ることを愛する人びとのためには——もしそのような人びとが少しでもいるならば——まことにふさわしい書物であるように思われる。この書の精神は、ある人びとには昼のごとく明らかである。他の人びとには、それは黄昏のように影を帯びている。そして第三の人びとには、夜のごとく暗い。それを喜ばない人はそれを用いるには及ばないし、それに反対する人は、それを真理だと認めなければならない義務もない。ともあれ、今は彼を世に送り出そう——その価値を洞察することのできる人びとから愛されるべく……。

〔注〕

＊1 （訳注）一九二四年に公刊されたヴィルヘルム訳『易経』を、ベインズ夫人Mrs. C. F. Baynesが英訳した。この新版のために、一九四八年にドイツ語草稿がつくられ、一九五〇年に発行された英語版『易経』The I Ching or Book of Changes, 1950, by Bollingen Foundation Inc., Princeton. に序文として収められた。しかし、ドイツ語草稿と公表された英文にはかなり違いがある。後半は大体同じであるが、草稿の前半には、ヴィルヘルムがチューリッヒで占いをしたときの様子

が具体的に書かれているのに、英語版ではこれが全く削られている。その代わり、英語版では、草稿にない同時性（シンクロニシティ）に関する詳しい説明が述べられている。ユングは、一九五一年のエラノス講演で同時性について論じていることからみて、このころ彼がこの問題に関心を向けていたことがわかる。おそらく英訳者との話し合いによって草稿を書き直したものと思われるが、彼の晩年の同時性の思想の発展を知るためにも、この序文は重要である。どちらの版にも捨てがたい内容が含まれているので、ここでは、両方の版を編集してまとめる形をとった。なお英語版の序文については、先訳として中村健二氏の訳（ユング「易と中国精神」『ユリイカ』、六・九、一九七四年七月、青土社）がある。

＊2（訳注）易経は、ヨーロッパでは「変化の書」Buch der Wandlung, Book of Changesと訳されている。これは「易」（かわる）という言葉からとった題名である。「易」とは、万物の変化の中に不変（不易）の理を発見する方法を意味する。

＊3（訳注）リヒアルト・ヴィルヘルム Richard Wilhelm（1873–1930）ドイツの中国学者。シュツットガルト生まれ。プロテスタント教会の牧師となり、一八九九年中国に渡り、当時ドイツ領だった山東省青島の教会の主任宣教師となる。二十年あまり中国で暮らし、儒教と道教を学ぶ。一九二〇年帰国。一九二二〜二四年、再び中国へ渡り、北京駐在ドイツ公使館勤務、北京大学教授。一九二四年帰国、フランクフルト大学教授となり、中国学講座を担任、中国研究所を創設。一九二九年、ユングとともに「太乙金華宗旨」（邦訳『黄金の華の秘密』人文書院）という道教の瞑想法の本を訳して出版した。詳しくは同書の訳者解説と、『ユング自伝』（みすず書房）付録に収められた「リヒアルト・ヴィルヘルム」と題する回想文を参照。

＊4 レッグは、個々の爻辞《こうじ》についてのテキストの説明に対して、次のような批評を下している。「われわれの考えるところでは、象徴句《エンブレム》をつくる人間は、大いに詩人でなくてはならないのだが、『易経』の作者たちは、退屈な学者先生を思い出させるだけだ。三五〇をこえる象徴句の大多数は、グロテスクとしか言いようがない」（『東方聖書』所収の「易経」Sacred Books of the East, Vol. XVI, p. 22.)。また卦辞《かじ》〔爻辞の全体〕の「教え」について、彼はこう言っている。「なぜ――とわれわれは聞きたくなる――なぜ、そのような直線図形の配列によって、しかもこのような象徴的表現のごった煮の形で、それらの教えをわれわれに伝えるべきなのか」。しかしながら、レッグが一度でもこの占いの方法を

検討してみた形跡はない。

＊5 （訳注）清朝の宮廷に仕えていた学者らしいが、辛亥革命後、青島に逃れ、ヴィルヘルムと知り合った。

＊6 その茎は、レッグが孔子の墓に生えているのを見たオオバナノコギリソウ Ptarmica Sibiric の茎である。（訳注）Ptarmica Sibiric は、正確にはシベリア・オオバナノコギリソウと訳すべきであるが、ドイツ語では Schafgarbe とよばれている。

＊7 この点については、J・B・ライン Rhine の仕事が、これから有用であることが明らかになるであろう。ライン『超感覚的知覚』Rhine, Extra-Sensory Perception, 1934. および『心の新しいフロンティア』（邦訳『心理学の新世界』日本教文社）New Frontiers of Mind, N. Y., 1937. を参照せよ。（訳注）ユング、パウリ共著『自然現象と心の構造』（海鳴社）で、ユングは、ラインの研究の紹介とともに、易と同時性の関係についてふれている。ラインの研究については、ライン、プラット共著『超心理学概説』（宗教心理学研究所）参照。

＊8 （訳注）以下に出てくる占いの用語についてここで簡単に説明しておく。筮竹は五十本あるが、実際に用いるのは四十九本で、陽の爻《こう》⚊と陰の爻⚋の二種類から成る。陰陽のいずれか三本の組み合わせ（たとえば☵）は八つあり、これが八卦《か》（または呉音で卦《け》）とよばれる。さらにこれを上下二段に増やすと、全部の組み合わせは六十四卦になる。易経の本文は、この六十四の卦の説明（卦辞）であり、卦を構成する六本の爻についての説明が爻辞である。爻は下から数えるが、この場合、慣習上、陽爻を九、陰爻を六とよぶ。たとえば、最初に例示されている「損」の卦䷨の場合なら、第一爻、つまり一番下の陽の爻⚊を「初九」、第二爻つまり下から二番目の陽の爻を「九二」、第三爻である陰の爻⚋は「六三」などとよぶ。一番上の第六爻は、この場合は陽であるから「上九」とよぶ。

＊9 （訳注）鈴木由次郎『易経』下（全釈漢文大系）集英社、三三三頁。易経については、この他に、本田済『易』（中国古典選）朝日新聞社、高田真治『易経』岩波文庫などを参照。

＊10 同前、三四頁。

＊11 （訳注）ユングが占星術について最も早く言及しているのは、一九三〇年のヴィルヘルム追悼講演の中である。すでにこのころからこの問題を考えていたらしい。彼の詳しい考え方は、前掲『自然現象と心の構造』を参照。なお、占星術は本来、ある時刻における星座の物理的位置を測定するものではなく、星座の位置の物理的測定を通じて誕生

の瞬間という（生命的な）時間そのものの特性を判断するのだというのがユングの解釈である。易学に詳しい増永篤彦氏が訳者に教示されたところによると、このような考え方は、いわゆる「四柱推命」の原理と全く同じだということである。

＊12（訳注）ユングがここでとりあげている同時性の仮説について、少し補足しておく。シンクロニシティという用語は、ふつう同時性または同調性と訳されている。これは、ふつうの意味では因果関係の考えられない状況、たとえば空間内の遠く離れた二地点（またはそれ以上）の間で、互いにその心理的意味内容の一致した現象が、同じ瞬間に、つまり同時に同調して起こる現象を指す。『自然現象と心の構造』で、ユングはラインの超心理学研究をその例としてあげているが、たとえばテレパシーによる交信などは、右の同時性現象の典型的な一例といえるであろう。ラインは、このような現象は統計的蓋然性によって科学的に検証可能であると主張しているが、このような考え方を認めるとすれば、それは、ユングのいうように心理的現象と物理的事象の間に有意味な連関を認める考え方になる。ユングはここで、物理的時空間の制約をこえた存在の次元つまり、事象の心理—物理的な意味連関が機能し伝達される場を想定し、そこには因果性の制約をこえた法則が支配しているものと考えて、これをシンクロニシティと名づけたのである。なお、超心理現象と同時性に関するユングの考え方については、彼の秘書ヤッフェの次の論文を参照。Aniela Jaffé, C. G. Jung and Parapsychology, in "Science and ESP" ed. by J. R. Smithies, Routledge & Kegan Paul, 1967.（最近、一九七九年にスペインのコルドヴァで開かれた「科学と意識」という会議で、物理学者D・ボーム、ジョセフソン、ボールギャールとユング派のマイヤー、ヒルマンらが、この問題について論じている）。この問題に関する訳者の私見については、拙論「東洋の身体論をめぐって」（「理想」理想社、一九八三年九月号、特集、東洋の身体論）参照。

＊13（訳注）易経の伝説的作者は伏羲・文王・周公らとされているが、易経のテキストには、ふつう孔子に帰せられる「十翼」という解説がついている。これは、彖《たん》伝二篇、象《しょう》伝二篇、文言伝一篇、繫辞伝二篇、説卦伝一篇、序卦伝一篇、雑卦伝一篇、計七種十篇をいう。彖伝は卦辞（図形）の全体的説明、象伝は卦辞をつくる一つ一つの爻《こう》辞の説明、その他は卦や爻の説明とともに、易の哲学思想を説いている。

＊14　古代の考えに従えば、それらは「神」shan つまり「精霊に似た」spiritlikeものである（「天は〝精霊に似たもの〟spiritlike thingsをつくった」レッグ訳、四一頁)。

＊15 (訳注)占いで筮竹をより分けて数えるとき、数えた回数は必ず九、八、七、六のどれかになる。このうち九になった場合を老陽、六になった場合は老陰とよぶ。これらは、これから変化するきざしを示す爻、すなわち変爻とよばれ、爻辞の判断にとって重要な役割を果たす。

＊16 (訳注)鈴木『易経』下、一四五頁。

＊17 羨望する者(invidi)は、たとえば、ラテン語錬金術書『賢者の集会』Turba Philosophorum(11〜12世紀)にもよく現れてくる。(訳注)この書は一七五〇年に『哲学者の渦』と題して、ドイツで版本になってひろまった。マンリー・ホール『象徴哲学大系Ⅲ　カバラと薔薇十字団』(人文書院)によると、「ラテン語で書かれた最も初期の錬金術書」で、「多くの初期ギリシア哲学者の錬金術についての見解がのべられている」という。

＊18 (訳注)鈴木、同前、一四六頁。

＊19 英語でも、concept(概念)という言葉は、ラテン語のconcipere(共に入れること、たとえば容器の中に入れること)から来ている。さらにconcipereはcapere(取る、つかむ)から派生した言葉である。

＊20 これは古典にもとづいた正しい語源説明である。religio(宗教)という言葉をreligere(再び結びつける)という言葉から導き出したのは、古代の教父たちが最初である。

＊21 (訳注)ユングの思い出によると、一九三〇年代に、彼は有名な中国の哲学者胡適に会ったとき、易について意見をきいたところ、胡適は、「ああ、あれは魔術の呪文のコレクションにすぎません。無意味です」と答えた。ユングが、占いをしてもらった経験はあるかときいたところ、胡適は、たった一度だけ、友人が不幸な恋愛事件について語ったとき、冗談に、通りかかった道教寺院で占ってもらったことがあったという。その占いは当たったか、ときくと、胡適はしぶしぶ、「ええ、それはもちろん……」と答えた。あなたはやらなかったのか、ときくと、「ええ、冗談に私も占ってみました」と彼は答えた。「その占いは意味がありましたか」とユングがきくと、胡適はためらいながら、「そうですね。ええ、もしあなたがそう思いたければ……」と、不愉快そうに答えた(『ユング自伝』2、みすず書房、付録Ⅳ「リヒアルト・ヴィルヘルム」参照)。

＊22　中国人たちは、占いによって得られた卦から、変爻だけを取り出して解釈する。しかし私は、多くの場合、すべての爻の中に関連のある意味を発見した。
＊23（訳注）鈴木、同前、一四三頁。
＊24（訳注）同右、一四八頁。
＊25（訳注）黄色は方位の中央を意味する。
＊26（訳注）鈴木、同前、一五一頁。
＊27（訳注）以下の「晋」の卦の説明については、鈴木、同前、上、五一五頁以下を参照。
＊28（訳注）ユング、ヴィルヘルム『黄金の華の秘密』（人文書院）に収めた「リヒアルト・ヴィルヘルムを記念して」と題する講演。
＊29（訳注）鈴木、同前、下、四五〇頁。以下「坎」の卦の説明については、同書、四四五頁以下を参照。なおこの卦の正式の名は「習坎」である。
＊30（訳注）ヘラクレイトス学派に由来する言葉。時とともに、万物を支配する状況が反対の方向に向かうこと。ユングは、易の陰陽交替の原理を、これと同じ考え方と見ている。
＊31（訳注）以下、「井」の卦については、鈴木、同前、下、一一四頁以下を参照。
＊32　読者がテキストによって、四つの卦全部を調べ、関係のある注解と一緒に読まれれば、参考になることと思う。

あとがき

本書は、東洋思想に関するユングの諸論文を集めて編集し、訳すとともに、解説と注釈を加えたものである。私は従来、ユング心理学を手引きにしながら、日本と東洋の宗教思想に親しんできたので、ここに収めた論文には、いずれも私なりの思い出がある。このたび、黒木幹夫氏の協力を得て本書を世に送ることができたのは、筆者にとってささやかな喜びである。

本書の企画は、訳者二人が大阪大学に在籍していたころ、創元社の高橋輝次氏から御依頼を受けて、私が立てたものである。その後まもなく私は筑波へ移り、黒木氏も松山に移ったため、思いがけず完成が長びいてしまった。その代わり、当地でチベット密教に詳しい川崎信定氏と知己を得ることができ、チベット関係の二書について興味深い解説をいただけたのは、訳者として望外の幸いであった。川崎氏にお礼を申しあげておきたい。あわせて、高橋氏の御尽力に謝意を表する。

一九八三年夏　筑波にて

湯浅泰雄

本書は一九八三年に創元社から刊行した書籍を
新装のうえ、全面的に組み替えしたものです。

〈著者略歴〉
C・G・ユング
1875年生まれ。20世紀最大の思想家、精神医学者の一人。フロイトの信望厚き弟子であったが、やがて考え方の違いから袂を分かち、後に分析心理学の創始者となる。エラノス会議の主導的役割を果たし、深層心理学をはじめ、宗教・哲学など多様な分野の専門家と学際的な交流と研究を続けた。『タイプ論』や『転移の心理学』など膨大な著書がある。

〈訳者略歴〉
湯浅泰雄（ゆあさ・やすお）
1925年生まれ。東京大学文学部卒業。筑波大学教授、桜美林大学教授を経て、桜美林大学名誉教授。主著『身体論』（講談社学術文庫）、『ユングとキリスト教』（講談社学術文庫）、『和辻哲郎』（ちくま学芸文庫）、『日本人の宗教意識』（講談社学術文庫）、『身体の宇宙性』（岩波人文書セレクション）他、多数。

黒木幹夫（くろき・みきお）
1948年生まれ。上智大学文学部卒業。西ドイツのボン大学、マインツ大学留学。大阪大学大学院博士課程修了。愛媛大学名誉教授（哲学、宗教学、日本思想史専攻）。

〈解説者略歴〉
川崎信定（かわさき・しんじょう）
1935年生まれ。東京大学教養学科卒。ニューヨーク州立大学フルブライト交換教授、コロンビア大学中近東研究所研究員、インド留学を経て、筑波大学名誉教授（インド哲学専攻）。

創元
アーカイブス

東洋的瞑想《とうようてきめいそう》の心理学《しんりがく》
2019年1月20日　第1版第1刷発行

著　者　C・G・ユング
訳　者　湯浅泰雄　黒木幹夫
発行者　矢部敬一
発行所　株式会社 創元社
〈本　　社〉〒541-0047 大阪市中央区淡路町4-3-6
電話（06）6231-9010㈹
〈東京支店〉〒101-0051 東京都千代田区神田神保町1-2 田辺ビル
電話（03）6811-0662㈹
〈ホームページ〉http://www.sogensha.co.jp/
印刷　太洋社

ISBN978-4-422-11489-7 C1011